AF536234

Impressum:
SCHARFE GEWALT

ISBN: 978-3-936-457-70-4
Buch- und Covergestaltung: Andreas Leffler
Druck: Wir machen Druck GmbH
Autor: Sven Ackermann

herausgegeben von

Andreas Leffler Medienverlag
Postfach 71 06 47, 81456 München

Bildnachweis:
Cover: Vladimir Borozenets / Adobe Stock
Bilder Inhalt: Archiv Sven Ackermann

DAS VORLIEGENDE BUCH SOLL KEINE ANLEITUNG ODER GAR INSPIRATION ZUR ANWENDUNG LETALER GEWALT SEIN, SONDERN VIELMEHR EINE ABSCHRECKUNG UND VORBEUGUNG DURCH WISSEN!

Sven Ackermann

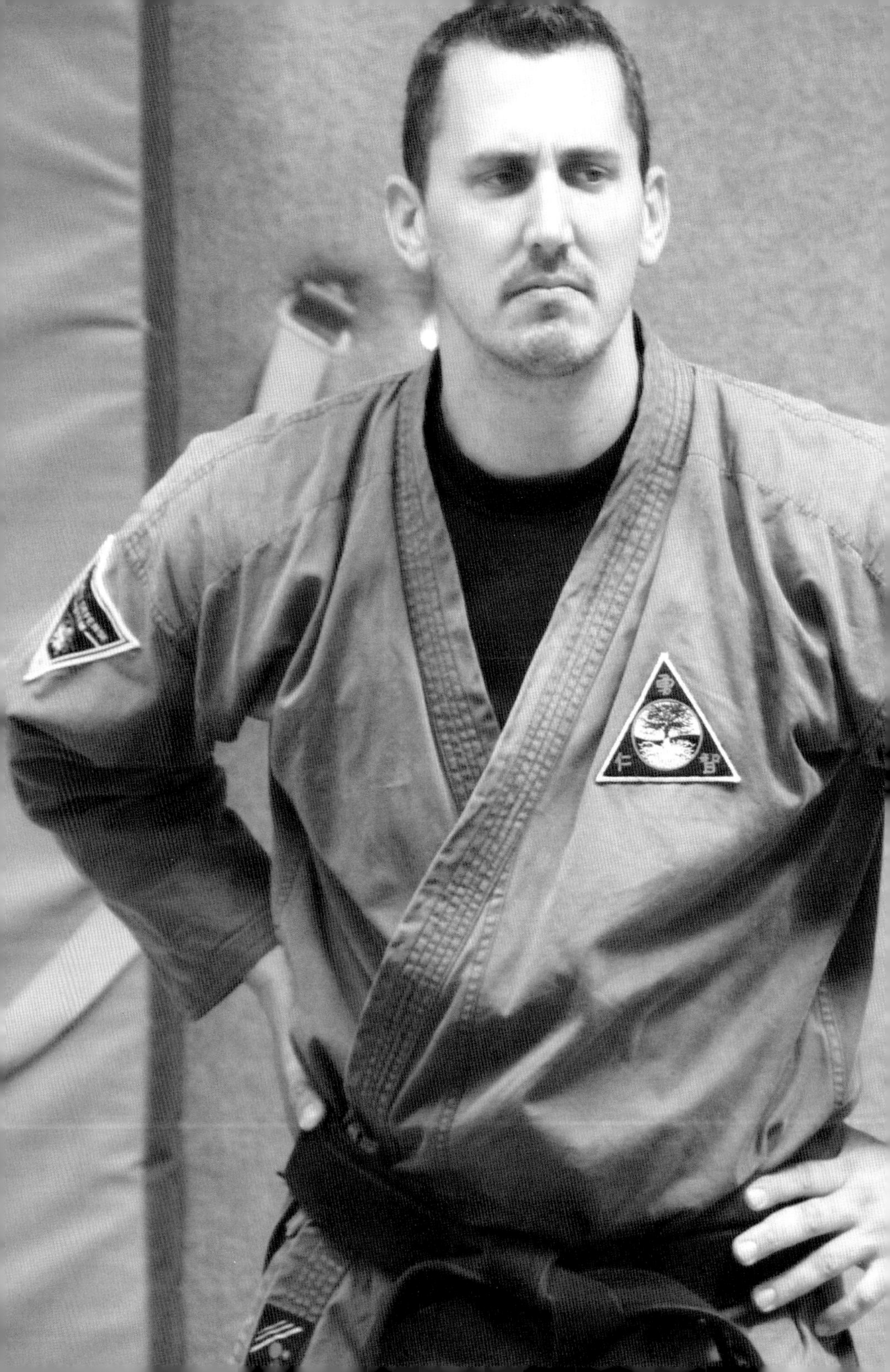

Vorwort

Über Messerkampf, -abwehr / -verteidigung sind schon zahlreiche Bücher im nationalen wie auch internationalen Raum von renommierten Personen aus dem Kampfsport, der Selbstverteidigung, dem Personenschutz und dem Militär, geschrieben und veröffentlicht worden. Unabhängig von den einzelnen Zielsetzungen der jeweiligen Gruppierungen haben jedoch alle eines gemeinsam – sie sagen, dass ein Messerangriff nur sehr schwer abzuwehren ist, und schon gar nicht, wenn dieser unverhofft und ohne jegliche Anzeichen stattfindet. Messerangriffe oder Messerattacken sind ein Thema, welches wahrscheinlich noch nie so aktuell war wie in unserer heutigen Zeit. In der Politik werden heiße Diskussionen über mögliche Gründe und Versäumnisse in der Vergangenheit diskutiert und Lösungsansätze gefordert. Auch die Polizeigewerkschaft versucht Erklärungen für die immer größere Vorliebe der Täter für Stichwaffen zu finden und kommt zu folgendem Ergebnis:

„Messer sind leicht verfügbar, schnell zu besorgen und leicht zu transportieren und werden insbesondere von jungen Männern gebraucht […] Es vergehen kaum Tage, an denen nicht Meldungen über gefährliche oder tödliche Messerangriffe bekannt werden.“ (Deutsche Polizeigewerkschaft 2018)

Und in der Tat ist in den Medien häufig von neuen Messerstechereien und Schwerverletzen die Rede. Entsprechend stark hat sich die öffentliche Wahrnehmung zu diesem Thema verändert. Diesen Eindruck teilt unter anderem der Bundesvorsitzende der Gewerkschaft der Polizei (GdP) oder auch der Landesvorsitzende der GdP in Sachsen-Anhalt. Sogar die Gewerkschaft der Polizei in Nordrhein-Westfalen spricht von einem „neuen gefährlichen Trend“ der zunehmenden Verbreitung von Messern unter Jugendlichen. Eine deutschlandweit einheitliche Erfassung von Messerangriffen gibt es jedoch noch nicht. Die nach festgelegten Kriterien zu erstellende „Polizeiliche Kriminalstatistik (PKS)“ sieht zur Zeit keine Angaben zum Tatmittel „Messer“ vor. Jedoch existieren einzelne Erhebungen, die deutlich zeigen, dass ein dramatischer Anstieg an Gewalttaten zu verzeichnen ist. Laut Recherchen des ARD-Magazins „Kontraste“ zeigt die Berliner Kriminalstatistik seit 2014 bei diesen Fällen eine Erhöhung von 13 Prozent. In Brandenburg ist eine Steigerung von sogar 55 Prozent zu verzeichnen. In Hessen lag der Zuwachs bei 29 Prozent. Eine einheitliche Erfassung der Straftaten wurde unlängst vorgeschlagen. Wahrscheinlich wird die Umsetzung einer bundesweiten Erfassung wohl noch Jahre andauern. Entsprechend attraktiv ist es nun für viele Selbstverteidigungskünstler und Messerexperten der ängstlichen Bevölkerung entsprechende Kurse gegen Messerangriffe anzubieten und sich die Taschen mit überteuerten Seminarbeiträgen zu füllen. Merken Sie sich, Qualität hat zwar ihren Preis, bei scharfer Gewalt und falschem Sicherheitsdenken kann der Preis jedoch Ihr eigenes Leben sein! Die Gefahr von lebensgefährlichen Verletzungen durch Messer oder andere gefährliche Gegenstände wie Macheten, Hämmer oder Äxte wird oft stark unterschätzt und Techniken, die in gefährlichen Situationen schützen sollen nur selten kritisch hinterfragt. Entsprechend groß ist die Gefahr, dass in Kursen gezeigte und in sozialen Netzwerken zu findende „weiche Verteidigung und Entwaffnung von Messerangriffen“ in der Realität auf einmal nicht mehr funktionieren und den sogenannten Messerexperten schnell schlecht aussehen lassen. Täglich werden neue Tutorials mit den haarsträubendsten Entwaffnungs- und Selbstverteidigungstechniken im Internet hochgeladen und deren Inhalte als universelles Patentrezept von vielen Laien, aber auch Kampfsportlern und Ordnungshütern angesehen. Dies kann eine Überschätzung der eigenen Kampffähigkeiten zur Folge haben und ein böses Erwachen mit sich bringen. Aber auch eine falsche Rücksichtnahme von Ordnungshütern gegenüber des Angreifers führt in vielen Fällen nicht zum gewünschten Erfolg. Vielmehr sind schwere Stich- und Schnittverletzungen, oft mit tödlichem Ausgang die Folge.

Ich habe mir daher sehr lange überlegt, ob ein weiteres Buch mit Inhalten zu den heiß umstrittenen Themen Messerkampf und Messerabwehr geschrieben und auf den Markt gebracht werden soll. Die Entscheidung zog sich in die Länge. Nach etwas mehr als einem Jahr Bedenkzeit war die Entscheidung aber klar. Ja, es muss ein neues Buch auf dem Markt erscheinen, welches die Thematik in den Details behan-

delt und die ungeschminkte Wahrheit widerspiegelt. Das Buch setzt sich nicht nur mit den praktischen, sondern auch mit theoretischen Inhalten von Konfliktentstehung und -überwindung auseinander. Diese Mischung macht es nicht nur für Selbstverteidigungsspezialisten oder Personen im Sicherheitsbereich lesenswert, sondern ermöglicht auch dem Laien Inhalte für sich herauszufiltern und diese in seiner Lebenswelt umzusetzen.
Damit wir verstehen, worin die Problematik liegt, ein Messerangriff abzuwehren geschweige denn zu überleben, wird die Thematik in ihre Einzelheiten zerlegt und dadurch für den Laien aber auch für den schon Erfahrenen verständlich gemacht. Um eine Person mit einem Messer zu verletzen muss man nicht über spezielle kämpferische Fähigkeiten verfügen. Der Aufbau und die Beschaffenheit eines Messers macht es dem Angreifer relativ einfach seinem Opfer in kürzester Zeit schwerste Verletzungen zuzufügen. So kann ein Messer mit wenig Energie in den menschlichen Körper eindringen. Für das Opfer ist es sehr schwer auszumachen, ob sein gegenüber einen Gegenstand in der Hand hat (Messer, Schraubenzieher, Nagel, Glasscherbe,…). Das liegt in erster Linie daran, dass sich die meisten Menschen bei einer vorerst verbalen Auseinandersetzung, nur auf den Oberkörper ihres Gegenübers konzentrieren und die tief hängenden Arme und die in der Hosentasche verschwindenden Hände überhaupt nicht wahrnehmen. Entsprechend schwierig, ja fast unmöglich, ist eine effektive Selbstverteidigung gegen plötzlich eintretende Stiche und Schnitte. Befindet sich das Opfer in einer Situation mit multiplen Angreifern, so reduziert sich die Chance auf „Waffenerkennung und Abwehr" auf null! Aus dieser Erkenntnis entsteht die Notwenigkeit einer genaueren Betrachtung möglicher Angriffs- bzw. Verteidigungsdistanzen, um im Anschluss daran eine Antwort auf die Frage einer effektiven Messerverteidigung geben zu können. Ich wünsche Ihnen nun trotzdem viel Spaß beim Lesen und hoffe, dass Sie viele wichtige Informationen für Ihr eigenes Training aufnehmen können und Ihren Horizont in diesem spannenden aber auch gefährlichen Thema erweitern.

Sven Ackermann im März 2019

Inhaltsverzeichnis

Was Sie zur praktischen Umsetzung des Inhaltes wissen sollten

„Wissen ist Macht“, wurde schon vom englischen Philosophen Francis Bacon *1561 – †1626 postuliert. Er vertrat die Meinung, dass die Menschen dem Bestreben, einen höheren Stand des Daseins zu erlangen, nachgehen sollten. Rund 250 Jahre später griff Wilhelm Liebknecht (*1826 - †1900) während eines Vortrages auf die Aussage von Bacon zurück und ergänzte diese mit den Worten „Macht ist Wissen“. Sie, liebe Leser, halten geballtes Wissen über ein sehr heikles und zugleich spannendes Thema in Ihren Händen. Während über das Thema Messerkampf und –abwehr schon zahlreiche Bücher in vielen Sprachen veröffentlicht wurden, verbindet das vorliegende erstmals die Aspekte der Prävention, Deeskalation und Eskalation mit Inhalten der Kommunikationswissenschaften, Verhaltenspsychologie, Sozialbiologie und Sportwissenschaften und schlägt gezielt den Bogen für Vorschläge zum eigenen Training.

Das Ziel dieses Buches ist eine Sensibilisierung und Aufklärung zu den Themen Messerangriffe und -verteidigung auf der einen, sowie eine Erweiterung Ihres Wissens durch theoretische Erläuterungen und eigener Erfahrung auf der anderen Seite. Ein Wissenszuwachs kann es nur geben, wenn wir uns offen auf Neues einlassen, alte Gewohnheiten kritisch hinterfragen und gegebenenfalls löschen. Das Drei-Sektoren-Modell (siehe Zeichnung 1) soll Ihnen helfen, sich das in diesem Buch befindliche Wissen in Theorie und Praxis anzueignen.

Beginnen Sie mit der Praxis ganz am Anfang, auch wenn Sie bereits über Vorerfahrung im Bereich der Selbstverteidigung und Messerabwehr / -kampf verfügen. Und vor allem, nehmen Sie sich die Zeit zu lernen! Nur auf diese Weise lassen sich maximale Trainingserfolge erzielen. Nun zum Drei-Sektoren-Modell. Was sagt es aus und welchen Beitrag kann es zum Training beisteuern?

Zeichnung 1: Das Drei-Sektoren-Modell

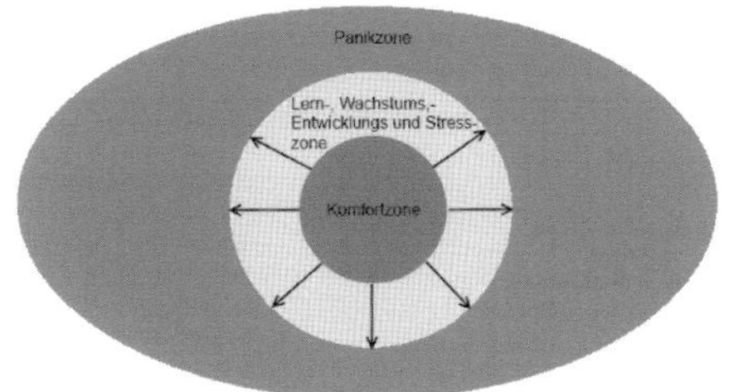

(Quelle: Eigener Entwurf 2019)

Die bequemste Zone von allen Zonen wird als Komfortzone bezeichnet. Alles was wir stressfrei und ohne Angst vor Versagen tun können, wird dieser Zone zugesprochen. Das Individuum ist selbstsicher, stark und besitzt das notwendige Wissen und Fähigkeiten, der Situation entsprechend handeln zu können. Das was Sie im Training bisher gelernt haben, können Sie sicher und ohne lange Überlegungen umsetzen. Jeder Mensch verfügt über eine andere Komfortzone. Was für den Einen leicht erscheint, ist für den Anderen jenseits seines Wohlfühlbereiches. Die Grenzen verlaufen also unterschiedlich. Möchte man jedoch seinen eignen Horizont erweitern, muss eben genau diese Zone verlassen werden. Nur so kann eine persönliche Weiterentwicklung erst beginnen. Aus diesem Grund wird die nächste Zone auch als Lern-, Wachstums-, Entwicklungs- und Stresszone bezeichnet. Grundstellungen in stressigen Situationen automatisch einzunehmen, Drills unter Zeitdruck oder schlechten Lichtverhältnissen auszuführen stellen nur einige Möglichkeiten des Trainings dar. Entscheiden Sie ganz individuell welche Trainingsinhalte für Ihre Weiterentwicklung passen und bauen Sie darauf auf.

Auf keinen Fall sollte man den typischen Anfängerfehler machen und diese Zone durch zu komplizierte Trainingsszenarien /-einheiten verlassen. Wenn Grundlagen des Trainings fehlen, lässt sich auf längere Sicht keine Weiterentwicklung erzielen. Dieser Bereich wird als Panikzone bezeichnet. In ihr fühlen wir uns extrem unsicher und negativer Stress kann sich ausbreiten. Die Aufgabenstellung wird in den meisten Fällen gar nicht oder nur mit sehr viel Glück absolviert. Nicht selten

macht sich Frust und im schlimmsten Fall Resignation breit. Ein ungewollter Ausflug in die Panikzone kann sogar zu einer Verminderung der Komfortzone und zum Aufkeimen von Selbstzweifel führen. Von daher soll vor einem Verlassen der Lern-, Wachstums-, Entwicklungs- und Stresszone gewarnt werden.
Wie sich hieraus ableiten lässt, muss man sich mit neuen, ungewohnten und vor allem unerwarteten Situationen auseinandersetzen. Bezogen auf den Titel des vorliegenden Buches bedeutet dies, dass der interessierte Leser, sollte er in den Bereichen der Selbstverteidigung geschult sein, seine bisherigen Trainingsprinzipien kritisch hinterfragen muss und gegebenenfalls mit Wissen und Vorschlägen aus diesem Buch neu ausrichtet oder ergänzt. Die Inhalte des Buches wurden vom Autor sorgfältig recherchiert, auf ihre Tauglichkeit überprüft und mit Wissen aus jahrelanger Erfahrung verfeinert. Geben Sie Ihrer persönlichen Weiterentwicklung im Bereich der Selbstverteidigung eine Chance, verlassen Sie Ihre Komfortzone, lernen und profitieren Sie von dem umfassenden Wissen über Konfliktentstehung, -vermeidung und realer Anwendung!
Schulen Sie Ihre Aufmerksamkeit und erweitern Sie so Ihr Handlungspotential in kritischen Situationen.

„Wenn Du Deinen Feind kennst und dich selbst kennst,
brauchst du das Ergebnis von 100 Schlachten nicht zu fürchten."
(Sunzi um 500 v. Chr.)

KAPITEL 0

Was sagt das Gesetz?

Ein erster Eindruck

Grundsätzlich können viele Gegenstände zu einer messerartigen Stichwaffe umfunktioniert werden. Kriminelle sind in der Regel sehr erfinderisch und funktionieren gewöhnliche Alltagsgegenstände in gefährliche Stichwaffen um. Während Polizeikontrollen wurden schon angeschliffene Löffel, Zahnbürsten mit am Stielende aufgeklebter Rasierklinge oder Gabeln mit unnatürlich ausgerichteten Zinken beschlagnahmt. Etwas unauffälliger aber nicht weniger gefährlich sind Handwerksgegenstände wie Schraubenzieher oder Hämmer. Diese machen bei polizeilichen Kontrollen meist keinen illegalen Eindruck und können dennoch extrem gefährlich in ihrer Anwendung sein. Zudem sind diese Gegenstände billig in ihrer Anschaffung und nach Gebrauch leicht zu entsorgen. Ansonsten ist auf deutschen Straßen eher mit kleinen bis mittelgroßen Messern zu rechnen. Diese sind leicht zu verbergen und bis zu einer bestimmten Klingenlänge auch gesetzlich erlaubt. Einhand- und auch Springmesser, die mit einem kleinen Knopf geöffnet werden können, sind seit einiger Zeit – wie auch Butterflymesser – verboten und dürfen nicht mehr geführt werden. Viele Kleinkriminelle hält dies allerdings nicht davon ab, da es sich bei Entdeckung lediglich um eine Ordnungswidrigkeit handelt und nicht um eine Straftat.

Der Besitz eines Messers in einer Auseinandersetzung wird von deutschen Gerichten fast immer als aggressiver Akt beurteilt. Das Messer gilt mehr als Angriffswaffe und weniger als Verteidigungswaffe. Bei objektiver und nüchterner Betrachtung ist dies natürlich Blödsinn. Jede Waffe ist für beides einsetzbar. Die Art der Verwendung obliegt der individuellen Intention eines jeden Menschen und sollte nicht einer Verallgemeinerung unterliegen. Dies führt letzten Endes dazu, dass die „Guten" entwaffnet werden und die „Bösen", die fast immer problemlos bewaffnet sind, immer weniger mit Gegenwehr zu rechnen haben, wenn sie sich kriminell betätigen wollen. Trotz diesen Tatsachen sollen und müssen sich die Bürger an das geltende Gesetz der Bundesrepublik Deutschland halten und den Rechtsstaat schützen!

Was sagt das Gesetz?

Nachfolgend sollen die wichtigsten rechtlichen Grundlagen, in Kürze angesprochen und mit verständlichen Beispielen ergänzt werden. An dieser Stelle sei angemerkt, dass es sich bei den nachfolgenden Auszügen um eine subjektive Auswahl des Autors handelt und diese keinerlei Anspruch auf Vollständigkeit erheben. Sollten Sie tieferes Interesse am deutschen Gesetz und seinem Paragraphendschungel haben, dann wenden Sie sich bitte an eine juristische Beratung. Die nachfolgende Auflistung soll dem interessierten Leser einen ersten Überblick über die aktuelle Gesetzeslage in der Bundesrepublik Deutschland verschaffen. Alle Hinweise sind auf dem Stand der Rechtsprechung des Jahres 2018 und wurden auf der Internetseite des Bundesministerium für Justiz nachgeschlagen. Bedenken Sie jedoch, dass eine Gesetzesänderung jederzeit eine Veränderung der Rechtslage bewirken kann.

Grundgesetz
Die Menschenrechte sollen jedem Menschen ein Recht auf Leben, Freiheit, Eigentum und Sicherheit gewährlisten. Das Grundgesetz der Bundesrepublik Deutschland beschreibt in Artikel zwei die allgemeine Handlungsfreiheit, die Freiheit der Person und das Recht auf Leben.

Artikel 2
(1) Jeder hat das Recht auf die freie Entfaltung seiner Persönlichkeit, soweit er nicht die Rechte anderer verletzt und nicht gegen die verfassungsmäßige Ordnung oder das Sittengesetz verstößt.
(2) Jeder hat das Recht auf Leben und körperliche Unversehrtheit. Die Freiheit der Person ist unverletzlich. In diese Rechte darf nur auf Grund eines Gesetzes eingegriffen werden.

Notwehr und Notstand
Sehr häufig werden auf Seminaren die Fragen nach dem „Was darf ich denn jetzt überhaupt zur Selbstverteidigung anwenden?“ oder „Wenn ich mich verteidige, dann muss ich dem Angreifer doch Schmerzensgeld bezahlen!?“ laut. Grundsätzlich gilt, dass man sich gegen verbale

und körperliche Übergriffe verteidigen darf, solange sich die gewählten Abwehrhandlungen im Rahmen der Verhältnismäßigkeit bewegen. Zur Verdeutlichung schauen wir uns die Notwehrparagraphen etwas genauer an:

§32 StGB Notwehr und Nothilfe
(1) Wer eine Tat begeht, die durch Notwehr geboten ist, handelt nicht rechtswidrig.
(2) Notwehr ist die Verteidigung, die erforderlich ist, um einen gegenwärtigen rechtswidrigen Angriff von sich oder einem anderen abzuwenden.
Etwas befremdlich wirkt in Absatz (1) das Wort „Tat“ und die wenigsten Personen möchten mit dem negativ assoziierten Wort einer Tat in Verbindung gebracht werden. Der Begriff „Tat“ ist jedoch keinesfalls negativ zu interpretieren. Vielmehr handelt der Verteidiger durch Notwehr um Schaden von sich oder Dritten abzuwenden. Er schreitet also zur Tat. Bei Notwehr, oder anders ausgedrückt, einer Verteidigungshandlung sollten jedoch die nachfolgenden drei Grundsätze immer beachtet werden:

1. Der Angriff richtet sich auf Leben, Gesundheit, Freiheit und Besitz
2. Der Angriff findet gerade statt, steht unmittelbar bevor oder ist noch nicht völlig abgeschlossen
3. Die Verteidigungshandlung unterliegt dem Prinzip der Verhältnismäßigkeit

„Jetzt muss man sich auch noch überlegen wann und wie man sich verteidigen darf!“ werden sich einige Leser jetzt wohl denken.
Grundsätzlich darf man sich immer dann verteidigen, wenn eine Bedrohung gegen das Leben, Gesundheit, Freiheit, Ehre oder Eigentum durch einen Menschen vorliegt. Man darf also seine Interessen im Rahmen des Notwehrgesetzes verteidigen. Die Angriffshandlung muss allerdings rechtswidrig und gegenwärtig sein. Rechtswidrig sind im Prinzip alle Handlungen, zu denen man nicht zugestimmt hat oder die durch ein Gesetz nicht gerechtfertigt werden. Außerdem muss der

Angriff gegenwärtig sein, gerade stattfinden oder noch nicht beendet sein. Das bedeutet, dass man sich auch dann verteidigen darf, wenn der Angriff noch nicht stattgefunden hat, aber unmittelbar bevorsteht. Es muss also nicht auf den ersten Schlag oder auf den Griff in die Hosentasche gewartet werden bevor eine Verteidigungshandlung ausführt werden darf. Muss mit einem Angriff unmittelbar gerechnet werden, ist eine Verteidigungshandlung gesetzeskonform. Die Verteidigung sollte jedoch immer im Verhältnis zum Angriff erfolgen. Es sollte immer das „mildeste Verteidigungsmittel" gewählt werden. Theoretisch ist das ganz einfach. In einer Notwehrsituation muss man die mildesten Mittel (Verteidigungstechniken, Gegenstände zur Verteidigung) auswählen, welche den Angriff sicher und endgültig abwehren können. Zu flüchten ist zwar immer ein guter Ratschlag, spielt bei der Betrachtung des mildesten Mittels keine Rolle, da das Recht dem Unrecht nicht zu weichen braucht. Da sich die meisten Personen in einer Selbstverteidigungssituation allerdings sofort überfordert fühlen, bleibt den meisten Personen keine Zeit mehr sich über die zur auswahlstehenden Abwehrmittel Gedanken zu machen. So wird dem Verteidiger in §33 StGB folgendes Zugeständnis gemacht:

§33 StGB Überschreitung der Notwehr
Überschreitet der Täter die Grenzen der Notwehr aus Verwirrung, Furcht oder Schrecken, so wird er nicht bestraft.
Dies ist der Fall, sobald der Täter nach der Abwehrhandlung keinen Angriffswillen mehr zeigt. In einem solchen Fall spricht man von einem Notwehrexzess. Der in Notwehr handelnde Täter ist aufgrund der völlig unerwarteten Ausnahmesituation, in der er sich befindet und auf die er sich vorab nicht hat vorbereiten oder einstellen können, nicht voll zurechnungsfähig und kann daher für seine Tat auch nicht zur Rechenschaft gezogen werden. Dies gilt jedoch nicht, wenn diese Person aus Wut, Zorn oder Rache handelt und sich nach erfolgreicher Abwehrhandlung „weiter mit dem einstigen Angreifer beschäftigt". Dem aufmerksamen Leser wird im Text der Wortlaut „Täter" aufgefallen sein. Und tatsächlich wird der Verteidiger, sollte er die Abwehrhandlung überschritten haben, bereits als Angreifer oder wie im Ge-

setzestext steht als „Täter“ bezeichnet. Für den Verteidiger ist es sehr schwer zu beweisen, dass die Situation so bedrohlich war, dass es zu einer Überreaktion gekommen ist.

§323c Unterlassene Hilfeleistung; Behinderung von hilfeleistenden Personen
(1) Wer bei Unglücksfällen oder gemeiner Gefahr oder Not nicht Hilfe leistet, obwohl dies erforderlich und ihm den Umständen nach zuzumuten, insbesondere ohne erhebliche eigene Gefahr und ohne Verletzung anderer wichtiger Pflichten möglich ist, wird mit Freiheitsstrafe bis zu einem Jahr oder mit Geldstrafe bestraft.
(2) Ebenso wird bestraft, wer in diesen Situationen eine Person behindert, die einem Dritten Hilfe leistet oder leisten will.
Man kann diesen Paragraphen so interpretieren, dass ein Angriff auch darin bestehen kann, dass man etwas unterlässt zu dem man rechtlich verpflichtet ist. Unterlassene Hilfeleistung ist kein Kavaliersdelikt und kann mit einer Geld- oder Freiheitsstrafe geahndet werden. Lautes Schreien, ein Telefonanaruf, das Aufmerksam machen fremder Menschen auf einen aktuell stattfindenden Übergriff wird an dieser Stelle schon als Hilfeleistung angesehen und sollte für jeden Bürger machbar sein. Schließlich wäre man selbst mehr als froh, wenn einem in einer misslichen Lage schnell geholfen werden würde.

Da es in diesem Buch der Einsatz bzw. die Verteidigung gegen Angriffe mit Waffen beschreiben wird, muss ebenfalls ein kurzer Blick auf die zurzeit bestehenden waffenrechtlichen Gesetze geworfen werden. Eine besondere Beachtung soll Paragraph 42a des Waffengesetzes (WaffG) geschenkt werden. Darin steht:

§42a Verbot des Führens von Anscheinswaffen und bestimmten tragbaren Gegenständen
(1) Es ist verboten
1. Anscheinswaffen,
2. Hieb- und Stoßwaffen nach Anlage 1 Abschnitt 1 Unterabschnitt 2 Nr. 1.1 oder

3. Messer mit einhändig feststellbarer Klinge (Einhandmesser) oder feststehende Messer mit einer Klingenlänge über 12 cm zu führen.

(2) Absatz 1 gilt nicht

1. für die Verwendung bei Foto-, Film- oder Fernsehaufnahmen oder Theateraufführungen,
2. für den Transport in einem verschlossenen Behältnis,
3. für das Führen der Gegenstände nach Absatz 1 Nr. 2 und 3, sofern ein berechtigtes Interesse vorliegt.

Weitergehende Regelungen bleiben unberührt.

(3) Ein berechtigtes Interesse nach Absatz 2 Satz 1 Nr. 3 liegt insbesondere vor, wenn das Führen der Gegenstände im Zusammenhang mit der Berufsausübung erfolgt, der Brauchtumspflege, dem Sport oder einem allgemein anerkannten Zweck dient.

Buchtipp:
Effektive Selbstverteidigung und Notwehrrecht von Christian Rückert

KAPITEL 1

Präventive Maßnahmen zur Konflikterkennung

1.1 Was ist Prävention?

Das Bundesministerium für Gesundheit versteht unter Prävention „zielgerichtete Maßnahmen und Aktivitäten, um Krankheiten oder gesundheitliche Schädigungen zu vermeiden." Der Begriff Prävention wird im Bereich der Selbstverteidigung meistens zu oberflächlich genutzt und vermittelt. Eine bessere Einteilung und eine daraus effektivere Handlungsweise lassen sich dann erstellen, wenn präventive Maßnahmen nach ihrem Zeitpunkt, zu dem sie eingesetzt werden, Zuordnung finden. Entsprechend kann der Überbegriff Prävention in zwei Kategorien unterteilt werden - primäre und sekundäre Prävention.

Die primäre Prävention zielt darauf ab, die Entstehung von Konflikten zu verhindern. Dies ist allerdings nur dann realisierbar, wenn das Individuum sich im Vorfeld mit möglichen Orten auseinandersetzt an welchen eine erhöhte Gefahr von verbaler oder körperlicher Gewalt vorherrscht. Diese Orte sollten strikt gemieden und andere Wege oder Treffpunkte ausgesucht werden.

Die sekundäre Prävention geht einen kleinen Schritt weiter. Es wird davon ausgegangen, dass eine primäre Prävention nicht immer möglich ist. Man denke dabei an den Besuch von Volksfesten, auf welchen leicht Betrunkene oder einfach nur Krawallmacher auf gute Gelegenheiten warten um „ihren Mann zu stehen" und ihr kleines Selbstwertgefühl durch gezieltes Sichten und Aussuchen von Opfern steigern wollen. Genau an dieser Stelle setzt nun die sekundäre Prävention an. Diese besagt, dass eine Früherkennung von Konflikten diese im Keim bereits ersticken kann. Je früher ein möglicher Gefahrenherd zu erkennen ist, desto früher kann der Betroffene die Bühne des bevorstehenden Schauspiels verlassen. Der Konflikt wird also im Frühstadium entdeckt. Die Maßnahme der sekundären Prävention lässt sich demnach mit dem Begriff der Konfliktfrüherkennung gleichsetzen.

1.2 Konfliktentstehung

Konflikte zwischen Menschen gibt es schon immer und im Prinzip sind Konflikte auch nichts schlechtes, sondern geben den Menschen die Möglichkeit Unstimmigkeiten durch das Hilfsmittel der Kommunikation aus dem Weg zu räumen. Leider findet neben dem verbalen Schlagabtausch auch immer häufiger ein Körperlicher statt. Nicht selten sogar unter dem Einsatz einer Waffe. Aber warum kommt es eigentlich immer wieder zu Konflikten? Eine der Voraussetzungen ist, wenn Interessen, Zielsetzungen oder Wertvorstellungen von Personen oder gesellschaftlichen Gruppen unvereinbar erscheinen. So können Konflikte ganz unterschiedliche zwischenmenschliche Ursachen haben. In den meisten Fällen handelt es sich um individuelle Wahrnehmungsunterschiede, gefühlter ungerechter Behandlung und Benachteiligung oder gar eine Verletzung des „eigenen Territoriums".

Individuelle Wahrnehmungsunterschiede resultieren aus der individuellen Interpretation verschiedener Situationen. So kann die Laune oder der Charakter eines Individuums bereits einen Konflikt mit einem Anderen auslösen, nur weil dieser eine scheinbar teure Jacke einer bestimmten Marke trägt. Aber auch eigene Erfahrungen können aus neutral ausschauenden zwischenmenschlichen Interaktionen körperliche Konflikte entstehen lassen. Dies geschieht meist durch die Entschlüsselung gesendeter verbaler oder non-verbaler Nachrichten vom „Sender" zum „Empfänger" und wieder zurück (siehe Zeichnung 2).

Aber auch eine subjektive Empfindung einer ungerechten Behandlung oder Benachteiligung innerhalb einer Gruppe oder Gesellschaft kann zu Konflikten führen. Gerade in unserer heutigen Gesellschaft lassen sich solche Tendenzen gut erkennen. Menschen bevorzugen Wohngegenden von Menschen mit gleichen ethnischen und sozialen Status. Dies führt unweigerlich zu dem Problem der Segregation, also einer Aufteilung der Gesellschaft innerhalb von Städten oder Stadtrandsiedlungen. Dieses Phänomen findet sich in allen kleinen, mittleren und großen deutschen Städten. Im schlimmsten Fall werden aus manchen

Stadtteilen sogenannte „No-go-Areas". Gründe für die Entstehung von Konflikten können also eine unterschiedliche Herkunft, Sprache, Rasse, Religionszugehörigkeit aber auch Geschlecht und Aussehen sein. Eine Verletzung des „eigenen Territoriums" liegt dann vor, wenn sich eine Person in den Wirkungsbereich einer Andren begibt. Dieser Wirkungsbereich kann sich von einer hübschen Frau bis zur „eigenen Straße" oder „ganzer Stadtviertel" erstecken. Wird ein „Eindringling" als möglicher Konkurrent wahrgenommen, ist die Wahrscheinlichkeit einer Konfliktentstehung sehr hoch.

Eine Voraussetzung für die Entstehung von Konflikten ist jedoch ein „abchecken" des Anderen. Zuerst auf visueller, verbaler und dann körperlicher Ebene. Denn auch für den Angreifer gilt die Prämisse „Auf einen Kampf mit ungewissem Ausgang, braucht man sich nicht einzulassen."

1.3 Kommunikation

„Man kann nicht nicht kommunizieren", so beschrieb der österreichische Kommunikationswissenschaftler Paul Watzlawick (*1921 †2007) das Phänomen, dass sich jeder Mensch immer und zu jeder Zeit seiner Umgebung mitteile. Menschliche Kommunikation führt zur wechselseitigen Beeinflussung von Individuen und Gruppen hinsichtlich ihrer Einstellungen, Gefühle und Handlungen.
Eine Person, der Sender, teilt eine Nachricht in verschlüsselter Form z.B. durch Sprache mit. Der „Empfänger" entschlüsselt die Botschaft und gibt dem Sender eine Rückmeldung über den Empfang. Der Sender kann seinerseits wieder kontrollieren, ob das von ihm gewünschte Kommunikationsziel mit dem erzielten Ergebnis übereinstimmt. Das Ergebnis kann nun korrigiert oder bestätigt werden.

Zeichnung 2: Sender-Empfänger-Modell

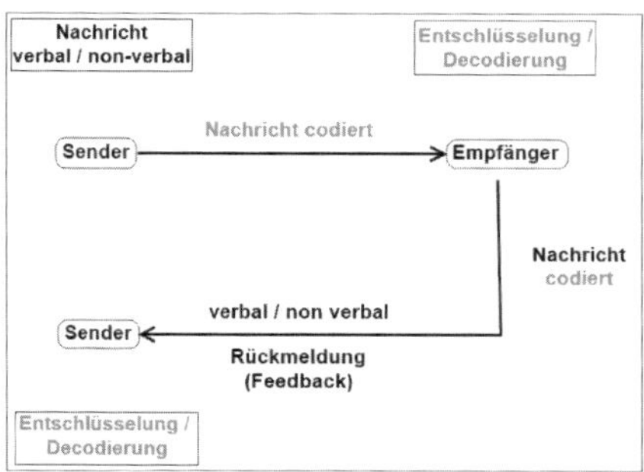

(Quelle: Eigener Entwurf 2019)

Handeln, Nichthandeln, Sprechen, Schweigen, Hin- oder Wegsehen, alles hat im Kommunikationsprozess Mitteilungscharakter. Ob ein Betrunkener in einem Nachtclub sich verbal aggressiv zu einer fehlgeschlagenen Anmache einer hübschen Frau äußert, ob vor der Tür einer Diskothek Abgewiesene auf den ersten Blick Verständnis für die Entscheidung der Security durchblicken lassen oder Streifenpolizisten bei Autofahrern routinemäßig Drogen- und Alkoholkontrollen an einem Parkplatz in der Nähe eines stattfindenden Volksfestes durchführen. Allen ist eines gemeinsam – sie müssen Nachrichten entschlüsseln, auf ihre Richtigkeit überprüfen und mögliche Gefahrenpunkte der jeweiligen Situation frühzeitig erkennen. Ein situativ korrektes Verhalten setzt natürlich eine entsprechende Entschlüsselungsfähigkeit der Botschaft seitens des Empfängers voraus. Zur Verdeutlichung sollen die nachfolgenden Beispiele dienen.

Fallbeispiel 1: Die Frau und der Betrunkene

Nachrichtenentschlüsselung #1

So könnte sich die Frau aus unserem Beispiel durch die verbalen Äußerungen des Betrunkenen bedroht fühlen und das Sicherheitspersonal auf den Mann aufmerksam machen. Die wiederum setzen den Mann darauf vor die Tür. Dieser fühlt sich ungerecht behandelt, beschimpft die Security und fängt an vor dem Club zu randalieren.

Nachrichtenentschlüsselung #2

Sie könnte die Nachricht aber auch als einmalige Kurzschlussreaktion aufgrund ihres Desinteresses dem Betrunkenen gegenüber auffassen, sich einen anderen Platz suchen und sich nicht weiter auf die Situation einlassen. Der Betrunkene gesteht sich seine Niederlage ein und sucht sich eine weitere Frau welche in sein Beuteschema passt. Möglicherweise hat es dieses Mal Glück.

Fallbeispiel 2: Der Türsteher und die Abgewiesenen
Nachrichtenentschlüsselung #1
Die beiden Männer lassen sich vom Sicherheitspersonal nicht so leicht abwimmeln und werden im Laufe ihres Gespräches lauter, aggressiver. Eine der beiden Männer fühlt sich vor den anderen wartenden Gästen bloß gestellt, in seiner Ehre verletzt und zieht ein Messer.

Nachrichtenentschlüsselung #2
„Wer zuerst kommt, der mahlt zuerst." Diese Weisheit könnte für die gegebene Situation in der Tat zutreffen. Die beiden Männer werden angehalten, es vielleicht später noch einmal zu versuchen – der Club ist voll. An dieser Stelle gäbe es natürlich weitere Entschlüsselungsmöglichkeiten. Zum einen könnten die Männer behaupten, dass nur sie nicht in den Nachtclub gelassen werden, zum anderen könnten sie sich mit der Abweisung abfinden und eine andere Location für diesen Abend aufsuchen.

Wie deutlich wurde, hängt die Nachrichtenentschlüsselung von vielen Parametern ab. Sender und Empfänger bedingen sich gegenseitig. Die alte Redewendung „Wie man in den Wald hinein ruft, so schallt es heraus" stellt ein gutes Beispiel für die Entschlüsselung von Botschaften dar.
Nun gibt es Menschen, die sich sehr leicht provozieren und aus der Fassung bringen lassen, während andere hingegen gelassener und ruhiger durch Leben gehen. Diese beiden Charaktereigenschaften führen zu unterschiedlichen Interpretationen von Botschaften. Während der leicht reizbare Typ Mimik, Gestik und Sprache seines Gegenübers schnell als persönlichen und direkten Angriff entschlüsselt und seine

Handlungsmöglichkeiten dadurch minimiert werden, kann der ruhige und gelassene Typ vielfältiger mit den verbalen oder non-verbalen Informationen umgehen.
Bitte beachten Sie, dass eine non-verbale Kommunikation (Mimik, Gestik) in den meisten Fällen den ersten Beitrag für eine Nachrichtensendung und –entschlüsselung beisteuert.

1.4 Körpersprache

Wie aus dem letzten Kapitel deutlich wurde, verständigt sich der Körper unter anderem durch Gestik und Mimik und kann dadurch Gefühle und Konflikte zu Ausdruck bringen. In der Kommunikationsforschung wurden über 250.000 verschiedene Gesichtsausdrücke und über 1.000.000 nichtsprachliche Signale des Menschen erforscht und unterschieden. Das nach außen innere, unsichtbare Befinden einer Person drückt sich durch sichtbare Körpersprache aus. So können wir sofort erkennen, ob jemand glücklich oder traurig, gesund oder krank, selbstbewusst oder schüchtern ist. Es heißt, dass die Körperhaltung die Geisteshaltung und die Geisteshaltung die Körperhaltung widerspiegelt. So kann sich Körpersprache, kinästhetisch, visuell, auditiv, olfaktorisch, gustatorisch, durch Mimik und Gestik, durch Körper- und Kopfhaltung oder ganz einfach nur durch eine eingenommene Sitzhaltung ausdrücken.
Körpersprache ist für eine non-verbale Kommunikation von entscheidender Bedeutung. Aufgrund der verschiedenen Kulturen in unserer Welt gibt es natürlich auch viele Unterschiede in der Art der Entschlüsselung der jeweiligen Körpersprache. Eines haben allerdings alle gemeinsam: „Groß dominiert über klein!" Dies kann ganz einfach am Verhalten bei Begrüßungen festgestellt werden. Die Männer nahmen in früherer Zeit ihren Hut ab und verbeugten sich. Frauen hingegen machten einen Knicks. Diese Art der Höflichkeit hatte auch etwas mit Respekt dem anderen gegenüber zu tun. Schlagen wir nun einen Bogen in unsere heutige Zeit und versuchen solche unbewusst ausgeführte Verhaltensweisen aufzudecken.

Fallbeispiel #1 – Symbole der Macht
Schon immer in der Menschheitsgeschichte wurden Götter durch riesige Statuen aus Stein oder Holz dargestellt. Der schaffende Mensch wirkte dagegen klein und hilflos. Ob ägyptischen Pyramiden, gotische Kirchen oder moderne Wolkenkratzer von milliardenschweren Unternehmen, die Symbole der Macht und des Erfolges waren schon immer groß gewesen.

Fallbeispiel #2 - Kampfsportschule
In jeder Kampfsportschule ist es üblich sich vor seinem Partner und seinem Trainer zu verbeugen. Diese Etikette bilden die Grundlage von Vertrauen, Respekt, Höflichkeit und fördern das Miteinander und die Hilfsbereitschaft. Jeder Kampfsportler verbeugt sich und bekommt dafür die Belohnung in Form einer Verbeugung.

Fallbeispiel #3 – Vorkampfphase
Vor einer körperlichen Auseinandersetzung stehen sich die Kontrahenten meistens in sehr engem Abstand gegenüber. Vom Aggressor kann häufig ein Aufbäumen, ein sich größer machen, Aufplustern, breiter machen festgestellt werden. Diese Körperhaltung wird häufig noch durch das Heben des Kinns verstärkt. Es soll Überlegenheit verdeutlichen und sein Gegenüber klein und schwach aussehen lassen.

Fallbeispiel #4 - Tiere
Auch Tiere haben die Eigenschaft, sich in Gefahren- oder Konfliktsituationen größer zu machen. Vögel richten ihr Gefieder auf, Raubkatzen stellen die Haare ihres Fells nach oben, Bären richten sich auf und stehen auf ihren Hinterbeinen. Die Liste ließe sich beliebig weiter ergänzen.
Es wird deutlich, dass Körpersprache einen ganz entscheidenden Einfluss auf die Wahl des Opfers und dem Verlauf einer Konfliktsituation nehmen kann. Ausnahmen gibt es jedoch immer. So kann es z.B. auch sein, dass ein großer, kräftiger Mann von eine Gruppe halbstarker aus der Menge herausgepickt wird, um der Gruppe die eigene Stärke und Überlegenheit zu demonstrieren. Bei positivem Ausgang der Kon-

fliktsituation sichert sich der Aggressor nicht nur einen guten Platz in der Gruppenhierarchie, sondern erntet zusätzliches Lob seiner Begleiter. Bei negativem Ausgang muss jedoch der eigene Stand innerhalb der Gruppe erst wieder gestärkt und gefestigt werden. Dies geschieht weniger auf dem körperlichen Weg, sondern vielmehr durch verbal abwertende, beleidigend-gewalttätige Sprachmuster. Damit ein negativer Ausgang der Konfrontation minimiert werden kann, müssen Gewalttäter die Körpersprache ihrer vermeintlichen Opfer studieren und lesen. Meist genügen wenige Sekunden um zu erkennen, ob es sich um ein „ängstliches Opfer“ oder um eine „selbstbewusste Person“ handelt.

1.5 Typisierungen von Menschen

Jeder Mensch ist individuell. Es gibt ihn praktisch nur einmal auf der Erde. Wenn von einer Typisierungen gesprochen wird, dann ist damit ein wiedererkennbares Muster in Handlungen und Verhalten gemeint, welches den Mensch in sehr vereinfachter Form beschreibt. Auf diese Weise kann jedes Individuum einem bestimmten „Erscheinungsbild-Typ“ zugeordnet werden. Dieser Typ ist jedoch nicht fix festgelegt, sondern kann sich im Laufe der Zeit verändern. Gerade bei jungen Heranwachsenden ist das Phänomen der Veränderung häufig erkennbar. Dabei handelt es sich um einen „Möchtegern-Typ“ den man gerne in physischer und psychischer Form verkörpern und nach außen darstellen möchte. Man könnte an dieser Stelle auch von Idolen oder Vorbildern sprechen. Am ehesten drückt sich diese Art von Bewunderung durch eine abgekupferte Sprache aus. Dieses Verhalten gehört zum Erwachsenwerden dazu und kann in jeder Generation nachgewiesen werden. Doch nun zurück zu den eigentlichen Typisierungen. Grob kann man zwischen drei Typen unterscheiden – dem ängstlichen, dem aggressiven und dem selbstbewussten.
Der „Ängstliche Typ“ drückt seine Unsicherheit in Mimik und Gestik aus. Diese Art von Typ fällt jedem halbwegs aufmerksamen Bürger sofort auf. Die Gangart mit ihren dazugehörigen Körperbewegungen wirkt geschlossen. Ein direkter Augenkontakt wird meist vermieden und ein offenes herzliches Lachen ist nur selten zu hören. Zudem

fehlt es an Körperspannung, der Kopf ist leicht nach unten gesenkt, die Schultern „hängen“ nach vorn, wodurch ein aufrechter Gang und ein optisch größeres Erscheinungsbild von vorneherein unterbunden wird. Man könnte sagen, dass sich der „Ängstliche Typ“ klein macht und unterordnet. Diese Art von Mensch steht auch nicht gerne im Mittpunkt, sondern taucht gerne in der Menschenmenge unter und schwimmt mit dem Strom.

Der „Aggressive Typ“ kann als genaues Pendant zum ängstlichen Typ angesehen werden. Durch seinen meist breiten Stand, den leicht zur Seite exponierten Armen und dem leicht angehobenem Kinn wirkt er groß und möchte dadurch seine Überlegenheit ausdrücken. Er liebt das Gefühl von Überlegenheit und Macht und befriedigt seine Lust durch gezieltes „Opfersuchen“. Aus Angst vor einer eigenen Niederlage, wird sich der Aggressive Typ keinen gleichwertigen Gegner zur Machtdemonstration suchen. Ansehen und Respekt kann er sich nur durch einen Sieg „erarbeiten“. Da er einer Niederlage möglichst aus dem Weg gehen will, wird er sich in der Regel für einen ganz bestimmten Typ von Mensch entscheiden – dem „ängstlichen Opfer Typ“.

Der „Selbstbewusste Typ“ kennt seine Stärken und Schwächen und weiß damit umzugehen. Er kann in Konfliktsituationen auch zurückstecken und beharrt nicht ausschließlich auf seiner Meinung. Seine Körperhaltung ist aufrecht und sein Stand hüftbreit. Er wirkt groß, ohne jedoch den Eindruck von Hochnäsigkeit zu vermitteln. Sein „Standpunkt“ ist klar definiert und diesen kann er auch während verbalen Auseinandersetzungen ruhig vertreten. Die Wahrscheinlichkeit, dass er von einem Gewalttäter provoziert oder bedroht wird ist gering. Eine Einschätzung über sein Verhalten in Konfliktsituationen fällt schwer, da er weder als Opfer noch als Feind zu erkennen ist. Der Aggressor muss aufgrund des äußeren Erscheinungsbildes des selbstbewussten Typs sehr viele unbekannte Faktoren in seiner Handlungsentscheidung berücksichtigen. Die Wahrscheinlichkeit Opfer eines Übergriffes zu werden sind daher als gering einzustufen.

Fallbeispiel: Ängstlicher Typ versus aggressivem Typ in einer Konfliktsituation

Dieser ist in den meisten Fällen von solch einer Situation völlig überfordert – wollte er doch nur seine Ruhe haben. Die Umgebung wird völlig ausgeblendet und freie Ziele, wie z.B. der freigelegte Kehlkopf, der Genitalbereich, die zur Seite exponierten Arme, welche die Körpermittelinie komplett verlassen haben, werden aufgrund der Stresssituation nicht mehr wahrgenommen.

KAPITEL 2

Deeskalation und Phasen der Eskalation

2.1 Deeskalation

2.1.1 Verbale Deeskalation

In den Gesellschaften der westlich orientieren und aufgeklärten Welt gehen den meisten körperlichen Gewalttaten verbale Streitigkeiten zwischen den betroffenen Parteien voraus. Es findet sozusagen eine Kommunikation zwischen den Angreifer und dem Verteidiger statt. Während dieser Zeit kann sich die Stimmung und das Aggressionspotential weiter steigern oder durch geschicktes Manövrieren und Steuern entschärfen lassen. Die Kontrolle über eine Konfliktsituation zu bekommen ist nicht ohne weiteres möglich. Zum Ersten muss sich der Verteidiger soweit unter Kontrolle haben, dass ihn die verbalen Beleidigung, Anschuldigungen und Drohungen nicht aus der Reserve locken. Und zum Zweiten muss er in der Lage sein ein Gespräch mit dem Aggressor zu führen. Dabei sollte der Verteidiger stets die Oberhand während der Gesprächsführung behalten und das Gehirn des Aggressors mit Reden beschäftigen. Es heißt, „Wer redet schlägt nicht!". Genau diese Methode sollte man sich zu Eigen machen. Über 90 Prozent der Konflikte könnten gewaltlos beendet werden, wenn nur einer der Beteiligten Kenntnisse über deeskalierende Methoden verfügen würde. Zu den Schlüsselelementen einer erfolgreichen Deeskalation zählen Körpersprache, Stimme und Wortwahl (siehe Zeichnung 3).

Zeichnung 3: Die Dominanz der Körpersprache

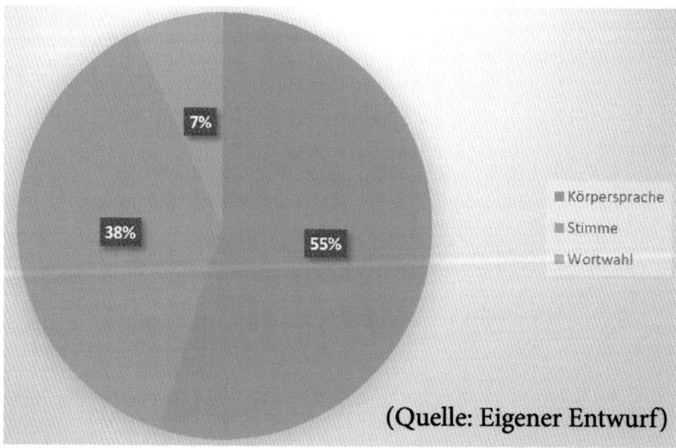

(Quelle: Eigener Entwurf)

Es wird deutlich, dass mit 55 Prozent die Körpersprache einen Großteil der Kommunikation zwischen den beteiligten Parteien ausmacht. Etwa 38 Prozent wird der Stimme und nur sieben Prozent der Wortwahl zugeschrieben. Dennoch sollte ein Gespräch auf Augenhöhe und ohne beleidigende oder überheblich klingende Worte geführt werden. Ein Spiegeln der Situation, sowie ein formulieren von Ich-Botschaften können dem vermeintlichen Angreifer zum Umdenken anregen. Es verdeutlicht, dass es sich bei Deeskalation um weitaus mehr als nur einem einfachen Dialog zwischen zwei Parteien handelt. Nicht ohne Grund wird Deeskalation auch als Kunst oder Wissenschaft der taktischen Vorgehensweise zur Auflösung verbaler und körperlicher Konfliktsituationen bezeichnet. Erfahrungen in Sachen Gesprächsführung sind für diese Art des Konfliktmanagements von entscheidendem Vorteil.

Mit Deeskalation sollte begonnen werden, wenn eine Person eine andere verbal aggressiv angeht oder gar bedroht. Es wurde also noch keine körperliche Gewalt angewandt und bis dato nur mit verbalen Beleidigungen agiert. Zur positiven Steuerung der Situation darf dem Aggressor nicht mit drohenden oder abwertenden Kommentaren gekontert werden. Das Gespräch muss mit ruhiger Stimme (zumindest von Seiten des Verteidigers) geführt werden. Auch Schuldzuweisungen und Rügen mit erhobenem Zeigefinger sollten strikt vermieden werden. Diese lassen in der Regel die sowieso schon aufgeheizte Situation schnell kippen und leiten die nächste Stufe der Gewaltspirale ein. Eine gute Maßnahme deeskalierend zu wirken ist, wenn der Aggressor das Gefühl hat verstanden zu werden. Eine Einladung auf ein Bier an der Theke wäre eine denkbare Möglichkeit. Häufig werden solche Angebote auch angenommen. Dennoch sollte auch hier Vorsicht geboten sein. Kommt die Einladung zu früh, kann dies als Angst oder ein Freikaufen verstanden werden und die Situation weiter verschärfen. Beim Gang an die Bar kann der Aggressor von hinten blitzartig zuschlagen oder zustechen. Fingerspitzengefühl und auch ein Quäntchen Glück gehören zu einer positiv verlaufenden verbalen Deeskalation einfach dazu. Zusammenfassend sollen hier noch einmal die wichtigsten Grundregeln verbaler Deeskalation dargelegt werden.

Stimme
Die Stimme gibt Rückschlüsse über den Grad der Erregtheit während einer Konfliktsituation. Freude, Angst, Wut und Ärger sind ohne Probleme aus der Stimme herauszulesen.

Es gilt die Regel: Selbstkontrolle = Situationskontrolle.

Zur Umsetzung der Situationskontrolle müssen jedoch vier Schlüsselelemente beachtet und beherrscht werden:

1. Der Ton
Sprichworte wie „Der Ton macht die Musik!" oder „Wie man in den Wald hineinschreit, so schallte es wieder heraus!" können als Wegweiser und Orientierungshilfen angesehen werden. Der Ton in der Stimme gibt Aufschluss über unseren emotionalen Zustand. Während einer verbalen Auseinandersetzung sollten alle negativen zu interpretierenden Töne der Stimme ausgeschaltet und durch freundliche und ruhige ersetzt werden.

2. Die Tonlage
Die Höhe oder Tiefe der Tonlage in unserer Stimme gibt ebenfalls Aufschluss über unseren emotionalen Zustand. Ein emotional erregter Gefühlszustand spiegelt sich durch eine höhere Stimmlage wider. Furcht und Verzweiflung lassen sich durch eine tiefere Stimmlage ableiten. Eine mittlere Stimmhöhe vermittelt hingegen ein Gefühl von Vertrauen und Situationskontrolle.

3. Die Lautstärke
Durch die Lautstärke der Stimme können Rückschlüsse auf Feinseligkeit, Wut oder Aggression gezogen werden. Leise Stimmen zeugen in der Regel von Unsicherheit, Schwäche und Unterwürfigkeit. Bei einer verbalen Konfrontation sollte daher auf eine moderate Lautstärke in der Stimme geachtet werden. Die Stimme sollte die Inhalte klar und deutlich zum Empfänger transportieren, ohne den Anschein von Aggressivität zu vermitteln.

4. Das Sprachtempo
Die Schnelligkeit der gesprochenen Sätze und Aneinanderreihung von Worten kann ebenfalls zur Einschätzung des gegnerischen emotionalen Zustandes herangezogen werden. Eine schnelle Sprache kann ein Grund von furcht, Nervosität oder sogar Wut sein. Eine sehr langsame Sprache kann hingegen als Überheblichkeit oder Unsicherheit angesehen werden. Ein mittleres Sprachtempo sollte Ruhe, Kontrolle und ein stückweit Vertrauen in eine aufgeheizte Situation bringen.

Wortwahl
Die Geschichte hat gezeigt, dass Wörter eine unglaubliche Macht auf Personen haben können. Durch eine richtige Kombination von Worten, gepaart mit den oben genannten vier Schlüsselelementen der Stimme, wurden in frühster Vergangenheit Millionen von Menschen beeinflusst, in ihrem Verhalten manipuliert und in den Krieg geschickt. Demnach ist es kein Wunder, dass eine richtige Kombination aus beidem verbale Konflikte deeskalieren oder eskalieren lassen können. Allerdings kann nicht jede Konfliktsituation deeskaliert werden. Drogen- oder Alkoholkonsum lassen so manchen Aggressor taub auf beiden Ohren werden. Ist er zudem noch mit einer Gruppe unterwegs, kann sich die Situation durch die Anwesenheit der Begleiter weiter verschärfen. Hetzende Worte, gepaart mit Gruppenzwang können die Deeskalationschancen bereits im Keim ersticken lassen.

2.1.2 Grundstellung
Jeder Stand und jede körperliche Position im Raum kann als Grundstellung gezählt werden. Diese Überlegung und Integration in den Alltag führt zu einer bewussten Einnahme einer sicheren und ausbalancierten Haltung und trägt zur Gefahrensensibilisierung bei. Während einer Deeskalationsphase ist es wichtig keine aggressiven, abwertenden oder überheblichen Körperpositionen /-haltungen einzunehmen. Zum einen können diese zur Eskalation beitragen und zum anderen eine schlechte Ausgangssituation bei körperlicher Gewalt darstellen. Dazu gehören Geballte Fäuste, Kampfgrundstellungen, ein leicht angehobenes Kinn und verschränkte Arme. Die beiden erst genannten

lassen sofort auf Kampferfahrung und „keine Lust an Deeskalation" schließen und die beiden zuletzt genannten Beispiele können als Einladung für den „Erstschlag" gesehen werden. Ein angehobenes Kinn wirkt überheblich und bildet zugleich ein sehr effektives Ziel für einen Knock Out. Verschränkte Arme vermitteln die Botschaft von Desinteresse am Gegenüber und lässt diesen ggfs. noch aggressiver werden. Zudem hat man mit verschränkten Armen kaum noch eine Chance einen Angriff schnell und zielgerichtet abzuwehren. Entsprechend sollte eine nicht aggressiv wirkende aber zugleich sich selbst schützende Körperposition eingenommen werden. Je nach Abstand zum Gegner ist eine Deeskalationsstellung in der Weit- und Mitteldistanz, sowie eine Stellung für die Nahdistanz denkbar. Bei beiden handelt es sich um passive und zugleich schützende Grundstellungen.

Bild 1: Deeskalationsstellung der Weit- und Mitteldistanz

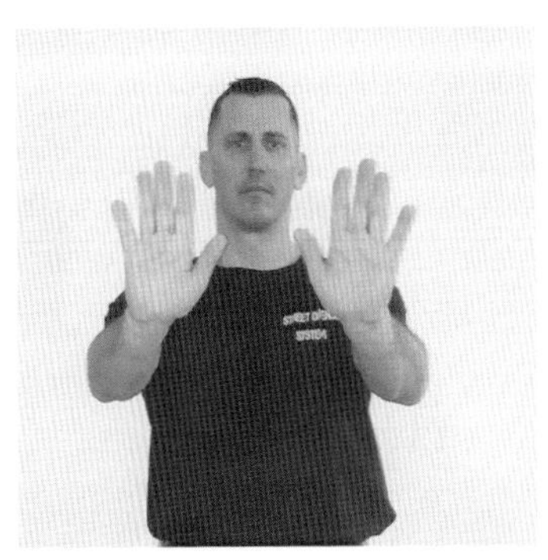

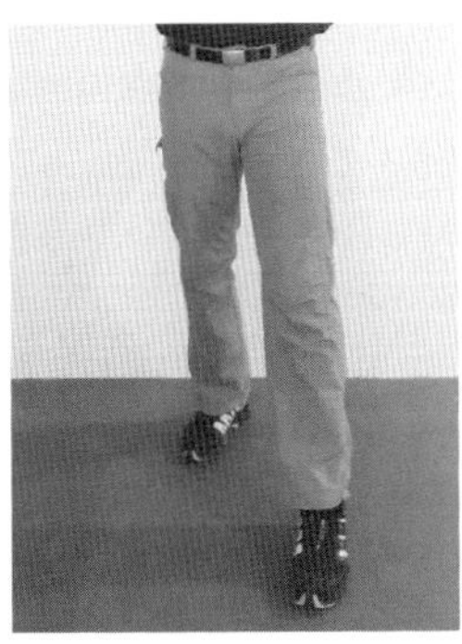

Beide Beine stehen zur besseren Balance leicht versetzt zueinander. Die Füße bilden in etwa einen Winkel von 45 Grad. Der versetzte Stand erschwert dem Aggressor einem schnellen und gezielten Tritt zum Genitalbereich. Die Knie sind leicht gebeugt. Die Oberarme sind nah am Oberkörper platziert, während die Hände offen, mit der Handfläche nach vorne, ausgerichtet sind. Da es sich hier nicht um eine aktive Kampfstellung handelt, sollte Kopf und Oberkörper gerade ausgerichtet sein. Der ganze Körper muss locker, entspannt aber wachsam sein. Die exponierten Hände können sehr gut zum gestikulieren eingesetzt werden. Es sollte jedoch darauf geachtet werden, dass die Hände und

Arme immer wieder zu eigenen „Center Line“ zurückkehren und den Rahmen der Body Box (vgl. Kapitel 5.6.1) nicht verlassen. Hände in der Jacken- oder Hosentasche könnten ein tödlicher Fehler sein. Ein vom Angreifer heimlich gezogenes Messer kann selbst in dieser Distanz nicht mehr abgewehrt werden. Zudem bieten sich dem Aggressor sämtliche vitalen Punkte wie auf dem Servierbrett an.

Bild 2: Deeskalationsstellung der Nahdistanz

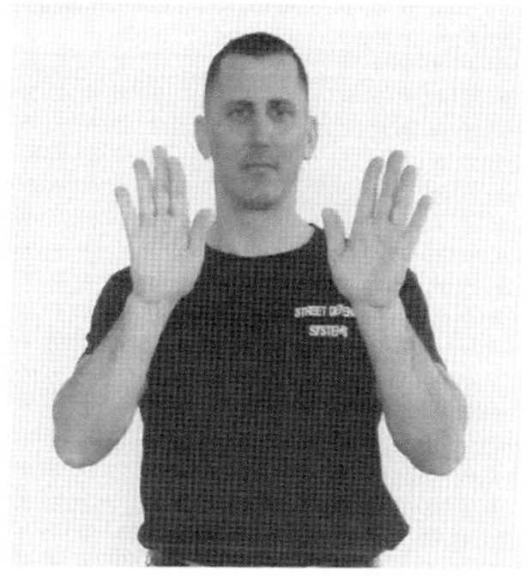

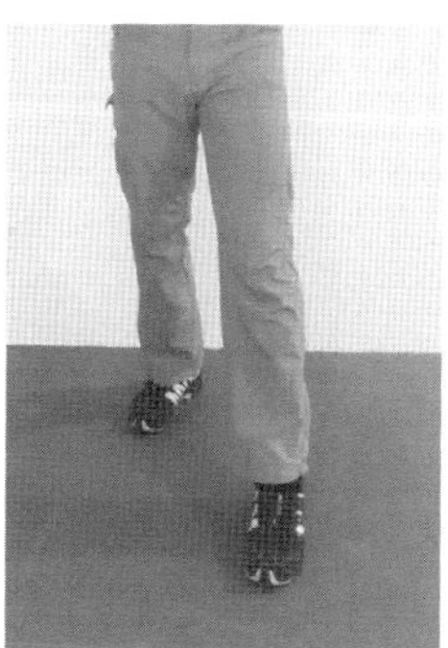

Grundsätzlich unterscheidet sich die passive Grundstellung in der Nahdistanz von der oben genannten nur durch die exponierten Weite der Hände und Unterarme. Ein Nachteil besteht immer in dem verkürzten Abstand zum Aggressor. Ein ausgestreckter Arm würde bereits in den Privatraum des Gegenübers eintreten und könnte als Angriff oder als Provokation gedeutet werden. Entsprechend werden die Hände und Unterarme enger an den eigenen Körper gebracht. Die Handflächen sind offen und nach vorne ausgerichtet. Aufgrund der Nähe zum Aggressor sollte man auf ein zu abschweifendes Gestikulieren mit den Händen verzichten. Die Kontrolle der eigenen „Center Line“ sollte immer im Fokus stehen.

2.1.3 Blickausrichtung

Während der Deeskalationsphase ist direkter und ständiger Augenkontakt zu vermeiden. Auch wenn es heißt „Man schaut den mit dem man spricht in die Augen!“ Dieser Grundsatz könnte in diesem Fall eher zu einer Eskalation der ohnehin schon angespannten Grundstimmung beitragen. Gelegentlicher Blickkontakt sollte dennoch Bestandteil während des Gespräches sein, da es zu einen Selbstsicherheit und dem Gesagten einen gewissen Nachdruck verleiht. In der Zwischenzeit ist es ratsam den Blick etwas tiefer anzusetzen (siehe Bild 3).

Bild 3: Blickfokussierung des Gegners

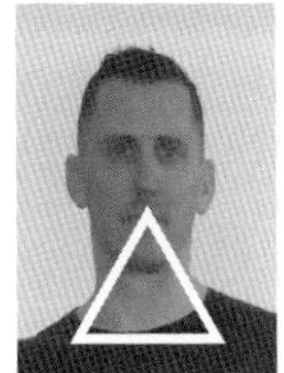

Der Blickbereich beschreibt ein Dreieck. Schon kleinste Bewegungen von Kopf und Schultern werden sichtbar. Die meisten Angriffe werden durch die Schultern eingeleitet. Aber auch minimale Mundbewegungen können einen bevorstehenden Angriff verraten. Eine Beobachtung des Mund- und Schulterbereichs kann zu einer besseren Ausgangssituation führen.

2.2 (De-)Eskalationsstufen

Die nachfolgende Zeichnung möchte einen idealtypischen Ablauf einer eskalierenden Konfliktsituation darstellen. Das Modell basiert auf fünf Stufen. Jede höhere Stufe steht für ein höheres Level der Gewaltanwendung, sei sie verbaler oder physischer Natur. Zur besseren Verständlichkeit wurde auf ein Konflikt-Farbcode-System zurückgegriffen, wie es auch bei der Polizei und dem Militär Anwendung findet.

Zeichnung 4: Die Stufen der Gewaltanwendung

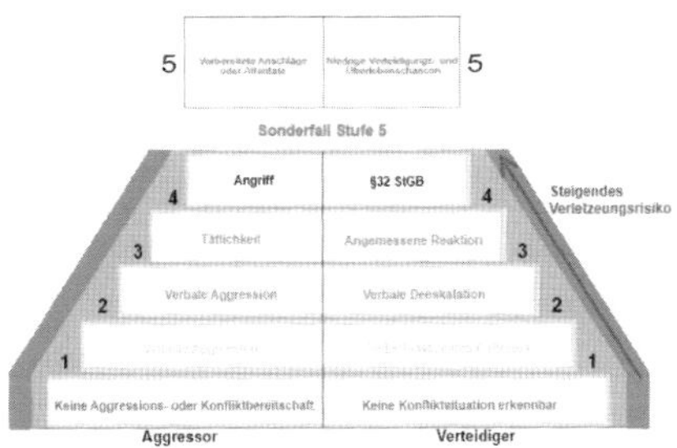

(Quelle: Eigene Zeichnung 2019)

Die Stufen der Gewaltanwendung werden nachfolgend näher beschrieben. Dabei liegt das Hauptaugenmerk auf der Sichtweise des Verteidigers.

EBENE GRÜN – Keine Konfliktsituation erkennbar
Es sind keine Konfliktsituationen erkennbar. In den meisten Fällen befindet man sich in dieser Ebene in guter Gesellschaft unter Freunden oder mit der Familie. Ein Ort, an dem man sich sicher und wohl fühlt.

STUFE 1 GELB - Selbstbewusstes Auftreten
Hier befindet man sich im öffentlichen Raum. Es gibt Menschen, welche allein durch ihre körperliche Konstitution eine bestimmte Autorität ausstrahlen und von Anfang an aus dem „Raster der Opfer“ herausfallen. Nur in sehr seltenen Fällen sind solche Menschen visuellen oder verbalen Attacken ausgesetzt. Um das Risiko zu reduzieren, Opfer ei-

ner visuellen Aggression zu werden, gilt als erster Schritt ein sicheres und selbstbewusstes Auftreten in der Öffentlichkeit. Dabei sollte man auch die Umgebungsbeobachtung und Situationseinschätzung nicht vernachlässigen. Das Wissen um nicht mehr sichere Stadtbezirke (sog. No-Go-Areas) oder Fluchtmöglichkeiten vor und während gefährlichen Situationen ist unabdingbar. Ebenfalls trägt ein vorausschauender Blick während eines Sparziergangs, der Weg von der Kneipe nach Hause oder das Warten am Busbahnhof als Schlüsselprinzip zur Konfliktreduzierung /-vermeidung bei.

STUFE 2 ORANGE – verbale Deeskalation

Der Aggressor hat sein Opfer ausgewählt und wirkt mit Sprüchen, oder Kraftausdrücken auf dieses ein. Entweder die Situation entschärft sich, durch ignorieren des Aggressors oder die Lage spitzt sich zu und geht in die nächste Stufe der aggressiven Handlungen. Der Verteidiger kann in dieser Situation versuchen deeskalierend auf sein gegenüber einzuwirken. Das Problem ist nur, dass sich aufgrund der Einnahme von Betäubungsmitteln oder unter dem Einfluss von Alkohol nicht alle Konfliktsituationen nach Anleitung entschärfen lassen. In den meisten Fällen bedarf dies einer sehr guten theoretischen und praktischen Schulung im Umgang mit verbal aggressiven Personen. Viele Täter sind aufgrund ihres Intellekts überhaupt nicht kommunikationsfähig und sehen sich einer verbalen Auseinandersetzung nicht gewachsen. Häufig wird dann zugeschlagen. Wer deeskalierend handeln möchte muss über ein bestimmtes verbales taktisches Repertoire verfügen und wissen, welche Reaktionen er mit seinen Äußerungen beim Aggressor hervorruft.

STUFE 3 GRAU - Tätlichkeit

Der körperliche Übergriff hat begonnen. In dieser Stufe wird von Tätlichkeit gesprochen. Eine angemessene Reaktion von Seiten des Verteidigers kann den Übergriff beenden, ihn aber auch erst recht anfachen. Die Frage nach einer angemessenen Reaktion ist äußerst schwierig zu beantworten, da die Grenzen zwischen den Gewaltstufen drei und vier fließend und nicht direkt abgrenzbar sind. Ein zu erwähnender

Unterschied zwischen den beiden Stufen ist jedoch, dass in Stufe drei keine Gegenstände als Einwirkhilfe gegen den Verteidiger eingesetzt werden. Für den Laien ist eine solche Unterscheidung fast unmöglich. Adrenalin, Tunnelblick und Angst lassen den Überlebensinstinkt entfachen und Notwehrparagraphen in den Hintergrund rücken. Bei erfahrenen Kampfsport- oder Selbstverteidigungslehrern wird ein „über die Stränge schlagen" entsprechende strafrechtliche Konsequenzen mit sich führen. Zeugen sind immer ein gutes Mittel damit die Täter-Opfer-Rolle vor Gericht nicht plötzlich verdreht wird.

STUFE 4 SCHWARZ - Angriff
Der Angriff hat begonnen. Aus einer harmlosen Schupser- und Ohrfeigerei wird eine handfeste Prügelei mit Händen, Füßen, Knie, Ellbogen, und Kopfstößen. Im Schlimmsten Fall kommt noch eine Waffe ins Spiel. Leider wird heutzutage vermehrt auf scharfe Gewalt, also dem Einsatz von Messern, zurückgegriffen. Ein Kampfunerfahrener wird in einer solchen Situation nicht bestehen und immer den Kürzeren ziehen. Kampfsportler oder Nahkampfexperten haben bei einer waffenlosen Man-to-Man Situation wahrscheinlich noch die besten Siegeschancen. Für diese gilt dann in erster Linie den Angriff abzuwehren und situationsangemessen zu handeln. Ist der Angriff vorüber, ist die Gefahr gebannt und somit gibt es keinen Grund weiter auf den Aggressor einzuwirken. Diese Situation ist unter bestimmten Umständen noch umsetzbar. Auch hier sollte auf §32 StGB Beachtung finden.

STUFE 5 ROT – Sonderfall
Seit einigen Jahren ist in vielen europäischen Ländern ein Zuwachs von Anschlägen mit terroristischem Hintergrund zu verzeichnen. Dabei handelt es sich weniger um Selbstmordattentate welche unter zu Hilfenahme von Sprengstoffwesten oder von versteckten Bomben mit integriertem oder ferngesteuerten Zünder ausgeführt werden, sondern vielmehr um organisierte Kleingruppen und Einzelpersonen, die sich mit den neuen Terrorinstrumenten Messer, Äxte und Kraftfahrzeugen bewaffnen um möglichst viele unschuldige Personen in öffentlichen Verkehrsmitteln oder Veranstaltungen zu verletzen oder gar zu töten.

Die Angriffe und Übergriffe sind asymmetrisch, das heißt, dass Ort, Zeitpunkt und Intensität nur sehr schwer vorhersehbar sind. Die Verwendung von Messern und Kraftfahrzeugen als Tatmittel haben weltweite Signalwirkung auf gewaltbereite Einzeltäter.
Ein geschultes Auge kann im Vorfeld Gefahrensituationen erkennen und somit meiden. Konfliktvermeidung hat auch nichts mit Angst oder Unterlegenheit zu tun, sondern ist ein wichtiger Bestandteil der psychologischen und taktischen „Kriegsführung". Die Stufen eins bis vier werden auch als klassische Konfliktkette bezeichnet und dominieren bislang weltweit. Stufe fünf ist ein Sonderfall und wird primär von Attentätern genutzt. Fast jeder Konflikt beginnt auf der untersten Stufe der Gewaltanwendung. Hierbei muss jedoch beachtet werden, dass ganze Stufen übersprungen werden können und somit die nächst größere Härte eines Angriffes erfolgen kann.

2.3 Konfliktzyklusmodell

Bei den meisten Konflikten ist ein nahezu identischer Ablauf festzustellen. Die Kenntnisse um diese Muster ermöglichen dem Verteidiger eine Einschätzung der Situation und bevorstehender Konfliktphasen. Da Modelle in der Regel einfache theoretische Gebilde sind, sollten diese immer in kritischer Betrachtung zur praktischen Anwendung angesehen werden. Das Konfliktzyklusmodell (Zeichnung 5) verdeutlicht in einfacher Form ein in der Realität denkbares Ablaufszenario, erhebt aber keinen Universalanspruch.

Das Modell ist in sieben Phasen unterteilt.

1. Wahrnehmungsphase
2. Startphase
3. Eskalationsphase
4. Kampfphase
5. Stabilisierungsphase
6. Rückführungsphase
7. Auswertungsphase

In der Wahrnehmungsphase registriert der Verteidiger, dass er von einer oder mehreren Personen kritisch beäugt und von oben bis unten gescannt wird. Diese Phase ist entscheidend für den weiteren Handlungsverlauf. In wenigen Sekunden wird seitens des Aggressors entschieden, ob die beobachtete Person ins Beuteschema passt oder nicht. Die unbewusst übermittelte Botschaft der Körpersprache lässt ihn erkennen, ob es sich um einen ängstlichen oder um einen selbstbewussten Typ handelt. Gewalttäter sind wahre Meister im Lesen und Deuten von Körpersprache.

Die Startphase ist meist gekennzeichnet durch stechende und durchdringende Blicke seitens des Aggressors, kombiniert mit verbalen Kraftausdrücken. Er testet sozusagen die Grenzen aus. Daraus ergeben sich die nachfolgenden Handlungsschritte. Das Abchecken des Verteidigers dient zur eigenen Sicherheit. Möglicherweise wurde die Situation in der Phase der Wahrnehmung und ersten Kontaktaufnahme falsch interpretiert und könnte so zu einem ungewollten Eigentor werden. Die Startphase kann also als Zwischenschritt oder als ein „sich selbst absichernden Schritt“ betrachtet werden.

In der Eskalationsphase haben gut gemeinte Worte und deeskalierende Techniken nicht zum gewünschten Erfolg geführt. Es kommt zur ersten Handgreiflichkeit in Form von Schupsen, dichtes auf die Pelle rücken oder Ohrfeigen. Diese Phase ist die letzte Instanz in welcher ein Kampf noch verhindert werden kann. Entweder der Verteidiger bietet dem Aggressor jetzt überzeugend körperlich und verbal Paroli oder der Kampf ist eröffnet. Je näher der Angreifer vor dem Verteidiger steht, desto geringer sind dessen Chancen auf einen Angriff adäquat reagieren zu können. Es bleiben nur noch zwei Möglichkeiten. In der Ersten wartet der Verteidiger auf den Erstschlag und hofft diesen gut wegstecken zu können, in der Zweiten übernimmt der Verteidiger die Initiative und schaltet den potentiellen Angreifer, unter Beachtung der Notwehrgesetze, aus. Möglichkeit zwei setzt kämpferische Grundfähigkeiten voraus, die einem Laien nur selten in die Wiege gelegt wurden.

Die Situation ist eskaliert und es kommt zur Kampfphase. Der Verteidiger muss sich zur Wehr setzen, wenn er diese Phase so heil wie möglich überstehen möchte. Während dieser Zeit kann der Einsatz von Waffen nicht ausgeschlossen werden. Zudem erschwert die stressige und aufgeheizte Situation ein frühzeitiges Erkennen. Der Blick ist auf den Aggressor fokussiert. Umstehende Personen werden kaum oder überhaupt nicht wahrgenommen. Eine Unterscheidung zwischen „Freund und Feind" ist schier unmöglich. Opfer von Messerangriffen berichten häufig, dass sie keinen spürbaren Einstichschmerz wahrgenommen, sondern nur ein dumpfes, drückendes Gefühl in der entsprechenden Körperregion gespürt hätten. Erst durch ein Gefühl von Nässe um den betroffenen Bereich würde eine Stich- oder Schnittverletzung lokalisiert. Die Kampfphase sollte, wenn sie nicht zu vermeiden ist, schnellstmöglich beendet und der Schauplatz verlassen werden.

Während der Phase der Stabilisierung kehren die sich auf Hochtouren befindenden Sinneswahrnehmungen langsam auf ihr ursprüngliches Ausgangsniveau zurück. Der Puls und die Atmung pendeln sich wieder ein, der Tunnelblick verschwindet und ein breites Sichtfenster öffnet sich. Zusätzlich werden Schmerzen und Verletzungen die durch die Auseinandersetzung entstanden sind registriert und vom Gehirn verarbeitet. Je nach körperlicher und geistiger Verfassung kann sich der Verteidiger wieder stabilisieren oder in einen Schockzustand fallen. Bei den meisten Personen setzt dieser nach dem Anblick einer Verletzung oder durch Blutverlust ein.

Die Rückführungsphase kann nach schweren Verletzungen im Krankenhaus erfolgen. Es geht um die körperliche Genesung, sowie einer psychischen Verarbeitung des Vorfalls. Durch Gespräche mit Freunden und geschultem Personal ist eine solche Situationsaufarbeitung möglich und in den meisten Fällen auch erfolgreich. Dennoch können bleibende Ängste die Betroffenen über einen sehr langen Zeitraum verfolgen und ein „normales" Leben erschweren.
Man könnte jetzt meinen, dass durch eine positive körperliche und geistige Genesung das Fall ad acta gelegt werden kann. Weit gefehlt.

Die Auswertungsphase sollte unter keinen Umständen vernachlässigt oder gar vergessen werden. Nur ein kritisches Auseinandersetzen mit dem stattgefundenem Übergriff und einer neutralen Reflexion des eignen Handelns, können Verhaltensfehler aufdecken und beheben werden. Die Auswertungsphase sollte zeitlich nicht zu dicht an der Phase der Rückführung erfolgen. Für eine effektive Situationsanalyse muss die emotionale Ebene verlassen werden und sich der Betroffene auf sein rein rationales Denken beschränken.

Zeichnung 5: Das Konfliktzyklusmodell

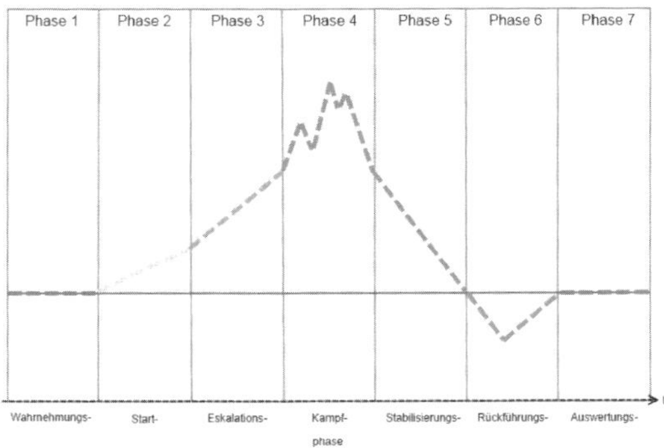

(Quelle: Eigene Zeichnung 2019 in Anlehnung an Wagner 2007)

Dennoch sind solche „vereinfachte" Konfliktdarstellungen immer kritisch zu betrachten. Die beschriebenen Konfliktphasen können länger oder kürzer ausfallen oder in manchen Fällen sogar völlig übersprungen werden.

KAPITEL 3

Fakten über Messerabwehr und Messerkampf

3.1 Die Chancen auf Erfolg

Grundsätzlich kann zwischen einer waffenlosen Abwehr und einer Abwehr mit einer Waffe unterschieden werden. In den meisten Fällen muss sich der Verteidiger zuerst einmal ohne eine Waffe gegen den Aggressor zur Wehr setzen. Diese Art der Verteidigung oder besser gesagt des Überlebens ist besonders schwer, da der Angreifer das Messer in den meisten Fällen schon verdeckt in der Hinterhand trägt oder unverhofft und plötzlich aus der Tasche zieht (vgl. dazu Kapitel 3.2). Es gilt also die ersten Sekunden (und Messerattacken dauern in der Regel nicht länger als zwei bis zehn Sekunden) so gut es geht zu überstehen, wenn möglich die eigene Waffe zu ziehen und sofortige Gegenmaßnahmen einzuleiten. Der Ottonormalverbraucher wird in der Regel auch kein Messer oder andere Gegenstände zur Selbstverteidigung mit sich führen, wobei ein Trend zur „Selbstbewaffnung für den Ernstfall" in der Gesellschaft zu erkennen ist. Es muss jedoch darauf hingewiesen werden, dass ein solcher Trend eine falsche, trügerische und zugleich lebensbedrohliche Sicherheit schafft. Mal ehrlich, wer ist denn überhaupt in der Lage mit einem Messer oder einem x-beliebigen Verteidigungsgegenstand effektiv umzugehen? Fast niemand! Mit Zeichnung 6 wurde nun der Versuch unternommen, die Chance auf eine Verteidigung gegen ein Messer graphisch darzustellen. Das Fünf-Sektoren-Modell dient als Grundlage damit ein Zusammenhang von Angriffserkennung, Distanz zum Angreifer und einer daraus resultierenden Angriffsabwehrwahrscheinlichkeit ableitbar ist.

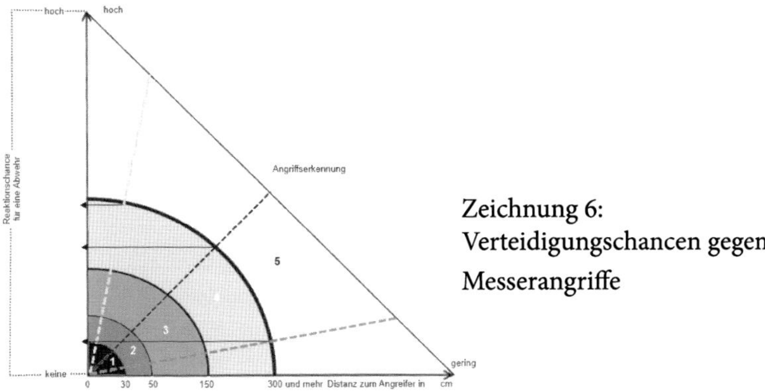

Zeichnung 6: Verteidigungschancen gegen Messerangriffe

Am Beispiel der Zone 4 wird veranschaulicht, dass es trotz der Distanz von etwa drei Metern zum potentiellen Angreifer und mit einer frühzeitigen Angriffserkennung eine nur knapp 50 prozentigen Chancen auf eine Angriffsreaktion gibt. Das Modell setzt Grundkenntnisse im Bereich der waffenlosen Selbstverteidigung gegen Messerangriffe voraus. Dazu zählen z.B. nicht aggressive wirkende Grundstellungen und Handhaltungen. Sollten diese Fähigkeiten nicht vorhanden sein, dann liegt die Reaktionschance für eine Abwehr bei nahezu null Prozent. Selbsterklärend ist auch die Tatsache, dass eine Angriffsabwehr, bei nicht erkennbarem Angriff (vgl. hierzu die rote Linie), selbst bei einem erfahrenen Kampfsportler als kaum möglich eingestuft wird. Die minimalen Chancen für eine Abwehr liegen in der reflexartigen Bewegung seitens des Verteidigers begründet und können pauschal nicht auf alle Individuen angewandt werden. Zur Gefahrensensibilisierung von Messerangriffen schauen Sie sich hierzu bitte noch Zone 1 in der Abbildung an. Aufgrund der sehr geringen Distanz des Angreifers zum Verteidiger bestehen hier nur die geringsten Chancen auf eine Verteidigungsreaktion. Achten Sie aus diesem Grund immer auf eine korrekte Einhaltung der Distanz. Es könnte Ihr Leben retten.

3.2 Das Fünf-Zonen-Modell

Das Modell besagt, dass ein Angreifer, je nach Abstand zu seinem Opfer eine mehr oder minder große Distanz überwinden muss, damit mit oder ohne einen Gegenstand auf sein Gegenüber eingewirkt werden kann. Entgegen vieler Überzeugungen, eine erfolgreiche Abwehr sei ab einem Abstand von 1,5 Metern realistisch, beschreibt und erklärt das Fünf-Zonen-Modell die einzelnen Distanzen mit ihren Vor- und Nachteilen und möchte somit eine realistischere Einschätzung zur Abwehr von Messerattacken liefern.

Weiterhin darf der psychische Druck durch eine solche Situation nicht außer Acht gelassen werden. Das vermeintliche Opfer befindet sich in einer Stresssituation! In den meisten Fällen wird sich das Sichtfeld verengen. Das Opfer ist sozusagen auf den Aggressor fixiert und blendet unbewusst die Peripherie um sich selbst sowie um den Angreifer aus. Man spricht von einem sogenannten „Tunnelblick". Ein Problem des Tunnelblick ist natürlich, dass weitere Angreifer nicht mehr wahrgenommen werden können. Weiterhin berichteten Betroffene nach dem Übergriff von einem Gefühl eines zeitlupenähnlichen Handlungsablaufes. Die eigenen, wie auch die gegenerischen Bewegungen werden verlangsamt wahrgenommen. Diese Art der zeitlichen Verzögerung tritt sehr häufig ein und ist in Fachkreisen auch als Zeitverzerrung oder „time distortion" bekannt.

Die folgende Benennung und Anordnung der Zonen beruht auf dem Erfahrungsschatz des Autors und kann nicht als universell angesehen werden. Gröbere oder genauere Unterteilungen der Distanzen, sowie unterschiedliche Distanzangaben sind denkbar und in der nationalen wie auch internationalen Fachlektüre immer wieder nachzulesen.

Zeichnung 7: Fünf-Zonen-Modell

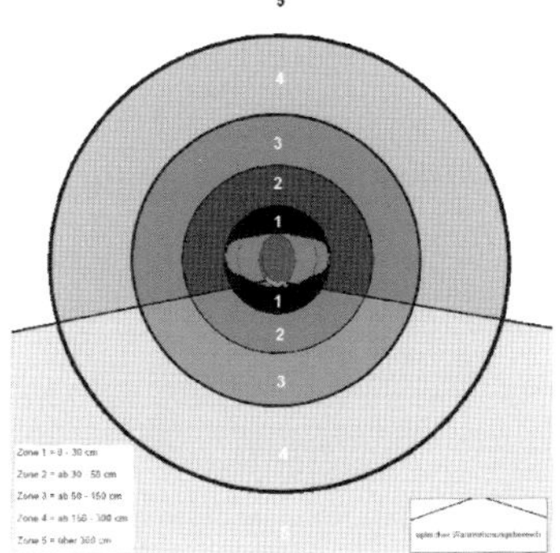

(Quelle: Eigene Zeichnung 2019)

ZONE 1 – Nahdistanz (schwarzer Kreis / Distanz 0 – 30 cm):
Ein aus der Hosentasche gezogener Gegenstand kann auf Grund der Nähe zum Angreifer nicht erkannt werden. Entsprechend schwierig bzw. unmöglich gestaltet sich die Flucht / Abwehr eines Angriffes aus dieser Distanz.

ZONE 2– Mitteldistanz (roter Kreis / Distanz 30 – 50 cm):
Die Distanz zwischen Angreifer und Opfer ist immer noch sehr gering, sodass auch hier eine Flucht oder eine erfolgreiche Abwehr fast nicht möglich ist. Mit viel Übung kann ein aus der Hosentasche gezogener Gegenstand erkannt werden. Bei ungünstigen Lichtverhältnissen (schlecht beleuchteten Straßen, Passagen, Unterführungen oder Dämmerung, Nacht oder Morgengrauen) oder nach der Einnahme von Betäubungsmitteln gestaltet sich eine Früherkennung der Waffe als sehr schwer.

Ein kleiner Versuch:
Stellen Sie sich ihrem Partner gegenüber. Der Abstand sollte in etwa der Zone 2 (Mitteldistanz von 30 – 50 cm) entsprechen. Sie haben ein Trainingsmesser in der Hand, ihr Partner ist unbewaffnet. Die Aufgabenstellung lautet wie folgt: Beide Partner stehen sich mit locker an den Körperseiten hängenden Armen gegenüber. Einer der beiden führt einen schnellen Angriffsschnitt aus Winkel 1 oder 3 (siehe Kapitel 5.6) aus. Der Partner soll diesen abwehren. Welche Arme oder Hände für die Abwehr genutzt werden spielt dabei keine Rolle. Wie sieht das Ergebnis aus?

ZONE 3 – Weitdistanz (I) (orangener Kreis / Distanz 50 – 150 cm):
In dieser Zone muss der Angreifer zum ersten Mal die Distanz zwischen sich und dem Opfer mit einen Schritt oder einer Köperschwerpunktverlagerung nach vorne überwinden um dieses mit der Waffe zu erreichen. Theoretisch sind die Überlebenschancen für das Opfer, aufgrund der größeren Distanz, gestiegen. Praktisch gesehen, sind die Verteidigungs- oder erfolgreichen Fluchtchancen immer noch sehr gering. [Begründung siehe Zone 4 – Weitdistanz (2)]

ZONE 4 – Weitdistanz (II) (gelber Kreis / Distanz 150 – 300 cm):
Die Distanz stellt eine der besten Ausgangssituationen während einer Auseinandersetzung dar. Der Angreifer muss mindestens einen Schritt auf das Opfer zugehen bevor ein Treffer mit der Waffe erfolgen kann. Theoretisch genügend Zeit um bei einem beginnenden Angriff eine

Meid- / Ausweichbewegung auszuführen. Auf der anderen Seite wird der Aggressor es nicht bei einer Attacke belassen wenn er merkt, dass sein erster Treffversuch gescheitert ist. Die Distanz zwischen den Beteiligten wird durch den Vorwärtsdruck des Angreifers also verringert und damit sinkt auch schon wieder die Chance den Angriff zu überleben.

ZONE 5 – Öffentlicher Bereich (grüne Zone / alles über 300 cm):
Die Grüne Zone, oder besser gesagt alles über drei Meter, stellt in unserer Darstellung den öffentlichen Bereich dar. Ähnlich wie in der zuvor beschriebenen Weitdistanz II (Zone 4), hat man, zumindest nach theoretischer Betrachtung, eine gute Ausgangssituation um auf bevorstehende Angriffe reagieren zu können (auf die Effektivität der Abwehr soll hier nicht eingegangen werden). Hierbei handelt es sich jedoch nur um eine falsche Sicherheit, denn auf Distanzen bis zu sieben Metern kann ein Messer in kundiger Hand sogar einer Pistole überlegen sein. Dieses Experiment führte vor einigen Jahren das FBI durch. Man erkannte, dass in der Zeit des Ziehens der Schusswaffe der Messerkämpfer schon lange mit einem Sprung am Mann war und unter Blockierung des Schießarms mit der anderen Hand am Körper des Opfers arbeiten konnte.
Es gilt also der Grundsatz, niemals einen Angreifer mit einem Messer zu unterschätzen, zumal diese oft absichtlich einen scheinbar zu weiten Abstand einhalten, um das Opfer in relativer Sicherheit zu wiegen.

3.3 Pre-Defense

Es wurde also schon deutlich, dass eine waffenlose Verteidigung gegen Messerangriffe gar nicht so einfach ist wie es im Training immer den Anschein hat. Dennoch sollte bei einem solchen Horrorszenario niemals der Verteidigungswille fehlen, geschweige denn die Angst siegen. Doch bevor es zum eigentlichen Angriff kommt, können bestimmte optische Merkmale den Angreifer in seiner Handlungsabsicht verraten. Um dieses Phänomen verständlich zu machen, müssen wir wissen, dass jeder Mensch über verschiedene Verhaltensmuster verfügt. Einige davon lassen uns sogar erkennen, ob ein körperlicher Angriff unmittelbar bevorsteht. Gemäß StGB §32 (2) ist Notwehr die Verteidigung, die erforderlich ist, um einen gegenwärtigen rechtswidrigen Angriff von sich oder anderen abzuwenden. Auch im BGB §227 (2) heißt es, dass Notwehr diejenige Verteidigung ist, welche erforderlich ist, um einen gegenwärtigen rechtwidrigen Angriff von sich oder einem anderen abzuwenden. Wie in Kapitel 0 schon erwähnt, muss ein Angriff demnach nicht gerade stattfinden, sondern kann unmittelbar bevorstehen. An dieser Stelle befinden wir uns im Stadium des Pre-Defense, also der Vorwegnahme einer Verteidigung, bevor ein körperlicher Angriff überhaupt stattgefunden hat. Pre-Defense kann natürlich auch darin bestehen gar nicht erst in eine solche Situation hineinzugelangen. Leichter gesagt als getan. Nicht immer ist man in der Lage seine Umgebung genau zu scannen mögliche Gefahrenherde genau zu bestimmen und den Ort möglichen Geschehens schnell wieder zu verlassen. Und nicht immer muss der Konflikt direkt mit einem selbst zu tun haben. Mit einem Mal befindet man sich zwischen zwei Fronten rivalisierender Parteien und wird plötzlich und unerwartet in körperliche Auseinandersetzungen eingebunden. Für eine verbale Deeskalation bleibt an dieser Stelle keine Gelegenheit mehr. Es gilt sich nun so gut und so teuer wie möglich zu verkaufen.

Merken Sie sich dabei folgenden Grundsatz:
„Eine Überschätzung der eigenen Kampffähigkeit oder eine falsche Rücksichtnahme auf den /die Angreifer kann schwere Stich- und

Schnittverletzungen zur Folge haben. Nicht selten mit tödlichem Ausgang!"
Obwohl wir nie zu 100 Prozent voraussagen können, wie ein Aggressor kurz vor einer gewalttätigen Auseinandersetzung reagieren wird, gibt es bestimmte Verhaltensmuster des Gegners die Aufschlüsse über sein unmittelbar bevorstehendes Handeln geben. Das Deuten und Lesen des Gegners verschafft einen taktischen Vorteil mit entsprechendem Zeitfenster in welchem entsprechende Maßnahmen zur Neutralisation des Angreifers eingeleitet werden können. Gewalttaten erfolgen also nicht plötzlich und unerwartet. Häufig ist eine Vielzahl von Vorboten erkennbar. Es geht also um Körpersprache und Körperhaltung. Voraussetzung ist auf der einen Seite, dass diese optischen Vorboten entschlüsselt und gedeutet werden können (siehe Kapitel 1.3) und auf der anderen Seite in der Lage ist, in einer Stresssituation diese Fähigkeiten noch abzurufen und korrekt zu Handeln. Grundsätzlich werden zwischen verbalen und non-verbalen Faktoren bzw. Reizmustern unterscheiden.

Verbale Faktoren:
1. Durchdringend laute Stimme und gezielte Drohungen.
2. Kurz vor einem körperlichen Übergriff wird die Stimme des Täters lauter und aggressiver. Er steigert sich sozusagen in die Situation hinein. Man spricht an dieser Stelle auch von einem Self-Pushing-Effect.
3. Ein sehr beliebtes verbales Werkzeug ist das Androhen von Ultimaten. In vielen Fällen werden vor einer körperlichen Auseinandersetzung auch abwertende, beleidigend-gewalttätige, sexistische, anal- und genitalfixierte Sprachmuster geäußert. Diese sollen in der Regel zu Einschüchterung dienen und das vermeintliche Opfer „klein halten".

Es findet immer ein fließender Übergang zwischen Stimm- und Droheinsatz statt. Man spricht auch von einem „abchecken" des Gegenübers, wie mit der aggressiven Stimmung und den darin geäußerten Drohungen umgegangen wird. Hat die Einschüchterungstaktik Erfolg, dann folgt in Kürze wahrscheinlich die nächste Konfliktstufe (siehe Kapitel 2.3).

Es gibt eine ganze Reihe non verbal zu beobachtende Verhaltensweisen vor einer körperlichen Eskalation. Hier eine kleine Auflistung möglicher Reizmuster:

Non-verbale Faktoren / Reizmuster
1. Gewalttätiges Vorverhalten
2. Allgemein auffälliges und nervöses Verhalten
3. Ganzkörperzittern
4. Kneten und Falten der Hände vor dem Körper
5. Wechseln der Schrittstellung in Angriffsposition
6. Abwenden des Blicks um die „menschliche Ebene“ zu verlassen
7. Veränderte Armstellung um ggfs. einen verborgenen Gegenstand zu ziehen (vgl. Kapitel 5.2.1)
8. Mehrfaches Fassen der Nase oder Durchstreifen der Haare
9. Distanzverringerung, um in eine günstige Angriffsposition zu gelangen

Diese Gesten geben einen deutlichen Hinweis auf den Grad der Erregung des Aggressors. Neben diesen plakativen Anzeichen spielen aber auch sehr subtile Gesichtsausdrücke eine entscheidende Rolle. Diese sind ohne regelmäßiges Training allerdings kaum wahrnehmbar. In der Verhaltens- und Sozialbiologie spricht man von sogenannten Mikro- und Makroexpressionen.

3.3.1 Mikroexpressionen

Mikroexpressionen werden auch als Mikromimik bezeichnet und sind flüchtige Gesichtsausdrücke die nur 40 - 500 Millisekunden andauern. Es sind sehr kurze, unwillentlich und emotional ausgelöste Gesichtsausdrücke und treten insbesondere in Situationen auf, in denen eine Person gefühlsmäßig stark involviert ist. Mikroexpressionen sind Signale von Gefühlen, die das Gegenüber eigentlich verheimlichen möchte. Diese unwillentlich auftretenden Gesichtsausdrücke werden direkt vom Emotionszentrum, sog. limbisches System, ausgelöst. Da das limbische System Außenreize circa 500 Millisekunden schneller verarbeitet als das Großhirn, entziehen sich Mikroexpressionen der bewussten

Kontrolle. Je stärker die Gefühlsebene in einer Situation beteiligt ist, desto wahrscheinlicher ist es, dass Mikroexpressionen auftreten. Demnach ist es unwahrscheinlich, dass sich ein potentieller Messerangreifer normal und unauffällig verhalten kann. Der Plan tödliche Gewalt anzuwenden ist demnach nicht ohne eine hohe innere emotionale Gefühlslage zu realisieren.

3.3.2 Makroexpressionen

Der Unterschied zwischen Mikro- und Makroexpressionen liegt im zeitlichen Erscheinungsbild. Makroexpressionen zeigen sich über einen längeren Zeitraum. So kann die aktuelle Befindlichkeit eines Menschen durch seinen ganz normalen Gesichtsausdruck, dem sog. Makroausdruck, gut erkannt und eingeschätzt werden. Es gehört z den evolutionären menschlichen Eigenschaften, dass Gefühle zu jeder Zeit sichtbar sein können. Die Fähigkeit durch Mimik, Gestik und Stimmlage seine Gefühle auszudrücken unterscheidet den Menschen von den Tieren und wird dem tausende von Jahren andauernden Prozess der Menschwerdung zugesprochen. Für eine korrekte Interpretation der Makoexpressionen sind jedoch verschiedene Parameter zu berücksichtigen.

Daraus lassen sich folgende Fragen ableiten:

- In welcher Gesprächssituation tritt der Makroausdruck auf?
- Ist er Ausdruck der gegenwärtigen Situation oder liegt es an einem außerhalb der aktuellen Situation betreffendem Ereignis?
- Steht der Sender unter psychischem Druck?
- In welcher Beziehung stehen die Gesprächsteilnehmer zueinander?

Es wird deutlich, dass zuerst der Background der einzelnen Personen betrachtet werden muss, damit Makroexpressionen präzise gedeutet und interpretiert werden können. Nur dann lassen sich Rückschlüsse auf einen möglicherweise kurz bevorstehenden Angriff ziehen und rechtzeitig Gegenmaßnahmen einleiten.

3.3.3 Unser Gefahrenradar

Schon in den 1970er Jahren wurden von amerikanischen Emotionspsychologen nonverbale Signale (Mimik und Gestik) untersucht und festgestellt, dass es möglich ist, aus nur wenigen Millisekunden dauernden unterbewussten Veränderungen in der Mimik eines Menschen dessen Absichten zu erkennen und auf ebenfalls unbewusste körpersprachliche Gesten mit einer, zunehmend wechselseitigen, unbewussten Synchronisation des eigenen Verhaltens zu reagieren. Die dazu notwendigen Spiegelneuronen werden auch als Empathieneuronen bezeichnet und funktionieren unbewusst. Es entsteht ein Spiegelbild von dem was wir sehen. Bewegungsmuster, Körperzeichen, Körperhaltung, Mimik, Gestik und weitere Signale des Anderen werden von unserem Gehirn schnellstes dechiffriert. In kürzester Zeit beginnen die Spiegelneuronen den wahrgenommenen Zustand in gleiche Emotionen zu übertragen.
Zum selben Zeitpunkt vergewissern wir uns, ob die Gefühle und das Empfinden beim Anderen auch echt sind. Das Funktionieren der Spiegelneuronen ist für das Zusammenleben in unserer Gesellschaft unentbehrlich. Unbewusst werden verschiedene Muster im Gehirn abgespeichert. Es reichen wenige Zeichen, um aus den Bewegungen anderer Menschen die richtigen Schlüsse zu ziehen. Unsere Spiegelneuronen lassen uns erahnen, was unser Gegenüber als nächstes tun wird.

Ein schnelles, der Situation entsprechend korrektes Verhalten, ist nicht von heute auf morgen zu erlernen. Es braucht Training um Mikro- und Makroexpressionen zu erkennen und richtig zu interpretieren. Wichtig ist jedoch erst einmal das Wissen um solche Frühwarnsysteme, mit denen ein Messerangreifer unbewusst und ungewollt seine Verhaltensabsicht zum Ausdruckt bringt. Eine Früherkennung solcher Angriffe, gepaart mit einer konsequenten Reaktion, sowie einer realistischen Einschätzung des eigenen Kampfkönnens und –bereitschaft kann Schlimmeres verhindern und für mehr Sicherheit sorgen.

3.4 Über den Handlungsvorsprung

Gründe für eine zeitlich verzögernde Handlung / Verteidigung ist in der Regel die sogenannte „Schrecksekunde“ oder wie in einschlägigen Fachbüchern oft beschrieben wird, die „Kaninchenstarre“. Diese kann, wie es er Name schon ausrückt, von einer Sekunde bis zu mehreren Minuten andauern. Das Opfer ist wie gelähmt und handlungsunfähig. In einer solchen Situation belaufen sich die Überlebenschancen leider auf null! Zur Schrecksekunde muss jetzt noch die Reaktionszeit hinzugerechnet werden. Die Reaktionszeit ist stark abhängig vom Trainingszustand der jeweiligen Person und beinhaltet physische und psychische Komponenten die nur durch regelmäßiges Training (Drills und Szenarien) minimiert werden können.

Bei einem akuten Angriff liegt nun die Schwierigkeit liegt darin, auf einen Angriff angemessen und adäquat reagieren zu können. Im besten Fall „wählt“ der Verteidiger seine Abwehrtechnik oder Meidbewegung so aus, dass der Angreifer keine Nachsetztechnik mehr durchführen kann. Auch das hört sich einleuchtend und relativ einfach an. In Realität ist es jedoch viel komplizierter.

Das Opfer weiß im Normalfall nicht, ob und wann der Aggressor zu körperlicher Gewalt übergeht. Der Angreifer verfügt also über einen sogenannten Handlungsvorsprung. Wir unterscheiden hierbei in einen geistigen, zeitlichen und technischen Handlungsvorsprung. Allein das Vorhaben einen Übergriff auszuführen bringt dem Angreifer einen Vorteil. Er ist seinem Gegenüber also geistig voraus. Zieht der Angreifer auf einmal und unverhofft ein Messer aus der Tasche und beginnt auf das Opfer einzuwirken, befindet er sich zusätzlich noch in einem zeitlichen und technischen Handlungsvorsprung. Das Problem für das Opfer ist nun, die Waffe als solche zuerst einmal zu erkennen und dem Angriff mit einer sinnvollen Gegentechnik entgegenzuwirken oder auszuweichen. Die zu verarbeitenden Informationen sind so umfassend, dass dem Opfer, je nach Distanz zum Angreifer, weniger als eine Sekunde bleibt um adäquat auf den Übergriff reagieren zu können. Bei einer positiven Parade aber unwirksamen Gegenaktion von Seiten des Verteidigers erfolgt mit großer Wahrscheinlichkeit ein weiterer Angriff. Dieser muss nun erneut realisiert, analysiert und verarbeitet werden. Erst dann erfolgt eine Entscheidung / Reaktion auf den Angriff. Der Angreifer ist seinem Gegenüber also immer einen Schritt voraus.

3.4.1 OODA-Loop

Die Lösung dieses Nachteils ist mit der Analyse der OODA-Schleife verbunden. Die OODA-Loop stammt aus dem englischen Wortgebrauch und bedeutet im Einzelnen:

- Observe – beobachten
- Orient - orientieren
- Decide - entscheiden
- Act - handeln

Jeder Mensch durchläuft bei allen Tätigkeiten oder täglichen Entscheidungen einen bestimmten Prozess an dessen Ende eine theoretische oder praktische Handlung steht. Je nach Umfang der gestellten Aufgabe wird die OODA-Schleife schneller oder langsamer durchlaufen. Bei unserem Beispiel eines gegenwärtigen Messerangriffes hat der Aggressor bereits die Entscheidung zuzustechen getroffen. Es folgt demnach nur noch die Handlung. Der Verteidiger steht noch am Anfang der „Schleife" und beobachtet die Handlung bevor eine eigene Handlung ausgeführt werden kann. Das Opfer ist stets in einer passiven Situation und kann nur auf die Aktionen / Angriffe reagieren. Ziel muss es demnach sein, die OODA-Schleife schneller zu durchlaufen als der Gegner und die Situation am Ende der Schleife zu seinen eigenen Gunsten zu verändern. Der Gegner wird somit mit einer neuen Situation konfrontiert und ist gezwungen seine Schleife von vorne zu beginnen, ohne sein geplantes Vorhaben in die Tat umgesetzt zu haben. Es findet ein Rolltausch statt. Der ursprünglich agierende Angreifer muss nun reagieren und befindet sich in der passiven Rolle.

Zeichnung 8: OODA-Schleife (Quelle: Eigene Zeichnung 2019)

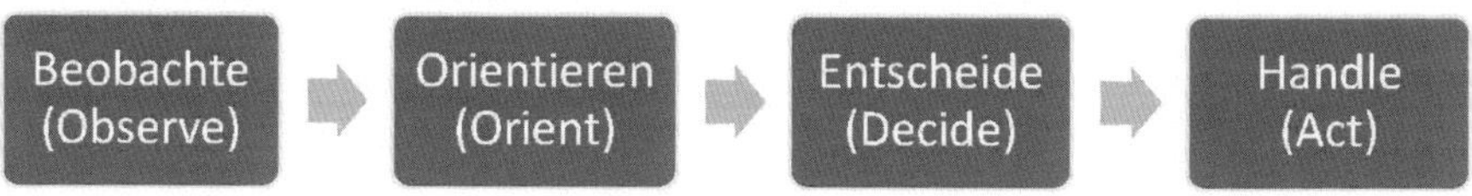

Die Grundlage einer solchen Rollenverschiebung ist Schnelligkeit. Diese taktische Handlung vollzieht sich in vier Phasen:
1. die Wahrnehmung (Observe) und
2. Analyse (Orient) der Kampfsituation,
3. die gedankliche Lösung (Decide) der spezifischen Aufgabe,
4. die motorische Lösung (Act) der Aufgabe.

Die Wahrnehmung und Analyse der Kampfsituation hängt u.a. ab von...

- der Sehkraft und dem Blickumfang (peripheres Sehen),
- den taktischen Kenntnissen,
- der Erfahrung.

Die gedankliche Lösung der taktischen Aufgabe muss sowohl das gegnerische als auch das eigene Können berücksichtigen. Der Verteidiger darf nur jene gedanklichen Lösungen wählen, die er motorisch zu bewältigen vermag. Die Verteidigung gegen einen Messerangriff stellt also sehr hohe Anforderungen an den Verteidiger, da die Vorgänge der Wahrnehmung, des Denkens und des Handelns in äußerst kurzer Zeit ablaufen müssen. Zur aufgeführten Schnelligkeit gehören zudem noch die technische Ausführungsgeschwindigkeit und eine damit verbundene blitzschnelle Ausnutzung des Überraschungs- und Schockmomentes. Auch hier hört sich die Theorie logisch und einfach an. In der Praxis muss der Verteidiger jedoch sein passives Verhalten durch Eigeninitiative in ein aktives Umwandeln. Nur dann kann einem Messerangriff der Kategorie III unter Umständen positiv entgegengewirkt werden.

3.5 Täterprofile

Die Ziele und Beweggründe von mutmaßlichen Tätern zu kennen, kann einen entscheidenden Beitrag zur Konfliktlösung beitragen. Konfliktlösung meint hier eine passive oder aktive Einflussnahme auf die vorherrschende Situation / Auseinandersetzung. Hierzu werden sogenannte Täterprofile erstellt, die einen ersten theoretischen Einblick in die jeweilige Ausgangssituation erlauben. Eine Ausgangsfrage zur Täterprofilerstellung lautet: „Wann und warum wird ein Messer überhaupt eingesetzt?“ Erste Ideen und Überlegungen hierzu sind:

- Das Messer wird zur Einschüchterung, Erpressung eingesetzt
- Das Messer wird zu Selbstverteidigungszwecken eingesetzt
- Das Messer wird gezielt als Mittel in einer körperlichen Auseinandersetzung eingesetzt
- Das Messer wird ohne Vorankündigung eingesetzt

Wer ein Messer bei sich trägt, der wird es irgendwann auch benutzen. Die Frage nach dem Wann und Wieso hängt von der Situation ab in der sich der Träger befindet. Aus diesem Grund kann jede Person mit einem Messer als potentieller „Attacker“ bezeichnet werden. Dieser lässt sich wiederum in Hot-Attacker und Cold-Attacker unterteilen. Bei den Hot-Attackern kann schon während einer Auseinandersetzung mit dem Einsatz einer Waffe gerechnet werden, während Cold-Attacker die Fähigkeit besitzen unbemerkt an ausgewählte Opfer heranzutreten und dann gezielt zuzuschlagen.

3.5.1 Cold-Attacker

Dieser Tätertyp setzt das Messer gezielt und mit absoluter Tötungsabsicht gegen seinen Widersacher ein. Das Messer wird fast immer verdeckt getragen UND verdeckt angewendet. Typische Stellen und Situationen für einen überraschenden Messerangriff sind solche, in denen man üblicherweise abgelenkt ist und irgendwie hilflos. So z.B. bei Aufschließen der eigenen Haustür, im Parkhaus beim Ein- und Aussteigen aus dem Auto, beim Sparziergang, nachdem der Angreifer harmlos vorbeigegangen ist (meist erfolgt ein Angriff durch schnelles Umdrehen von hinten), in großen Menschenmengen überraschend unter der Achsel oder aus dem Ärmel gezogenes Messer, in der Straßenbahn sitzend, an der roten Ampel durch Aufreißen der Fahrertüre. Die Auflistung ließe sich beliebig fortsetzen.
Eine Reaktion bzw. eine Gegenwehr in den beschriebenen Situationen ist nicht möglich, da der Angriff in der Regel aus dem Hinterhalt eingeleitet wird. Dem Profil des Cold-Attacker werden Amokläufer und

Attentäter aber auch Personen die aus Rache handeln zugeordnet. Einem solchen Täter zu begegnen kann als worst-case-szenario bezeichnet werden.

3.5.2 Hot-Attacker

Dieser Tätertyp kann mehrere Ausprägungen aufweisen. Aus diesem Grund wird der Hot-Attacker in die Kategorien I-III weiter unterteilt. Mit aufsteigender Nummerierung erhöht sich die Chance auf den Einsatz von scharfer Gewalt.

Täter der Kategorie I verfolgen in erster Linie nicht die Absicht von dem Messer Gebrauch zu machen. Das Messer wird zwar gezogen, doch nur mit Einschüchterungsabsicht oder zu erpresserischen Zwecken. Ein Einsatz der Klinge wird nur im äußersten Notfall erfolgen. So z.B. bei dem Versuch ihm das Messer aus der Hand zu nehmen oder es zu einem Gerangel kommt und er körperlich unterliegen würde.

Täter der Kategorie II tragen das Messer zu Selbstverteidigungszwecken und würden dies bei körperlichen Auseinandersetzungen auch gezielt einsetzen um den Gegner zu verletzten. Messerstecher dieser Kategorie machen sich in der Regel keine Gedanken über den Ausgang möglicher Verletzungen. Von einer Tötungsabsicht wird an dieser Stelle noch nicht ausgegangen.

Täter der Kategorie III setzen das Messer gezielt bei verbalen und körperlichen Konflikten ein. Der Einsatz wird zur Risikominimierung die Auseinandersetzung zu verlieren angesehen - ohne Rücksicht auf Verluste.

Es soll an dieser Stelle noch einmal erwähnt werden, dass Flucht oder Deeskalationsversuche immer vor dem Entschluss zu kämpfen in Erwägung gezogen werden sollen. Des Weiteren muss beachtet werden, dass der soziale Status, die kulturelle Herkunft, die psychische Stabilität sowie die Konsumierung von Betäubungsmitteln einen entscheidenden Faktor zur Waffeneinsetzungsentscheidung darstellen können.

In der Praxis ist eine klare Grenzziehung zwischen den genannten Kategorien sehr schwierig und ebenso ein Vorhersage der bevorstehenden Handlung nicht möglich. Die Kategorisierung soll jedoch zur Sensibilisierung von Gefahren beitragen und Möglichkeiten von Messerübergriffen und Tätertypen aufzeigen. Eine korrekte Situationsentscheidung zu treffen obliegt der Verantwortung eines jeden Einzelnen und soll an dieser Stelle nicht vorgegeben werden.

3.6 Arten von Verletzungen

Alle Angriffe, egal ob Schnitte und Stiche, verlaufen in einer bestimmten Bahn. Diese Bahnen sind jedoch für das ungeschulte Auge nur sehr schwer zu erkennen. Um diese für das Auge sichtbar zu machen, kann man mit einem als Messerersatz fungierenden Knicklicht in einem abgedunkelten Raum Schnitt- und Stichübungen ausführen. Bei höherer Geschwindigkeit lassen sich nun kurzzeitig die Verlaufsbahnen der „Klinge" erkennen.
Aus dieser Beobachtung heraus, können drei unterschiedliche Kategorien von Angriffen abgeleitet werden:

1. Der geschwungene, ellipsenförmige Schnitt
2. Der gerade Stich
3. Der geschwungene, ellipsenförmige Stich

Je nach Angriffshärte und –entschlossenheit kann die Klinge unterschiedlich tief in den getroffenen Körper eindringen und Verletzungen hervorrufen. Ein Vergleich der Schnittlänge zwischen den oben genannten Angriffen zeigt, dass Schnitte eine wesentlich größere Verletzung der Oberfläche aufweisen (siehe Zeichnung 9). Durch Schnitte werden Wunden verursacht, die in den meisten Fällen nicht mehr als fünf Zentimeter in den Körper eindringen. Anders verhält es sich bei Stichen. Die Oberflächenverletzung der Haut weist bei ellipsenförmigen Stichen eine etwas größere Schnittlänge auf. Dies liegt am unterschiedlichen Eintrittswinkel der Klinge in den Körper begründet. Die Stichtiefe ist bei beiden Sticharten relativ identisch (siehe Zeichnung 10 & 11).

Zeichnung 9: Ellipsenförmiger Schnitt

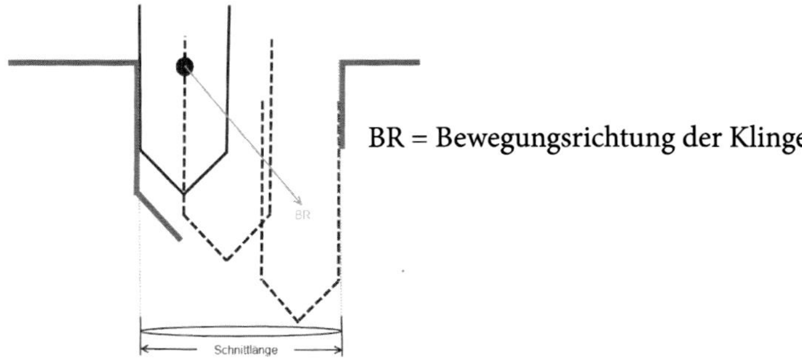

(Quelle: Eigene Zeichnung 2019)

Zeichnungen 10 & 11: Gerader Stich und ellipsenförmiger Stich

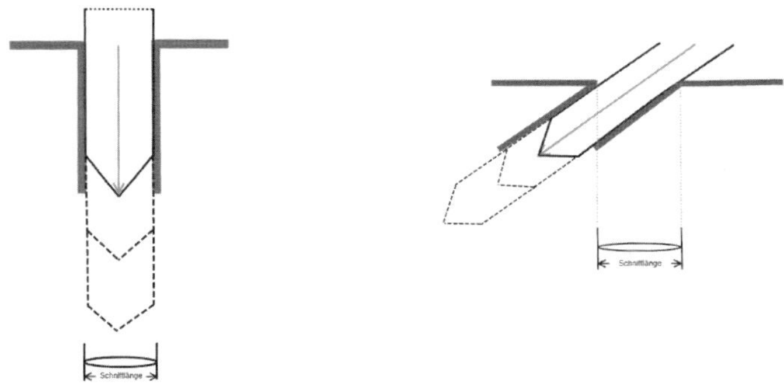

(Quelle: Eigene Zeichnungen 2019)

Eine Sonderstellung bei den Stichen haben die sogenannten gedrehten Stiche. Die Klinge trifft mit einer geraden oder in geschwungenen Bewegung in den Körper ein. Im Moment des Messerrückzuges wird die Klinge um etwa 180° gedreht. Dadurch wird eine noch größere Verletzung an der Eintrittsstelle verursacht (siehe Zeichnung 12).

Zeichnung 12: „Gedrehte“ Stiche

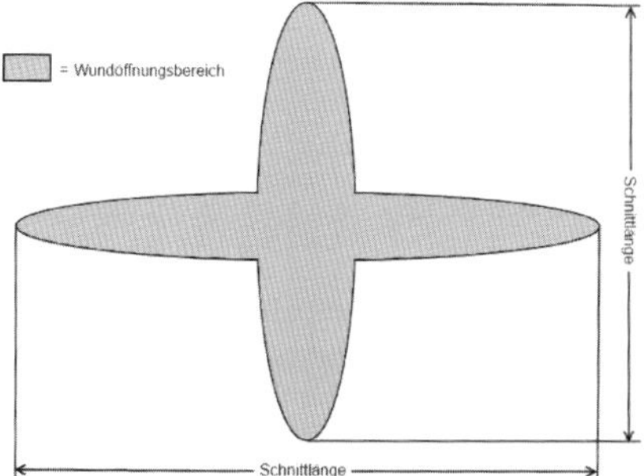

(Quelle: Eigene Zeichnung 2019)

In der militärischen Nahkampfausbildung werden mitunter gedrehte Stiche in Kombination mit Schnittbewegungen gelehrt. Größere Wunden und schwerer zu stoppende Blutungen sind die Folge.

3.7 Verteilung von Verletzungen am Körper

Bei Menschen die Opfer von Messerangriffen wurden, lassen sich immer ähnliche Verletzungen an den nahezu identischen Körperstellen feststellen. So lassen sich bei den Opfern häufig schwere Stich und Schnittverletzungen an Unterarmen und Händen feststellen. Je nach Schärfe und Größe der eingesetzten Klingenwaffe können dem Opfer sogar ganze Finger von der Hand abgetrennt werden. Die meisten Verletzungen resultieren aus dem Umstand, dass der Angreifer dem Verteidiger einen Handlungsschritt (das Messer wurde bereits heimlich aus der Tasche gezogen) voraus ist.
Die nachfolgenden Zahlen und Informationen (vgl. Tabelle 1) wurden aus der Dissertationsarbeit zum Thema „Tötungsdelikte durch scharfe Gewalt“ von HÜTTEMANN, H. aus dem Jahr 2004 entnommen und verändert. Möchte der interessierte Leser mehr Detailinformationen zu den Gewaltmotiven und Verletzungslokalisationen durch scharfe Gewalt erfahren wollen, dann sei an dieser Stelle auf die kostenlose PDF-Datei der Dissertation hingewiesen. Bei der Lokalisation der

Schnitt- und Stichverletzungen konnte festgestellt werden, dass als primäre Ziele der Brustbereich, Kopf, Hals, Bauch und Rücken anvisiert werden. Die Verletzungen an Hand und Unterarmen resultieren aus aktiven oder passiven Abwehrreaktionen.

Tabelle 1: Verletzungsverteilung nach Messerattacken

Körperbereich	Anteil in %	Körperbereich	Anteil in %
BRUST		KOPF	
Rechte Seite	40	Gesicht	75
Linke Seite	60	Gehirnschädel	25
HALS		RÜCKEN	
Rechte Seite	32	Rechte Seite	58
Linke Seite	30	Linke Seite	42
Mitte	18		
Nacken	20		
BAUCH			
Rechte Seite	42		
Linke Seite	58		

(Quelle: Eigene Zusammenstellung in Anlehnung an HÜTTEMANN 2004)

Mit Bild 4 wurde der Versuch unternommen, die oben aufgelisteten Angriffsziele in vereinfachter Form zu präsentieren. Dabei handelt es sich um sogenannte Primärziele eines Messerangriffs. Diese Verletzungsbereiche orientieren sich an den Zahlen und Auswertungen von HÜTTEMANN 2004.

Auf eine Unterscheidung von linker und rechter Seite wurde verzichtet. Die Nummerierung bezieht sich auf die primären Verletzungsbereiche (1 = das am häufigsten getroffene Ziel,…, 8 = das am wenigsten getroffene Ziel). Es kann festgestellt werden, dass der Brustbereich und das Gesicht die häufigsten Stich- und Schnittverletzungen aufweisen. Der Grund hierfür ist einfach. Die Chance dem ersten Messerangriff auszuweichen hängt von der Distanz und von der Reaktionsschnelligkeit ab. Bei Übergriffen mit scharfer Gewalt stehen sich die Parteien zu etwa 50 Prozent gegenüber. Über 90 Prozent durchlaufen die in Kapitel 2.3 beschriebenen Vorkampfstadien bis hin zur handfesten körperlichen Gewalt. Befindet sich der Angreifer mit ausgestrecktem Arm in Trefferreichweite zum Verteidiger, dann liegt dessen Chance den ersten Angriff erfolgreichen auszuweichen oder abzuwehren bei nahezu null Prozent. Daraus resultieren die häufigen Verletzungen im Brust- und Gesichtsbereich. Verletzungen an den Händen können aktiver und passiver Natur sein. Um sie möglichst effektive einsetzen zu können, müssten diese vor den eigenen Körper und der gegnerischen Waffe platziert werden. Diese Bewegung kostet natürlich Zeit und kann von den betroffenen Personen im Nah- und Mitteldistanzbereich gar nicht oder erst nach einem oder mehreren kassierten Treffern umgesetzt werden. Treffer im Rückenbereich sind auf ein aktives Wegdrehen des Verteidigers zum Angreifer zurückzuführen. Bei körperlichen Auseinandersetzungen kann man sehr oft erkennen, dass sich einer Beteiligten nach kurzem Schlagabtausch mit Kopf und Körper vom Gegner wegdreht. Dies ist eine klassische und ungewollte Schutzreaktion, die allerdings durch Training „abtrainiert“ werden kann. Andere Optionen für auftretende Treffer im Rückenbereich können auf Fluchtverhalten oder sogar einen zweiten Angreifer zurückzuführen sein.

Bild 4: Primäre Verletzungsbereiche bei Messerattacken

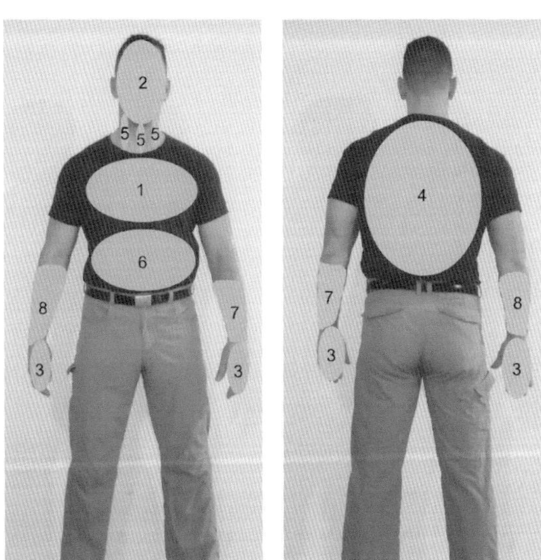

Verletzungen im Halsbereich werden weniger registriert, da die meisten Messerangriffe unkontrolliert und ungestüm sind. Zudem kommt der Umstand hinzu, dass die wenigsten Angreifer den Tod ihres Gegenübers beabsichtigen. Schwere Verletzungen werden meist in Kauf genommen, eine Tötungsabsicht zwischen den Rivalen kann jedoch nur in den seltensten Fällen nachgewiesen werden. Des Weiteren stellt der Bereich des Halses ein verhältnismäßig kleines Ziel dar. Um diesen absichtlich zu treffen, gehört Glück oder ein bestimmtes Wissen im Umgang mit dem Messer dazu. Glücklicherweise verfügen nur wenige Menschen über entsprechende Kenntnisse. Stiche oder Schnitte in die Bauchgegend werden vielleicht nicht seltener aber mit wenigeren Treffern ausgeführt. Dies kann eventuell damit erklärt werden, dass sich die Arme der meisten Verteidiger seitlich, nach unten hängend am eigenen Körper befinden. Der Abstand zwischen Händen, Armen und Bauch sind relativ gering. Dadurch können unter Umständen ungewollte und reflexartige Abwehrhandlung gegen einen Stich oder Schnitt zur Bauchgegend erfolgreich ausgeführt werden. Da es sich bei Messerangriffen zumeist um multiple Attacken handelt, nehmen die meisten Verteidiger ihre Hände und Arme wie ein Schutzschild nach oben. Treffer an den Unterarmen sind die logische Konsequenz. Je nach Angriffswinkel und Messerführhand dominieren am linken oder rechten Arm die Verletzungen. Das Resultat sind Abwehr- und (Schutz-) Deckungsverletzungen in Form von tiefen und ungeordneten Schnitten an den Händen und Unterarmen. Hierbei ist zwischen aktiven und passiven Abwehrverletzungen zu unterscheiden (siehe Tabelle 2).

Tabelle 2: Abwehrverletzungen an Händen und Armen

Aktive Abwehrverletzung	Angaben in %	Passive Abwehrverletzungen	Angaben in %
Rechte Handfläche	56	Rechter Handrücken	40
Linke Handfläche	44	Linker Handrücken	29
		Rechte Unterarmaußenseite	15
		Linke Unterarmaußenseite	16

(Quelle: Eigene Zusammenstellung in Anlehnung an HÜTTEMANN 2004)

Während einer aktiven Abwehrbewegung wird die Schutzhand oder der Schutzarm in Richtung des Messers des Angreifers gebracht. Häufig ist es die Absicht des Opfers die Tatwaffe zu greifen und bewegungsunfähig zu machen. Entsprechend häufig sind Verletzungen an den Handinnenseiten, Fingern und inneren Unteramen zu verzeichnen. Bei passiven Abwehrreaktionen werden die Hände und Arme zum Schutz nach vorne gestreckt. Die häufigsten Schnittwunden werden hierbei am Handrücken und an den Unteramen festgestellt. Das mag auf den ersten Blick etwas verwunderlich klingen, kann jedoch bei näherer Betrachtung logisch erklärt werden. Bei einer passiven Schutzbewegung, in welcher die Hände reflexartig nach vorne gebracht werden, trifft die Klinge eher auf die Handrückenseite und die Oberseite der Unterarme des Opfers (siehe Tabelle 3).

Tabelle 3: Prozentuale Verteilung von aktiven und passiven Abwehrverletzungen

Aktive Abwehrverletzung in Prozent (%)	Passive Abwehrverletzungen in Prozent (%)
39	61

(Quelle: Eigene Zusammenstellung in Anlehnung an HÜTTEMANN 2004)

Rund 95 Prozent der Menschen sind Rechtshänder. Bei einem Messerangriff finden, aus Sicht des Verteidigers, die meisten Angriffe von der linken Seite statt. Es verwundert nicht, dass knapp 70 Prozent der Schnitt- und Stichverletzungen entsprechend an der linken Seite (Hand und Arm) lokalisiert werden. Häufig wird bei einer passiven Abwehrbewegung sogar die Abwehrhand oder der Unterarm durchstochen. Aufgrund der geringen Mannstoppwirkung eines Stiches kann dieser, je nach Wucht, zusätzlich in den Körper des Opfers eindringen und schwere Verletzungen hervorrufen. Sehr häufig werden Messerangriffe nicht mit dem notwendigen Respekt beachtet. Hierbei muss zwischen falscher Selbsteinschätzung, gesundem Respekt und übertriebener Angst unterschieden werden. Falsche Selbstüberschätzung kann das Leben kosten. Meist wird dies durch ein falsches Training hervorgerufen. Im Training scheinen alle Techniken gegen einen Messerangreifer zu funktionieren. Das Resultat ist eine falsche, todbringende Sicherheit! Ein weiterer Faktor kann Angst darstellen. Angst im klassischen Sinne ist immer etwas Gutes. So können Ängste einem vor Dummheiten bewahren und einem vielleicht sogar das Leben gekostet hätten. Übertriebene oder gar panische Angst ist jedoch auch kein guter Begleiter vor und während eines Übergriffes mit scharfer Gewalt. Nicht selten wird bei den Opfern eine sogenannte Schockstarre hervorgerufen. Betroffene sind während dieser Zeit noch nicht einmal mehr in Lage eine passive Abwehrbewegung auszuführen. Eine solche Schockstarre kann von einigen Sekunden bis zu mehreren Minuten andauern. Das daraus resultierende Ergebnis bedarf wohl keiner näheren Beschreibung. Ein gesunder Respekt hört sich gut an. Dieser stellt einen Mittelweg zwischen beiden genannten Extremen dar.

3.8 Ein paar Zahlen

Ein Opfer einer Gewalttat zu werden kann Pech oder eigenes Verschulden sein. Pech wäre z.B. wenn die Betroffenen zum falschen Zeitpunkt am falschen Ort sind und das obwohl der Aufenthalt am Ort des Übergriffes zum wöchentlichen reziproken Bewegungsmuster gehört. Eine Eigen- oder Selbstverschuldung wäre dann gegeben, wenn eine Location oder ein für seine Kriminalität bekannter Stadtteil aufgesucht wird. Die Chance dort Opfer eines Übergriffes zu werden liegen natürlich wesentlich höher. Eine daraus resultierende Aussage könnte nun sein: „Dann bleibe ich einfach zu Hause, verlasse meine Wohnung nicht mehr und dann passiert mir auch nichts!“ Klingt logisch, ist jedoch nicht realisierbar und für das soziale Miteinander und für die Kontaktpflege zwischen Freunden und Bekannten auch nicht sinnvoll. Zudem liegen die meisten Arbeitsplätze der Arbeitnehmer eben nicht im eigenen Haus oder in unmittelbarer Nähe. Die meisten Menschen sind also gezwungen ihren privaten Lebensraum zu verlassen – wenn auch nur für ein paar Stunden.

Statistisch gesehen, liegt das Alter der Personen, die mit scharfer Gewalt konfrontiert werden zwischen 20 und 49 Jahren. Die meisten Leser werden sich wohl in dieser Altersspanne befinden. Aber keine Sorge! Mit dem nötigen Wissen um Gefahrenprävention und mit einem Funken gesunden Menschenverstandes können lauernden Gefahren bereits entgegengewirkt werden. Das Hauptalter der Täter lag zum Zeitpunkt der Datenerhebung zwischen 20 und 39 Jahren und war mit über 80 Prozent von Männern dominiert. Allerdings wurden Frauen und Männer in fast gleicher Anzahl zu Opfern scharfer Gewalt. Interessant war die Feststellung, dass rund 40 Prozent der Gewalttaten in der eigenen Wohnung stattfanden und nur 18 Prozent in der Öffentlichkeit. Der oben genannte Plan einer Einigelung in der Wohnung schützt also nicht vor Übergriffen, zudem die Täter meist aus dem näheren Umfeld der Betroffenen stammen und dadurch ein gewisses Vertrauen genießen. Die Tatzeiten lagen zwischen den Abend- und Nachtstunden. Knapp 60 Prozent der untersuchten Delikte waren Beziehungstaten und nur elf Prozent wurden wegen Bereicherung begangen. Häufig wurden Alkohol und Drogen im Blut der Täter festgestellt, was in einer entsprechenden Dosis zur Reduzierung der Toleranz, abnehmender Hemmschwelle und erhöhtem Aggressionspotential beiträgt. Auch interessant war die Anzahl der Stichverletzungen bei den Opfern. Diese lag zwischen einem einzigen und dreißig, wobei die Anzahl von zwei bis zehn Einstichen dominierte. Daraus lässt sich die Vermutung aufstellen, dass bei einer Messerattacke zumeist multiple Stiche und Schnitte ausgeführt werden und sich ein realistisches Messerkampftraining gerade eben mit solchen Angriffen auseinandersetzen muss!

KAPITEL 4

Waffenlose Messerabwehr

4.1 Konzepte und Ideen der waffenlosen Verteidigung

Zweifelsohne gehört die waffenlose Messerabwehr zur schwersten Disziplin in den Bereichen des Selbstschutzes und der Selbstverteidigung. Zu über 95 Prozent muss der Verteidiger die ersten Angriffe ohne eigene Waffe abwehren. Aus diesem Grund wird die waffenlose Messerabwehr in diesem Buch vor das Thema Messerkampf gestellt. In einigen Büchern von renommierten Nahkampfexperten heißt es, dass Konzepte und Ideen nichts wert sind, wenn sie in der Praxis noch nicht getestet wurden. Alles was nicht selbst erlebt wurde, ist Theorie und nur von begrenztem Wert. Natürlich steckt hier auch Wahrheit dahinter. Dennoch bedeutet dies nicht, dass eine Person, die Opfer eines Messerangriffs wurde, nach der Auseinandersetzung Konzepte und Ideen zur besseren Überwindung solcher Situationen erstellen und vermitteln kann. Klar ist auch, dass Trainingssituationen nicht mit Realsituationen zu vergleichen sind (hierzu mehr in Kapitel 8). Bücher, DVD´s oder Tutorials sollten immer kritisch gelesen oder angeschaut werden. Was für den einen eine gute Lösung darstellen kann, ist für den anderen unmöglich durchzusetzen. Wir sind Individuen mit unterschiedlichen physischen und psychischen Ausprägungen. Jeder muss seine eignen Strategien und Taktiken entwickeln. Was hier in diesem Buch dargestellt wird sind Konzepte und Ideen die geübt und auf ihre Tauglichkeit individuell geprüft werden müssen. Bevor wir uns jedoch mit Konzepten einer waffenlosen Verteidigung gegen scharfe Gewalt beschäftigen, muss zwischen zwei wesentlichen Angriffs- bzw. Bedrohungsmöglichkeiten unterschieden werden:

1. Statische Angriffe
2. Dynamische Angriffe
    a. Sichtbar
    b. Unsichtbar

Eine statische Bedrohung kann im Prinzip leichter abgewehrt werden als eine dynamische. Ein Hauptgrund hierfür ist, dass die Klinge an einer festen Position irgendwo um den Bereich des Körpers zu finden ist. Je nach Klingenstandort bestehen gute oder eher schlechte Aussichten auf eine erfolgreiche Verteidigung. Dynamische Angriffe lassen sich hingegen in Sichtbare und Unsichtbare unterteilen. Den sichtbaren geht meistens ein verbales Geplänkel voraus, bis einer der Beteiligten die Waffe zieht. Unsichtbare Angriffe können nicht abgewehrt werden, da sie aus dem Hinterhalt ausgeführt werden und dem Opfer keine Chance auf Reaktion ermöglichen. Folglich sind dynamische Angriffe schwerer abzuwehren als statische. Durch Körperbewegungen verändert der Angreifer immer wieder die Distanz. Zeitgleich werden Testschnitte oder –stiche ausgeführt, die ein erstes Gegnerverhalten aufzeigen sollen. Daraus ergibt sich das weitere Vorgehen des Angreifers. Grundsätzlich sind waffenlose Verteidigungen gegen Angriffe mit Waffen immer unterlegen. Je länger eine Konfrontation dauert, desto geringer wird die Chance des Verteidigers ungeschoren davon zu kommen. Der Verteidiger muss sich also ein Herz fassen und nach einem ersten oder zweiten Gegnerischen Angriff „nach vorne gehen". Er muss die Initiative ergreifen und den Aggressor in die Defensive zwingen. Dies ist nur möglich, wenn eine Abwehr- und eine Angriffsreaktion zeitgleich ausgeführt werden.

Bild 6 & 7: Zwei mögliche Abwehr- und Angriffsreaktionen

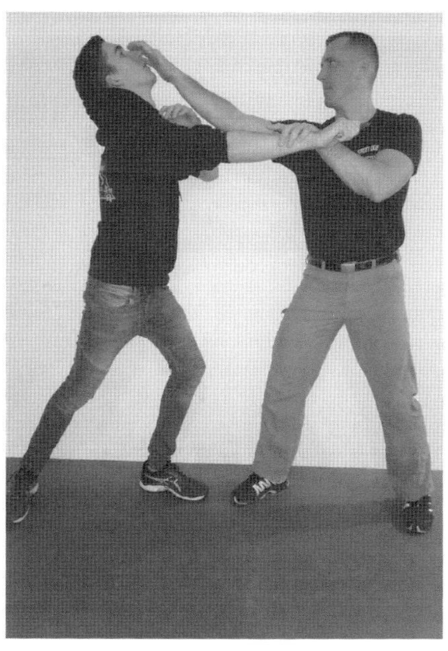

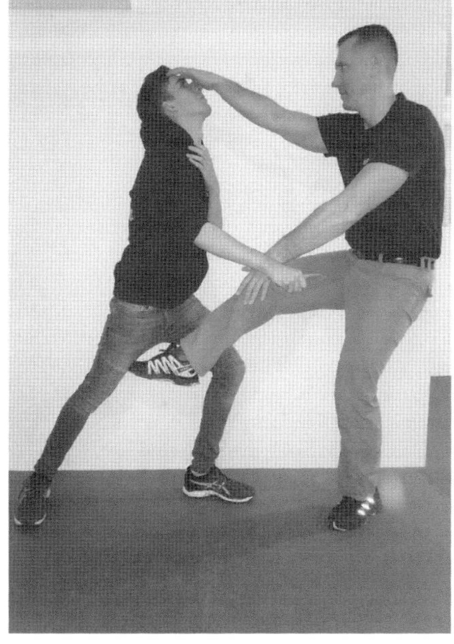

4.1.1 Waffenlose Verteidigungsstellung

Anderes als bei einer offenen, neutralen und deeskalierenden Selbstverteidigungsstellung muss bei einer Waffenbedrohung immer eine schützende und mit wenigen Öffnungen versehene Grundstellung eingenommen werden. Es gilt lebenswichtigste Organe im Körper zu schützen und auf bevorstehende Angriffe gut reagieren zu können. Hier zwei Varianten der Arm- und Handhaltung:

Bild 8 & 9: Waffenlose Grundstellung von vorne und von der Seite

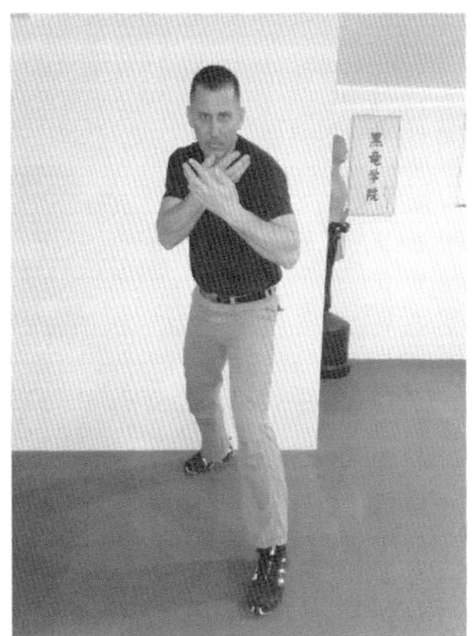

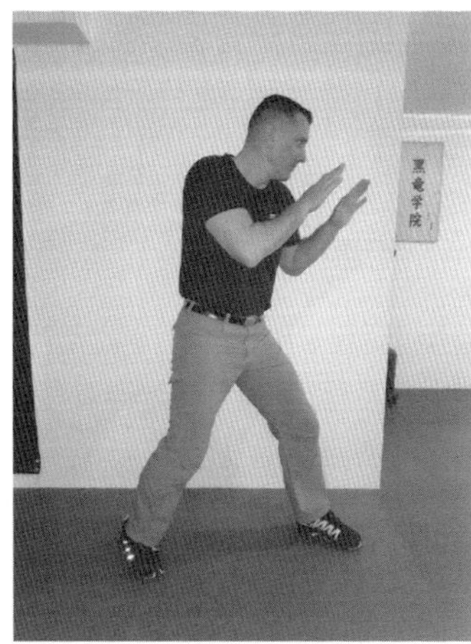

Bild 10, 11 & 12: Waffenlose Grundstellung mit Modell verdeutlicht

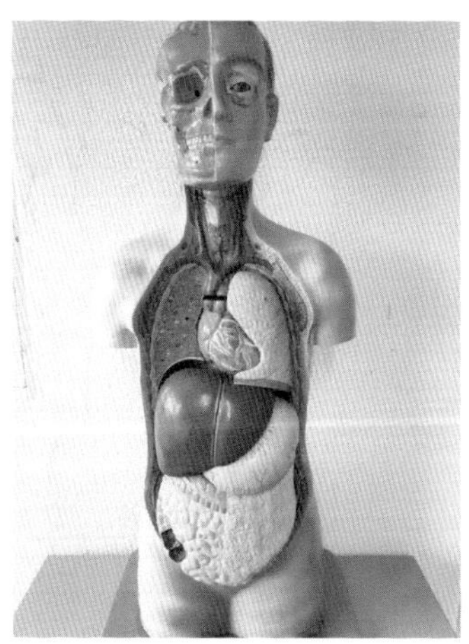

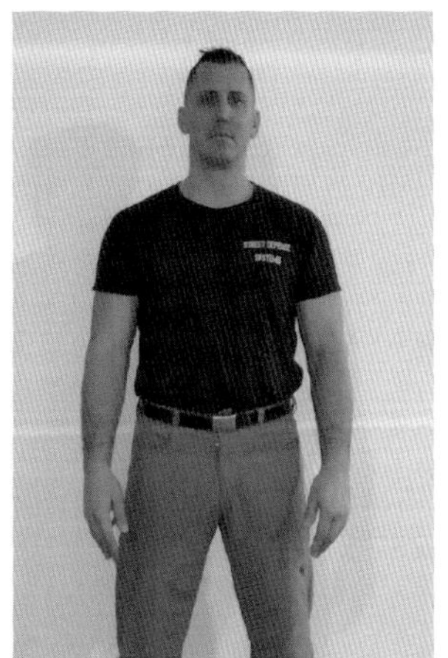

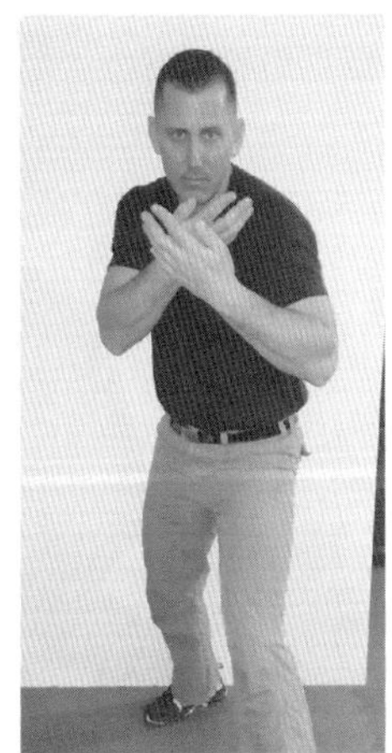

Die Kopfhaltung
Der Kopf ist leicht nach vorne abgesenkt und die Schultern etwas angehoben. Die Hände schützen ebenfalls die vitalen und angreifbaren Punkte am Halsbereich. Diese Schutzhaltungen reduzieren die Wahrscheinlichkeit eines sofortigen und möglicherweise finalen Treffers.

Der Blick / die Augen
Der Gegner muss stets im Gesamtblick vorhanden sein. Es bringt nichts, wenn der Oberkörper des Angreifers wahrgenommen wird, die Beine sich jedoch außerhalb des Blickfeldes befinden. Ein guter Trick ist das fixieren des Schultergürtels oder des Brustbeins. Beide Bereiche ermöglichen einen Gesamtblick auf den Gegner. Tritte und Schritte zur Distanzüberwindung können somit schneller erkannt werden.

Der Oberkörper
Beide Arme decken einen großen Teil des Oberkörpers ab. Durch das Anwinkeln der Arme im Ellbogengelenk werden leicht zu treffende Ziele verdeckt. Die sogenannte Mittellinie des Körpers wird durch die Arme abgedeckt und erleichtert Gegenangriffe oder Verteidigungsschnitte. Um die Treffermöglichkeiten weiter zu erschweren, sollte der Oberkörper leicht nach vorne gebeugt sein. Durch diese ungewohnte Haltung werden die inneren Organe „nach hinten", also weg vom Angreifer verlagert und können somit besser geschützt werden.

Der vordere und der hintere Arm
Im Prinzip gibt es keinen vorderen Arm. Werden Arme und Hände zu weit nach vorne exponiert, können diese sofort zerschnitten werden. Weitere Gegenaktionen würden dadurch erschwert oder gar unmöglich gemacht werden. Die Hände und Arme werden relativ dicht am Körper gehalten. Die Handflächen zeigen nach innen und die Finger sind geschlossen.
Ein Nachteil dieser Grundstellung ist, dass durch die geschlossene und enge Armhaltung am Körper, der Angreifer sehr nahe aufrücken kann. Beide Arme und Hände können in der Mittel- und Nahdistanz für Stör-, Konter-, Weiterleitungs- und Bindetechniken eingesetzt wer-

den. Dies ist natürlich nur unter dem Einsatz einer gut ausgebildeten Schritt- und Beinarbeit möglich.

Der Stand
Wer keinen guten Stand hat, wird sich in einer körperlichen Auseinandersetzung schnell am Boden wieder finden. Zur Vermeidung dieser Situation muss der über eine gute Balance Beweglichkeit verfügen.

Bild 13 &14: Mögliche Fußstellung

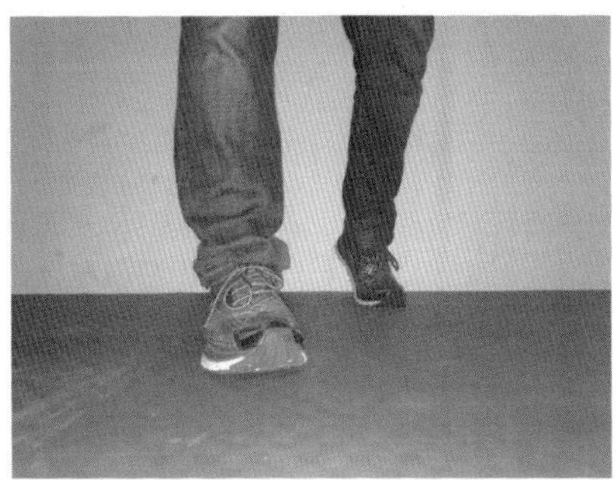

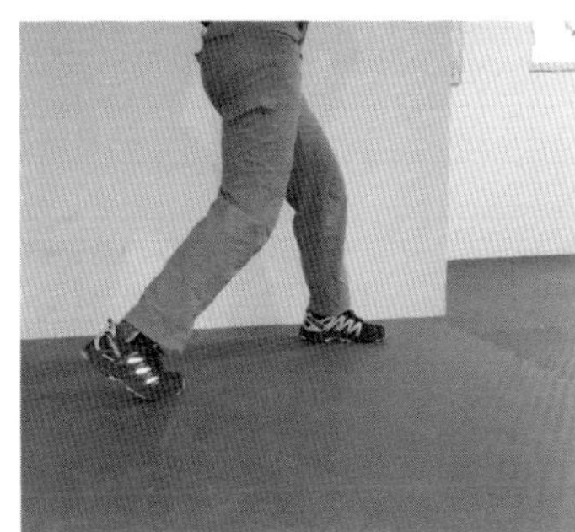

Die Beine sind in den Knien leicht gebeugt und die Fußspitzen sind immer auf den Gegner ausgerichtet. Der hintere Fuß ist im Sprunggelenk gebeugt und hält nur mit den Zehenspitzen Bodenkontakt. Dies ermöglicht schnelle Bewegungen in alle Richtungen, da der Fuß „geladen“ und somit bewegungsbereit ist.

4.1.2 Distanzaufbau und Störaktionen

Je größer die Distanz zwischen dem Angreifer und dessen Klingenwaffe, desto besser sind die Überlebenschancen des Verteidigers. Ein gezielter Aufbau von Distanz durch rückwärtiges Laufen ist eine Möglichkeit der gegnerischen Klinge zu entgehen. Es sollte jedoch klar sein, dass Rückwärtslaufen in der Geschwindigkeit stark begrenzt ist und es zu unverhofften Stürzen kommen kann. Verletzungen und eine damit einhergehende Immobilisierung von Gelenken können die Folge sein. Stürze müssen jedoch zwangsläufig nichts schlechtes sein. Es lassen sich durchaus Vorteile daraus erzielen. Durch ein zu Boden gehen muss der Angreifer seinen Fokus neu ausrichten. Vielleicht besteht während dieser Zeit sogar die Möglichkeit die eigene Waffe zu ziehen und sich dadurch den gegnerischen Respekt zu verschaffen. Ein weiterer Vorteil ist die Tatsache, dass der Angreifer „nur“ die Beine des Verteidigers attackieren kann und dadurch lebenswichtige Organe im Körper vorerst verschont bleiben. Der Verteidiger hat hingegen die Möglichkeit durch Tritte die Waffenhand des Gegners zu verletzen oder mit einem gezielten Tritt dessen Kniegelenk zu manipulieren.

Bild 15 & 16: Reduziertes Risiko durch Beinangriffe und Konterchancen

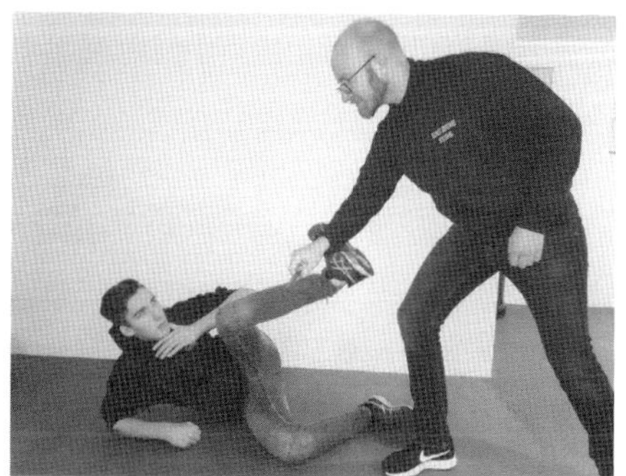

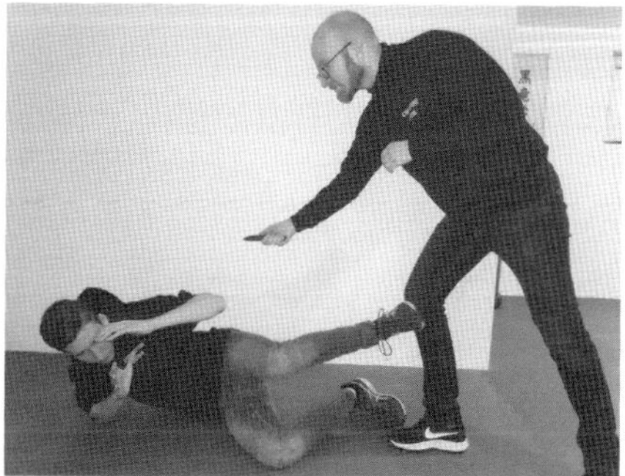

Diese Störaktionen unterbrechen den Vorwärtsdruck des Angreifers und ermöglichen dem Verteidiger selbst aktiv zu werden. In manchen Büchern wird postuliert, dass der Verteidiger, sollte er sein eigenes Messer in der Bodenposition gezogen haben, die Muskeln und Sehnen der gegnerischen Beine attackieren soll. Davon ist jedoch dringend abzuraten, da diese Aktionen ein „nach vorne, oben bringen“ des Körpers bedeutet und dieser dadurch in die Reichweite der gegnerischen Klinge gerät. Ein Umstand der tödliche Folgen haben kann.
Weitere Optionen bestehen im Einsatz von Gegenständen als Störaktion und einer daraus resultierenden Distanzgewinnung. Je nach Lokation können alle erdenklichen Gegenstände wie Stühle, Tische, Mülltonnen oder sogar andere Personen zwischen den Angreifer gebracht werden. Als besonders effektiv haben sich geworfene kleine Utensilien herausgestellt. Der Angreifer nimmt dadurch eine passivere Haltung ein um sich vor den „Geschossen“ zu schützen. Sollte man zum Zeitpunkt des Übergriffs eine Jacke dabei haben, so empfiehlt es sich diese

schnellstmöglich auszuziehen und als „Schutzschild“ um den eigenen Arm zu wickeln. Ebenso gut kann die Jacke zum Angreifer geworfen werden um ihm bestenfalls für einen kurzen Moment die Sicht nehmen. Diese Zeit kann zum Aufbau von Distanz oder zur aktiven Übernahme der Situation genutzt werden.

4.1.3 Meid- und Ausweichbewegungen

Messerangriffe kann auch durch Meid- und Ausweichbewegungen entgegengewirkt werden. Dabei spielt das Timing, eine korrekte Distanzeinschätzung sowie eine sehr gute Körperdynamik eine entscheidende Rolle. Meid- und Ausweichbewegungen sollten immer in Kombination mit Abwehr- und Angriffstechniken ausgeführt werden. Gemeint ist damit der zusätzlich sichernde Einsatz der Checking-Hand im Bereich der Mitteldistanz, sowie eine gezielte Aktion gegen vitale Punkte am Körper durch die andere Hand. Meid- und Ausweichbewegungen sind gekennzeichnet durch ein aktives verlassen der Schnittbahn des Messers. Dies kann durch eine Verlagerung des Oberkörpers nach hinten, durch einziehen des Bauches oder durch seitliches wegdrehen des Körpers erfolgen.

Bild 17 & 18: Körperverlagerungen durch Meid- und Ausweichbewegungen

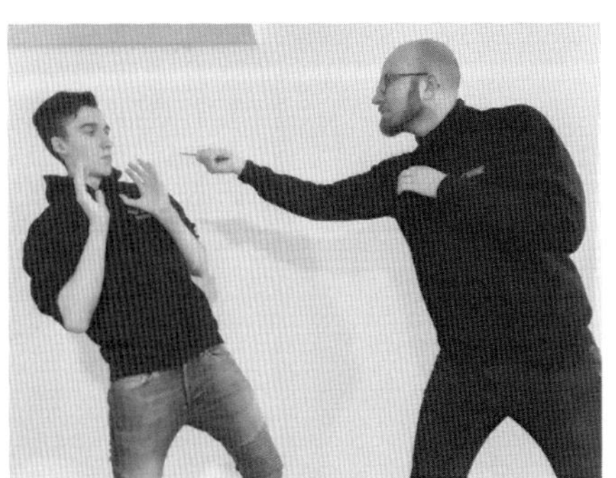

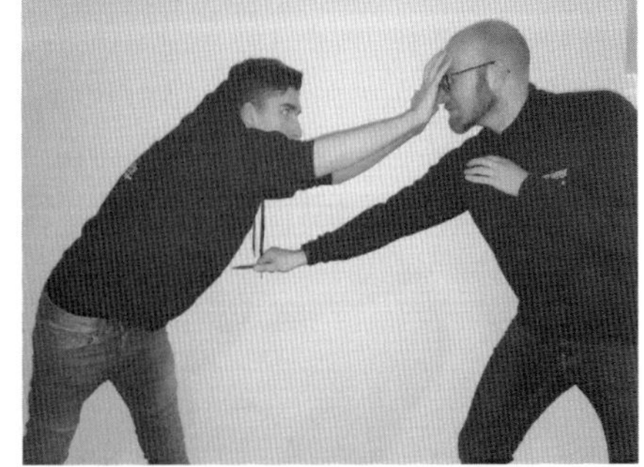

Die Bewegungen sollten immer durch zusätzliche Beinarbeit ergänzt werden. Reine Bewegungen aus dem Oberkörper werden dem Vorwärtsdruck des Gegners nicht standhalten können und unweigerlich zu einem Treffer führen. Auch hier gilt die Prämisse, dass zur positiven

Ausführung der Bewegung ausreichend Distanz zum Gegner bestehen muss. Im Training sollte zunächst auf eine langsame Ausführung und weitläufige Bewegungen geachtet werden. Diese können zuerst langsam im aufsteigenden Winkelsystem (vgl. Kapitel 5.6) und später frei und mit höherer Geschwindigkeit ausgeführt werden.

4.1.4 Blocktechniken

In vielen Systemen werden traditionell harte Blocktechniken gegen jegliche Art von Angriffen, sei es zur Abwehr eines Schlagstocks, eines Baseballschläger oder eines Messers gelehrt. Alle Techniken haben ihre Daseinsberechtigung, aber nicht alle Techniken sind zur Abwehr für ein und denselben Angriff brauchbar. Zwar können harte Blöcke einen angreifenden Arm stoppen und dadurch ggfs. entwaffnen, im Messerkampf haben sich allerdings statische Abwehrbewegungen nicht durchsetzen können, zumal es sich bei einer Kampfsituation immer um dynamische Bewegungen handelt. Dennoch wird auf sehr vielen Seminaren immer wieder ein Block zur Messerabwehr demonstriert – der hohe oder tiefe Kreuzblock (siehe Bild 19 - 21).

Bild 19, 20 & 21: Hoher Kreuzblock und mit hohem Gefahrenpotenzial

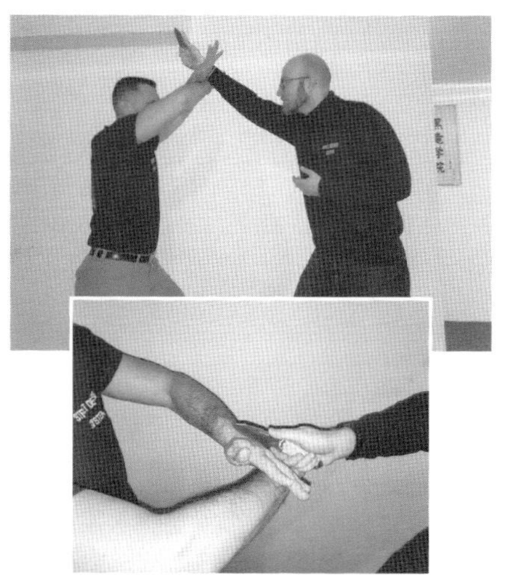

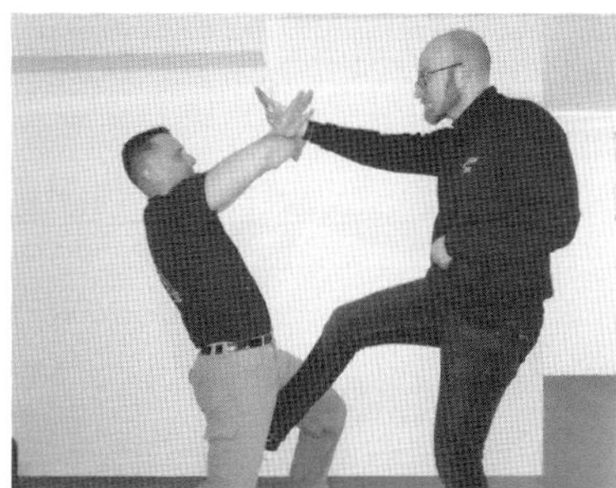

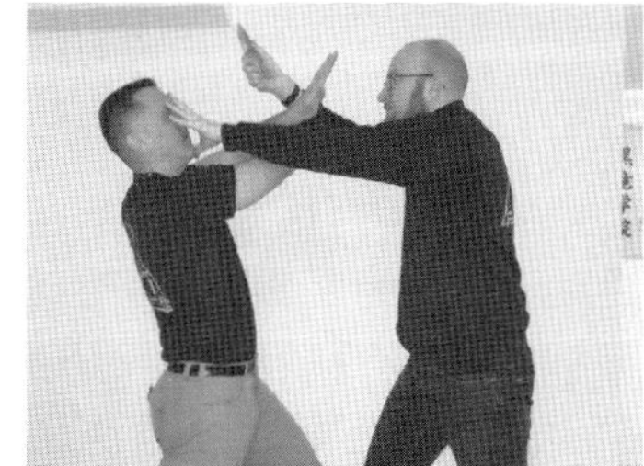

Die Abbildungen verdeutlichen, welche Gefahren von harten und statischen Bewegungen ausgehen. Wird der gegnerische Arm vom Verteidiger geblockt, wird dieser instinktiv seinen exponierten waffenarm zurück zum eignen Körper bringen um dann erneut anzugreifen. Dieses Zurückziehen wird meist unter Verwendung eines Schnitts durchgeführt. Der Block wird quasi zerschnitten. Durch die Bindung beider Arme können aber auch Tritte, Schläge und Augenstiche nur sehr schwer abgewehrt werden. Kurze Stiche zur Bauchgegend können hingegen durch den Einsatz eines Einfach- oder Doppelblocks abgewehrt werden. Der Block wird hart ausgeführt, wird aber nicht lange in der Ausgangsposition gehalten. Der Kontakt zum gegnerischen Waffenarm muss zeitlich stimmen und zielgenau sein. So wird der Messerarm bei einem zu hoch angesetzten Block durch die Angriffsenergie einfach nach oben schwingen und einen Treffer in der Bauchgegend landen. Der Block muss also zwingend am Unterarm des Angreifers ansetzen.

4.1.5 Um – und Weiterleitungen

Wie aus dem oben beschriebenen Thema „Blocktechniken“ beschrieben, sind harte Block- und Abwehrtechniken gegen Messerangriffe nur bedingt geeignet. Besser geeignet sind Um- und Weiterleitungen. Der gegnerische Waffenarm wird durch die vordere oder hintere Verteidigungshand am Ziel vorbeigeleitet. Einsetzbar ist diese Art der Messerverteidigung in der Weit- und Mitteldistanz.

Bild 22 & 23: Beispiel einer Um-Und Weiterleitung aus der Mitteldistanz

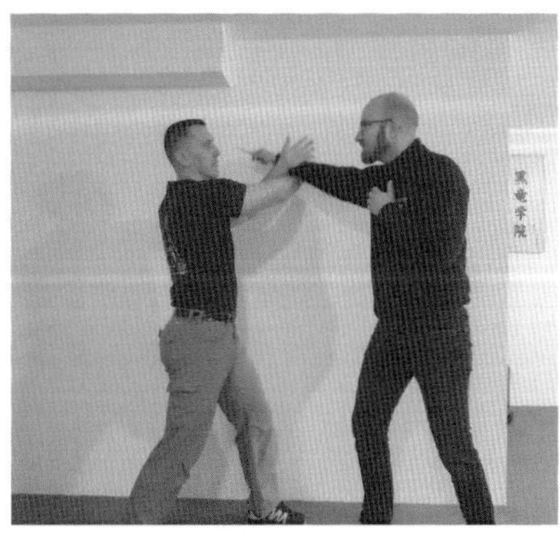

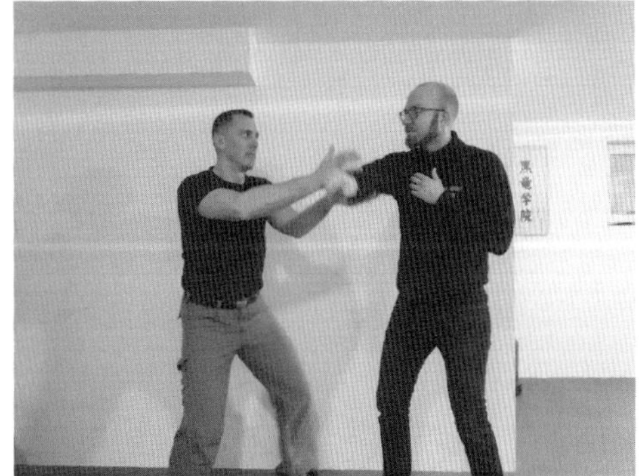

Dabei ist zu beachten, dass der Kontakt zur weitergeleiteten Waffenhand nicht mehr aufgelöst wird. Vielmehr sollte der Verteidiger den Waffenarm des Gegners an dessen Körper binden oder zumindest kontrollieren. Eine Schock- und Gegenaktion muss unmittelbar nach der Um-und Weiterleitung folgen. Wird diese zu spät oder gar nicht ausgeführt, reagiert der Angreifer meist mit einem wilden Befreiungsschnitt. Dieser ist in einer solchen Situation nur noch sehr schwer abzuwehren und kann zu schweren Verletzungen bei Verteidiger führen.

Bild 24 & 25: Befreiungsschnitt durch unzureichende Armbindung

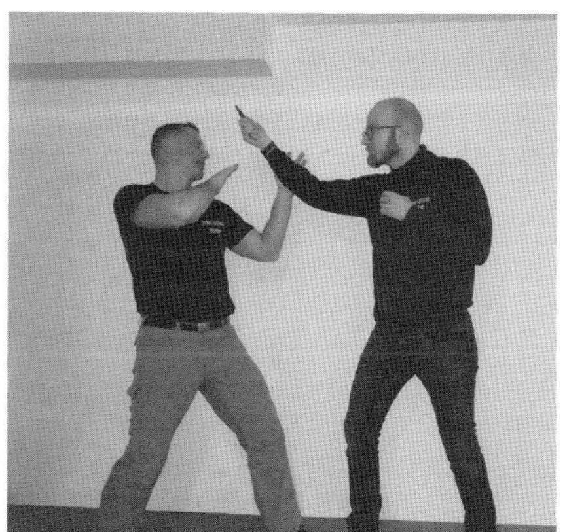

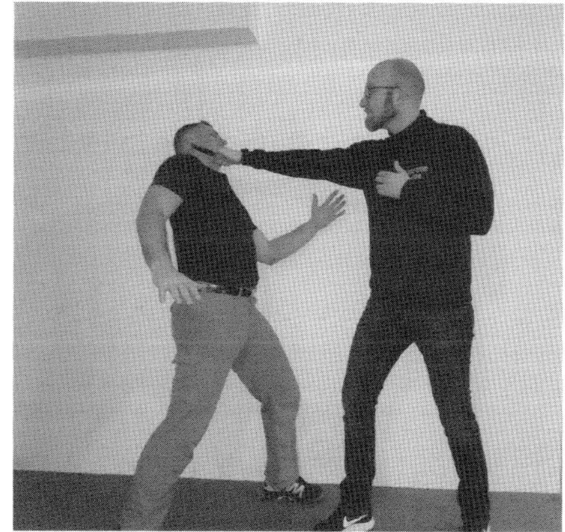

Um- und Weiterleitungen können Lücken und Schwachstellen während eines gegnerischen Angriffs entstehen lassen. Wichtig ist nur, dass solche frühzeitig erkannt und mit maximaler Gegenwehr attackiert werden. Die beschriebene Abwehrhandlung ist jedoch immer mit einer entsprechenden Schritt-, Meid- und Ausweicharbeit zu ergänzen!

4.1.6 Kontrolle der Waffenhand

Die Kontrolle der Waffenhand wurde im letzten Abschnitt schon kurz erwähnt und soll auf Grund ihrer Notwendigkeit noch etwas näher beschrieben werden. Die Waffenhand kann nach einer erfolgreichen Um-und Weiterleitung am Gegner gebunden und kontrolliert werden. Eine erste Kontaktaufnahme gegen einen Angriff ist mit großer Wahrscheinlichkeit der Unterarm des Gegners. Eine entsprechende

Kontrolle kann nun durch ein sofortiges Greifen des Handgelenks erfolgen. Die Gefahr dieser Griffposition besteht jedoch in einer schlechten Kontrollierbarkeit des Armes. Der Angreifer kann die Fixierung durch das Einsetzen von Ellbogenrotationen schnell lösen und weiter angreifen. Eine bessere Möglichkeit besteht darin, den Griff etwas höher, nämlich am Ellbogengelenk anzusetzen und dort eine Kontrolle aufzubauen (siehe Bild 26 & 27). Ein Zurückziehen des Armes und ein möglichweise daraus resultierend Schnitt muss verhindert werden. Die Kontrollmöglichkeiten sind sehr zahlreich. So kann der Verteidiger den Waffenarm auch nur durch reinen Druck des eignen Unterarms an dessen Körper binden. Aufgrund der Bewegungsdynamik während einer Auseinandersetzung und der daraus resultierenden Gefahr einer schnellen Befreiung, sollten weitere Gegenaktionen nicht zu lange auf sich warten lassen. Der Verteidiger kann den Arm des Angreifers aber auch mit beiden Händen, also durch Fassen, kontrollieren. Diese Art der Kontrolle ist auf der einen Seite sehr sicher, auf der anderen jedoch auch mit einem großen Risiko verbunden. Das Risiko liegt dabei in der zweiten Hand des Angreifers. Beide Hände des Verteidigers sind praktisch gebunden und könnten einen Gegenangriff nicht aufhalten. Sollte der waffenführende Arm des Angreifers also mit beiden Händen fixiert werden, müssen sofort weitere Techniken folgen. Tiefe Tritte und Kniestöße bieten sich an dieser Stelle besonders an.

Bild 26 & 27: Kontrollmöglichkeiten des Waffenarms bei gleichzeitiger Gegenaktion

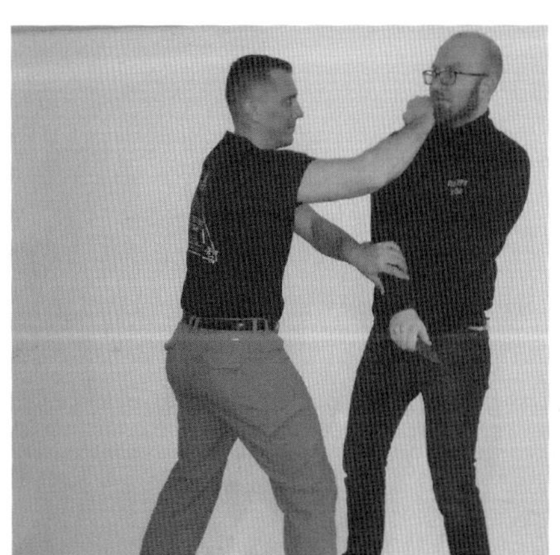

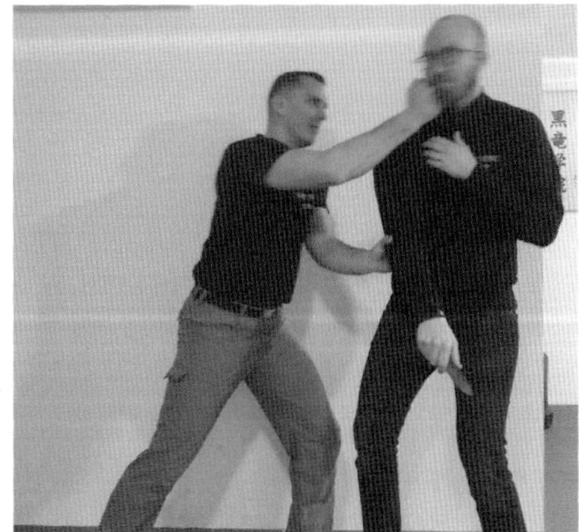

4.1.7 Beintechniken

In vielen Kampfsportschulen werden Tritte zur waffenlosen Verteidigung gegen meist statische Messerangriffe eingesetzt. In der Tat spricht nichts gegen einen kontrollierten und wohl überdachten Einsatz eines Kicks. Die so oft vorgestellte und theoretisch funktionierende Entwaffnung durch einen solchen Tritt ist jedoch fragwürdig und mit einem enormen Risiko verbunden (siehe Bild 28).

Bild 28: Kontermöglichkeit bei zu hohem Tritt

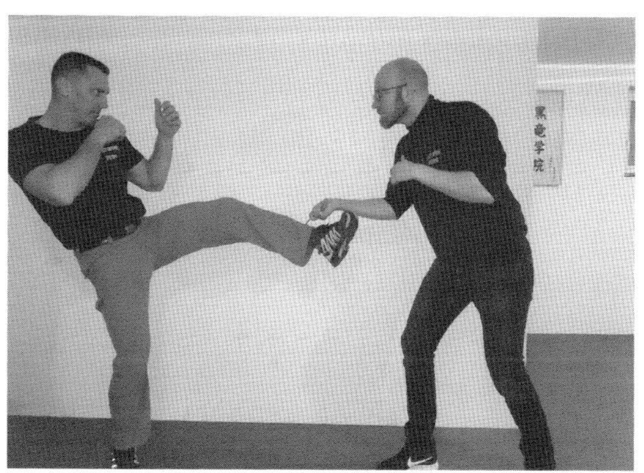

So sollten Kicks im Allgemeinen nicht über Hüfthöhe des Angreifers gehen. Je höher ein Tritt ist, desto größer ist das Risiko gekontert zu werden. Ein Konter kann z.B. ein Fangen des Beines und einem damit einhergehenden Gleichgewichtsverlust darstellen. Eine weitere Möglichkeit besteht in der Gefahr, dass das angreifende Bein vom Angreifer geschnitten wird. Tritte sollten deshalb immer sehr tief und bis maximal Kniehöhe des Angreifers gehen. Zur weiteren Ausnutzung der Distanz, sollten tiefe Trittechniken immer in Verbindung mit einer leichten Oberkörperrücklage ausgeführt werden. Eine Beendigung des Kampfes ist durch diese Art von Kicks nicht zu erwarten, außer man kann den Angreifer durch einen Tritt gegen das Kniegelenk immobilisieren. Ein solcher Treffer fällt allerdings eher in die Rubrik des „Lucky-Kicks“ auf welchen man sich nicht verlassen sollte. Vielmehr fungieren Tritte als Störtechniken, die einen gegnerischen Angriff unterbrechen und diesen zu einer ungewollten Schutzreaktion verleiten.

Je nach Distanz und bestehender Kontrolle des Waffenarms können, wie zuvor schon beschrieben, Knietritte oder Stampftritte gegen sensible Körperstellen des Angreifers ausgeführt werden.

4.1.8 Hebel- und Kontrolltechniken

Das Üben von Hebel- und Kontrolltechniken ist eine sinnvolle Ergänzung in den Disziplinen der Selbstverteidigung. Zum einen lernt man etwas über die unterschiedlichen Gelenkarten und möglichen Stellungen und zum anderen deren Schwachstellen kennen. Diese Schwachstellen werden in der Regel für Hebel- und Kontrolltechniken genutzt. Wer aber schon einmal in eine handfeste Auseinandersetzung verwickelt war weiß, dass ein Hebel- oder eine Kontrolltechnik eher als ein Zerfallsprodukt angesehen werden muss. Nur selten kann aus einem Angriff ein Konter in Form eines Hebel umgewandelt werden. Dies ist meist der sehr starken Muskelanspannung des Angreifers geschuldet. Der Angreifer muss durch eine gute Gegenaktion zuerst einmal „weich gemacht" werden, bevor es zu einem Hebeleingang kommen kann. Eine weitere Gefahr besteht in der Bindung der eigenen Hände am Hand- oder Ellbogengelenk des Angreifers. Wie oben schon mehrfach beschrieben, kann der Angreifer seine noch freie Hand für einen weiteren Angriff oder zur Unterbindung eines angesetzten Hebels einsetzen.

Nichts ist unmöglich und manchmal kann ein Hebel auch in einer realen Kampfsituation Anwendung finden. Es sollte joch nicht primär darauf hingearbeitet werden. Bei Kontrolltechniken verhält es sich ähnlich. Meist gelangt man nur durch Zufall in eine so gute Ausgangsposition, dass der Angreifer kontrolliert werden kann. Wer schon einmal Zeuge einer polizeilichen Festnahme war, bei der sich der Täter nicht verhaften lassen wollte weiß, wie viele Menschen nötig sind, um ein wilde, sich bewegende Person unter Kontrolle zu bekommen. Von dem her sind auch Kontrolltechniken eher ein Zerfallsprodukt einer Auseinandersetzung. Ein Einsatz eines Messers von Seiten des Angreifers erschwert die oben genannten Techniken zusätzlich.

4.1.9 Entwaffnungen

Eine Entwaffnung des Angreifers ist schon mit dem Einsatz einer eigenen Waffe schwierig. Fast unmöglich ist jedoch eine Entwaffnung des Angreifers, wenn der Verteidiger keine eigene Waffe zur Hand hat. Nicht umsonst werden viele waffenlose Entwaffnungstechniken auch als sogenannte „Selbstmordtechniken“ bezeichnet. Einen wütenden und aggressiven Angreifer, der mit einem Messer auf einen zustürmt, ohne Waffe aufzuhalten ist von der Vorstellung her schon beängstigend. Wie soll da noch eine gezielte Entwaffnung von statten gehen? Unabhängig davon, ist eine Entwaffnung frühestens ab der Mitteldistanz möglich. Und wie in den ersten Kapiteln dieses Buches bewiesen wurde, steigt das Verletzungsrisiko des Verteidigers mit abnehmender Distanz zum Angreifer. Zudem muss immer mit einer Gegenaktion der freien Verteidigungshand des Angreifers gerechnet werden.

Bild 29 & 30: Entwaffnungsmöglichkeiten und -fehler

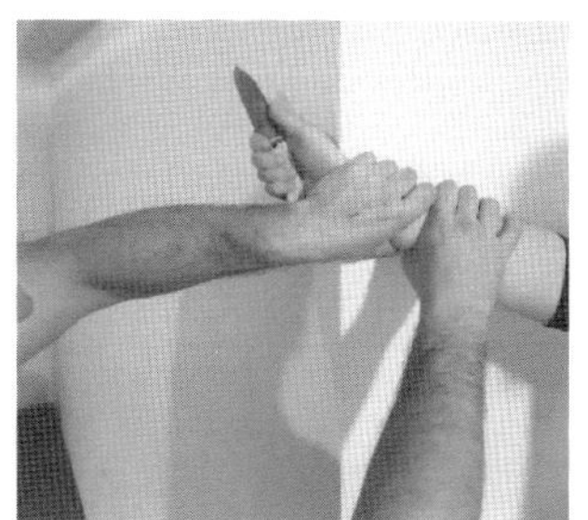

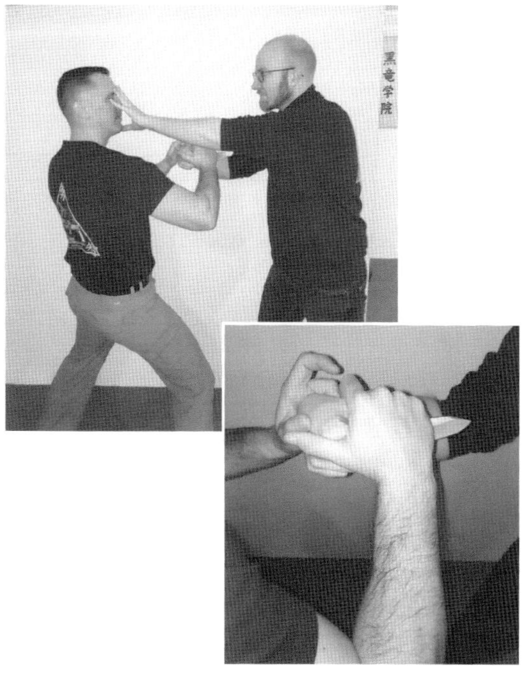

Das soll aber nicht heißen, dass eine Entwaffnung nicht auch funktionieren kann. Man sollte nur nicht auf diese hinarbeiten, sondern sie als Möglichkeit nutzen, wenn die aktuelle Situation es hergibt.

4.1.10 Nutzung von Gegenständen

Grundsätzlich kann jeder Gegenstand zu Selbstverteidigungszecken genutzt werden. In Räumen empfiehlt es sich Tische und Stühle zwischen sich und den Angreifer zu bringen, auf offener Straße sollten Gegenstände wie Fahrräder, Motorroller, Autos. u.ä. zur Distanzvergrößerung und –haltung dienen. Gegenstände können aber auch zur direkten Verteidigung eingesetzt werden. Das Werfen eines Stuhls, oder die Benutzung eines Tischbeins als Schlaginstrument, Kugelschreiber, Gürtel, Flaschen, Gläser, usw. sind nur ein paar Beispiele. Auch das Benutzen der Jacke oder des Pullovers als Schneidschutz für den Unterarm kann ein sehr guter Verteidigungsgegenstand darstellen und einem wertvolle Sekunden während einer Auseinandersetzung verschaffen. Dieser kann auch zum Gesicht des Angreifers geworfen werden. Im Idealfall wird diesem kurzzeitig die Sicht genommen. In dieser Zeit sollte man flüchten oder geeignete Gegenmaßnahmen der Selbstverteidigung einleiten. Eine effektive Nutzung von Gegenständen ist nur dann möglich, wenn mit ähnlichen „Waffen" schon einmal trainiert und deren Eigenschaften (Einsatzmöglichkeiten sowie Vor- und Nachteile) verinnerlicht wurden. Gleiches gilt für den Einsatz von Reizgas. Wer nicht schon mal mit diesen kleinen Döschen gearbeitet hat ist mit deren Wirkung und Reichweite nicht vertraut und wiegt sich in falscher Sicherheit. Ein Training mit Alltagsgegenständen und den offiziell käuflichen Selbstverteidigungsmittel ist ein MUSS für jeden, der sich ernsthaft mit dem Thema Selbstverteidigung auseinandersetzt.

KAPITEL 5

Messerkampf

5.1 Das Messer

Das Messer ist wohl eines der ältesten Gebrauchsgegenstände der Menschheitsgeschichte. In früherer Zeit wurden Messer aus Knochen, Holz oder aus Steinen hergestellt. Und schon damals spielte es zur Verteidigung gegen Widersacher eine ganz entscheidende Rolle. Heutzutage gibt es Messer in den unterschiedlichsten Größen und Formen und aufgrund unserer globalisierten Welt sind diese auch ganz einfach über Onlineshops zu beziehen. Noch nie war die Beschaffung eines Messers so einfach wie in unserer heutigen Zeit. Demzufolge ist es auch nicht verwunderlich, dass das Messer als eines der häufigsten Tatwerkzeuge gilt.

Grundsätzlich kann ein Messer eine sehr effiziente Selbstverteidigungswaffe darstellen. Für einen effektiven Einsatz scheint körperliche Fitness scheint keine große Rolle zu spielen, da das Messer aufgrund seiner Beschaffenheit mit wenig Druck bereits in einen menschlichen Körper eindringen kann. Eine entsprechende Ausbildung zum Messerkampfexperten wird ebenfalls nicht benötigt, da wichtige Organe und Arterien problemlos durchstochen oder durchtrennt werden können. Ein Messer kann, je nach dem wer es führt, zu einem sehr guten Freund oder einem tödlichen Albtraum werden.

Zu Beginn werden einige Messerarten vorgestellt, bevor im Anschluss daran auf Trage- und Ziehmöglichkeiten eingegangen werden soll. Die ausgewählten Messerbeispiele stellen nur eine sehr kleine Übersicht über die auf dem Markt erhältlichen Produkte dar. Dennoch können die hier aufgeführten Fakten auch auf andere Messerarten übertragen werden.

5.1.1 Die Qual der Wahl

Der Kauf eines Messers ist immer eine sehr persönliche und individuelle Wahl. Das heißt, das Messer sollte auf die Bedürfnisse des Trägers abgestimmt sein und einen bestimmten „Führkomfort" für die rechte und linke Hand aufweist. Schließlich könnte eine Verletzung der starken Hand ein Führen des Messers mit der gleichen unmöglich machen. Der Griff sollte so geformt sein, dass verschiedene Halte-

und Griffarten (siehe Kapitel 5.3.2) Anwendung finden können. Ein Holz- oder Metallgriff ist weniger gut geeignet, da diese in der Handhabung eher als rutschig eingestuft werden. Zusätzlich könnten Flüssigkeiten oder Blut an den Händen die Griffigkeit des Messers weiter negativ beeinflussen. Die Klinge sollte scharf geschliffen sein und eine bestimmte Länge aufweisen. Beachten Sie jedoch die in Ihrem Land gesetzlich festgelegten Bestimmungen bzgl. Klingenlänge und Messermitführung in der Öffentlichkeit! Grundsätzlich können drei Typen von Klingen unterschieden werden:

1. Einseitig geschliffene Klingen
2. Beidseitig geschliffene Klingen
3. Klingen die eine scharfe Seite aufweisen, während die Gegenseite nur einen kleinen geschärften oder gezackten Bereich aufweist.

Messer mit einer gezackten Ober- oder Unterseite (sog. Sägeschliff) sind besonders gefährlich, da sie sich aufgrund ihrer Wellenschliffform ohne Probleme durch dicke Kleidung (Winter- und Lederjacken) sägen und tiefste Schnitt- und Knochenverletzungen hervorrufen können. Manche Messer mit feststehender Klinge weisen einen Handschutz auf. Dieser schützt die eigene Hand bei heftigen Stichen vor dem „nach vorne in die Klinge rutschen". Ein Nachteil könnte allerdings darin bestehen, dass sich der Handschutz in der Kleidung des Angreifers verfängt und nicht mehr zurückgezogen werden kann.
Weiterhin können Messer mit einem sogenannten Glasbrecher am Ende des Griffes ausgestattet sein. Im Nahkampf kann dieser Bereich des Messers sehr gut für Hammerschläge eingesetzt werden. An manchen Griffenden kann ebenfalls eine Fangriemenöse für eine Schnur eingearbeitet sein. Diese soll um das Handgelenk geschlungen werden und verhindern, dass das Messer beim Öffnen der Hand zu Boden fällt. Der Nachteil ist jedoch, dass bei einer Handverletzung ein Messerwechsel in die andere Hand sehr viel Zeit in Anspruch nimmt und daher nur sehr schwer zu realisieren ist.

5.1.2 Kampfmesser

Grundsätzlich kann zwischen zwei Arten von Kampfmessern unterschieden werden:

1. dem Messer mit einer feststehenden Klinge und
2. dem Klappmesser

Messer mit fixierter Klinge gehören zur Grundausstattung von Soldaten auf der ganzen Welt und werden in der Regel Griffbereit an der Kleidung befestigt.

Bild 31 & 32: Messer mit fixierter Klinge

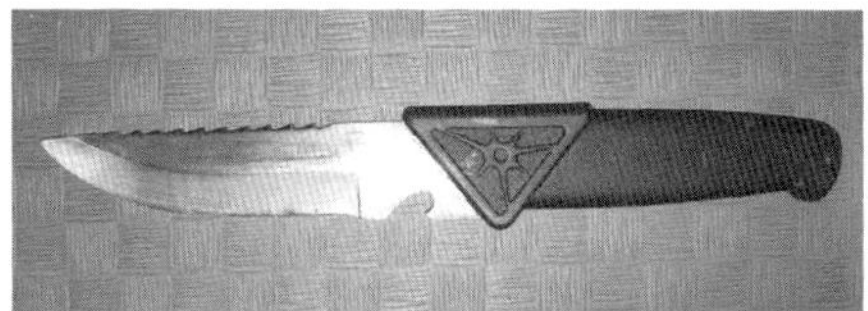

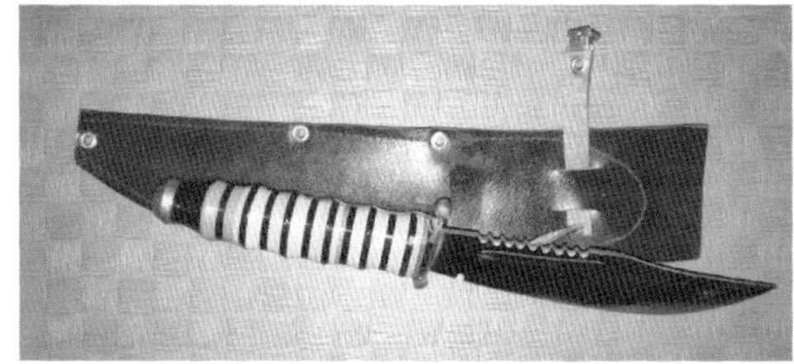

Die meisten Messer mit feststehender Klinge werden heutzutage in einer sogenannten Kydexscheide geliefert. Diese lässt sich aufgrund ihrer Beschaffenheit fast überall am Mann anbringen. Sollte es dennoch zu Befestigungsproblemen kommen, kann ein Tek Lok Adaptersystem Abhilfe schaffen (siehe Kapitel 5.2.2).
Diese Kampfmesser haben den Vorteil, dass sie nicht erst geöffnet werden müssen, sondern nach dem Ziehen aus der Scheide sofort Einsatzbereit sind. Ein Nachteil ist zumeist ihr Gewicht und ihre Größe. Genau aus diesen beiden Gründen greifen die meisten Personen auf die etwas kleineren Messer – den sogenannten Klappmessern zurück.

Bild 33: Klappmesser mit Öffnungspin

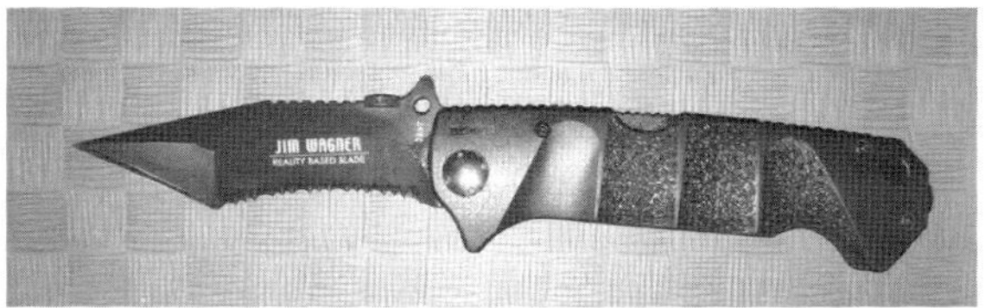

Diese können den ganzen Tag ungesehen und komfortabel getragen werden und im Ernstfall dennoch effektiv in allen Kampfdistanzen eingesetzt werden. Es gibt unzählige Varianten von Klappmessern. Dennoch sollte bei der großen Auswahl auf einige Details geachtet werden:

Das Messer sollte über einen Schließstopp verfügen und nach dem Öffnen arretiert sein. Dieser Stopp schützt die eigenen Finger vor ungewollter Schließung der Klinge. Ein weiterer Vorteil können Fingermulden im Griff darstellen. Diese ermöglichen einen sehr guten Halt und verhindern beim Auftreffen der Klinge auf einen Kochen ein plötzliches Rutschen der eigenen Finger in die Klinge.

Viele „Messerkämpfer" unterschätzen die Kräfte, die auf eine Klinge mit Kontakt einwirken. Grundsätzlich sollte jedes Messer das zu Selbstverteidigungszwecken getragen wird schnell geöffnet werden können. Dazu eignen sich Messer mit einem Öffnungspin an der Klingenseite. Das Öffnen wird mit dem Daumen der waffenführenden Hand in die Wege geleitet.
Diese einhändig zu öffnenden Klappmesser dürfen nach §42a des Waffengesetzes nicht in der Öffentlichkeit geführt und zugriffsbereit getragen werden. Eine andere innovative aber verbotene Schnellöffnungsvariante kann mit einer „Wave" am Klingenrücken erfolgen. Je nach Situation kann das Messer im geschlossenen oder geöffneten Zustand aus der Jacken- oder Hosentasche gezogen werden. Eine weitere Öffnungsmöglichkeit durch die „Wave" ist ein direkter Kontakt zur Kleidung des Angreifers.

Bild 34: Klappmesser mit Wave

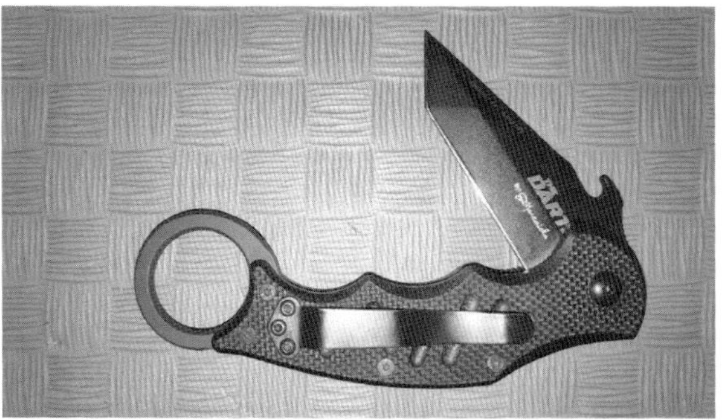

Wenn von guten und praktischen Klappmessern die Rede ist, dann ist meist eine Kombination aus geschliffener und gezackter Klinge gemeint. Für tiefe und durchdringende Schnitte sollte die Klinge leicht gebogen sein und der Wellenschliff ab der Mitte oder dem letzten Drittel der Klinge bis kurz vor das Heft eingearbeitet sein.

5.1.3 Finger weg von Springmessern und anderen Nachbauten

In Filmen der 1980er Jahre werden Bösewichte meisten mit Springmessern dargestellt. Diese Messertypen sind, abgesehen vom gesetzlichen Besitzverbot, als schlechte Messer einzustufen. Die Gründe hierfür sind einfach. So kann der Federmechanismus, welchen die Klinge öffnen soll auf einmal nicht mehr funktionieren. Des Weiteren sind die Griffe der meisten Springmesser sehr dünn und weisen keine Fingermulden für eine bessere und sicherere Haptik auf. Ähnlich verhält es sich mit Fantasy-Messern. Rein optisch sind diese Messertypen ein echter Blickfang, da sie meist sehr futuristisch gestaltet und verziert sind. Für einen Einsatz unter Realbedingen eignen sich diese Ausstellungsstücke jedoch nicht und sollten daher die heimische Wandvitrine nicht verlassen. Ebenfalls sollte auf Imitate aus Fernost verzichtet werden. Diese werden zwar für einen sehr niedrigen Stückpreis über das Internet angeboten und unterscheiden sich auf den ersten Blick nicht von ihren Orginalen. Bei genauerer Betrachtung lassen sich jedoch enorme Unterschiede feststellen. Diese reichen vom billigen und rutschigen Griffmaterial, über einen unzuverlässigen Öffnungsmechanismus bis hin zur Verarbeitung eines schlechten Stahls der Klinge. Hier gilt die Devise „Wer billig kauft, kauft zweimal!“ Also lieber ein paar Euro mehr bezahlen und dafür entsprechende Qualität erhalten.

5.1.4 Abschließende Worte zum Thema Kampfmesser

Unabhängig davon für welches Messer Sie sich entschieden haben, darf eines nicht vergessen werden. Ein gezogenes Messer kann eine Konfliktsituation schnell eskalieren lassen und geht für alle Beteiligten meist blutig und im schlimmsten Fall tödlich aus. Sollten Sie einmal in eine solche Situation gelangen und die Möglichkeit zur Flucht haben, dann nutzen Sie diese Chance.

Ziehen Sie niemals Ihr Messer um Menschen zu bedrohen oder Ihre Überlegenheit zur Schau zu stellen. Kampfmesser werden nicht zum „spielen“ sondern in erste Linie zum Töten hergestellt und eingesetzt. Ein Messer sollte nur in letzter Instanz gezogen werden. Eine solche Situation wäre z.B. wenn die eigene Familie einer entsprechenden Bedrohung ausgesetzt ist und eine Fluchtmöglichkeit für Frau und Kinder nicht mehr gegeben ist. In einem solchen Moment kann der Einsatz eines Messers moralisch und rechtlich evtl. vertreten werden.

Sollten Sie sich für den Kauf eines Messers entschieden haben, sollten Sie im Vorfeld die rechtlichen Grundlagen für das Mitführen des Gegenstandes prüfen. Der Einsatz eines Messers zur Selbstverteidigung muss zu hundert Prozent gerechtfertigt und das Messer mit den gesetzlichen Bestimmungen des jeweiligen Landes konform sein.

5.2 Trage- und Ziehmöglichkeiten

In vielen Ländern ist das Tragen von feststehenden Klingen offiziell verboten. In Deutschland ist ein offizielles Tragen einer feststehenden Klinge bis zu einer Länge von maximal zwölf Zentimetern erlaubt.

Bild 35 & 36: Klassisches Bärenmesser zum offenen Tragen am Gürtel

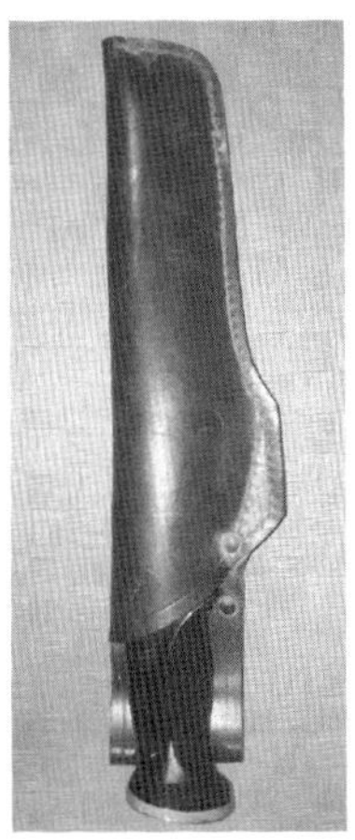

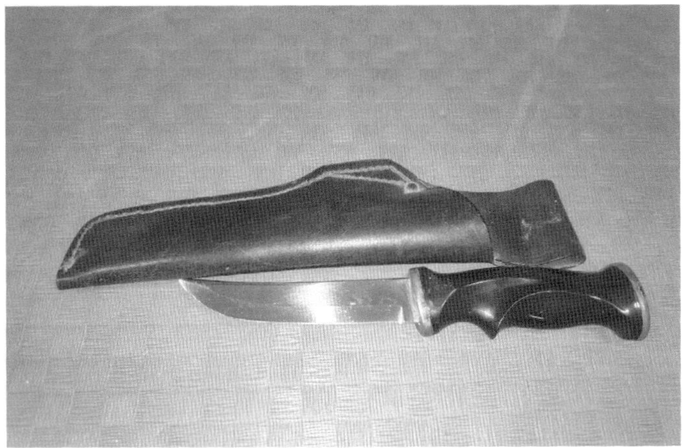

Diese Freiheit wird von den meisten Messerträgern nicht angenommen, da es meisten Menschen befremdlich vorkommt, wenn ein Messer offen sichtbar am Mann getragen wird. Diese gesellschaftliche Entwicklung führt natürlich zu einem „heimlichen" Mitführen der Klingenwaffe. Was nützt aber ein Messer zur Selbstverteidigung, wenn es im Notfall nicht rechtzeitig gezogen oder geöffnet werden kann? Kriminelle vermeiden es in der Regel, dass ihre Waffen allzu schnell erkannt werden. Die meisten bevorzugen eine möglichst verdeckte Tragweise, um den Überraschungseffekt voll zur Geltung bringen zu können. Falls Sie sich dazu entscheiden, einen Gegenstand zu selbstverteidigungszwecken mit sich zu führen dann sollten Sie zwei Dinge berücksichtigen:

1. der Gegenstand sollte die gesetzlichen Bestimmungen in unserem Land nicht brechen
2. vor lauter Tarnung des Gegenstandes sollte nicht vergessen werden, dass dieser im Notfall blitzschnell gezogen und einsatzbereit sein muss

5.2.1 Verdeckt getragene Messer und ihre Verfügbarkeit

Die Tragemöglichkeit bedingt in nicht zu unterschätzendem Maße eine schnelle Ziehmöglichkeit. Alle Täter haben das gleiche Problem – die Waffe vor der Öffentlichkeit zu verbergen, diese aber dennoch schnell ziehen zu können. Der Aggressor hat diesbezüglich also keinerlei Vorteile. Das Mitführen eines Messers beinhaltet also nicht zwangsläufig auch dessen schnelle Verfügbarkeit während einer Gefahren- oder Notwehrsituation. Aufgrund des Handlungsvorsprungs des Angreifers hat der Verteidiger in den meisten Fällen überhaupt keine Zeit, sein Messer rechtzeitig zu ziehen. Dabei spielt es keine Rolle, ob es sich um ein Klappmesser oder eines mit feststehender Klinge handelt. Das Messer schnell ziehen zu können hängt von mehreren Faktoren ab:

- Wo das Messer am Körper getragen wird
- Von der Größe und dem Gewicht
- Von der Art des Messer und wie es befestigt wurde
- Von den im Land geltenden gesetzlichen Bestimmungen

Der entscheidendste Punkt für ein schnelles ziehen der Klingenwaffe ist der Ort an dem es am Körper getragen wird. Drei Tragebeispiele sollen eine leichte Zugänglichkeit der Waffe verdeutlichen.

Bild 37, 38 & 39: Drei gängige Tragweisen von Messern

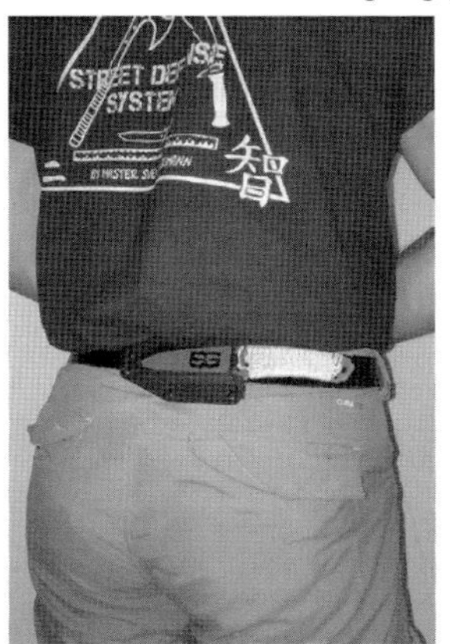

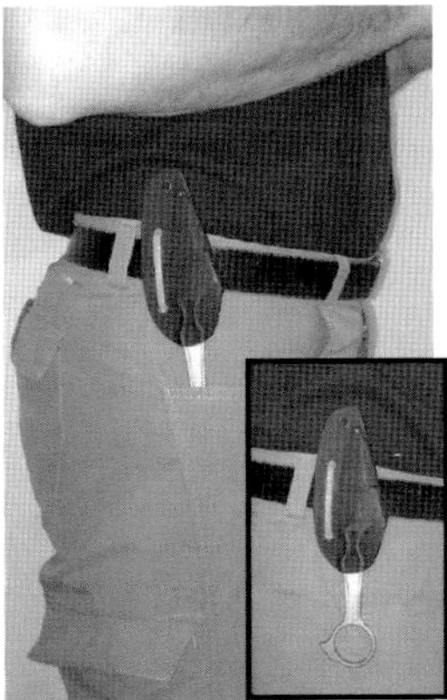

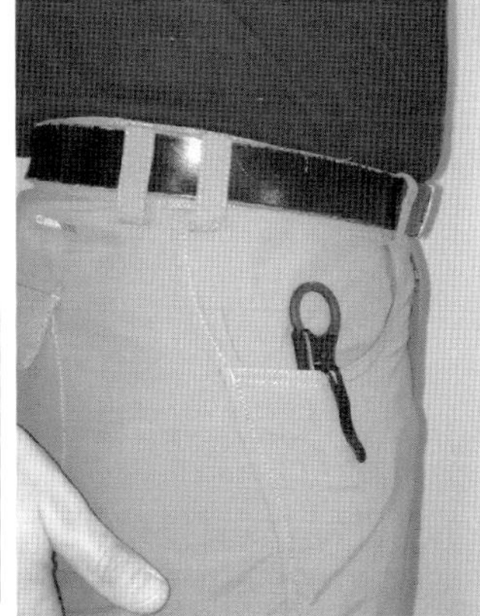

Messer oder andere Scharfe und spitze Gegenstände können überall und wirklich überall versteckt sein. Der Fantasie sind keine Grenzen gesetzt. Hier eine kurze Auflistung möglicher Verstecke und gefährlicher Gegenstände:

- An einem Klipp oder in einer Scheide am Gürtel (verdeckt durch ein längeres T-Shirt oder einem Hemd,...)
- In einer Tasche (Hosen- oder Jackentasche)
- In einem selbstentworfenen oder gekauften Hoster, welches ein Tragen des Messer unter dem Arm ermöglicht
- Mit einer Kette oder einer Schur um den Hals (nach vorne oder nach hinten herunterhängend)
- An einem Holster am Unterschenkel befestigt oder seitlich in einem Socken fixiert
- In speziell angefertigten Regenschirmen oder Gehhilfen mit eingebauter Klinge am Knauf
- Die Scheide ist mit Druckknöpfen in der Kleidung befestigt
- In der Gürtelschnalle
- Rasierklingen als EC-Karte getarnt im Geldbeutel
- Klingen in Kosmetikutensilien wie z.B. in Haarbürsten, Lippenstifte, Haarspangen

Wer ein Messer mit sich führt, muss sich neben einem bequemen und zugänglichen Trageverhalten, auch über die richtige Trageseite am Körper Gedanken machen. Das Messer kann auf der gleichen Seite getragen und gezogen werden oder die Hand muss auf die andere Körperseite fassen. Bei Hosentaschenmesser kommt allerdings nur ein Ziehen mit der seitgleichen Hand in Frage. Der Vorteil das Messer mit der seitgleichen Hand zu ziehen liegt unter anderem im kürzeren Weg sowie einer reduzierten Gefahr einer Handbindung durch den Gegner am eigenen Körper begründet.
Trotzdem müssen während einer Auseinandersetzung die ersten Schnitte oder Stiche meist waffenlos abgewehrt werden. Erst nach Schaffung von genügend Distanz zum Gegner besteht die Möglichkeit die eigene Waffe zu ziehen. Dies setzt allerdings deren Erreichbarkeit sowie keine schweren Handverletzungen nach den ersten Abwehrversuchen voraus. Um die Gefahr und den damit verbundenen gegnerischen Handlungsvorsprung zu unterbinden, muss der potentielle An-

greifer als Gesamtbild beobachtet (siehe Kapitel 3.3) und den Händen zusätzliche Aufmerksamkeit gewidmet werden.

5.2.2 Messer mit feststehender Klinge

Aus dieser Notwendigkeit heraus wurden verschiedene Messertragesysteme entwickelt. Eine Möglichkeit besteht in der Verwendung klassischer Scheiden. Diese können offen oder verdeckt getragen werden. Ihre flexible Einsetzbarkeit ist jedoch stark begrenzt (Bsp. Hosenbund, Gürtel, Stiefel). Des Weiteren wurden Scheiden mit einem Trägersystem hergestellt. Meistens sind dies Kydexscheiden. Diese haben vorgefertigte Ösen die unter Zuhilfenahme von Tek Lok Systemen in vielen beliebigen Positionen am Gürtel oder an einer künstlich angelegten Halterung angebracht werden können.

Bild 40 & 41: Messer mit Kydexscheide und Tek Lok Haltesystemen

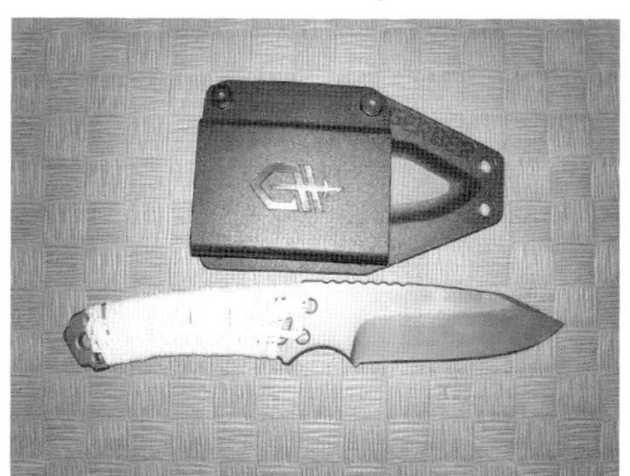

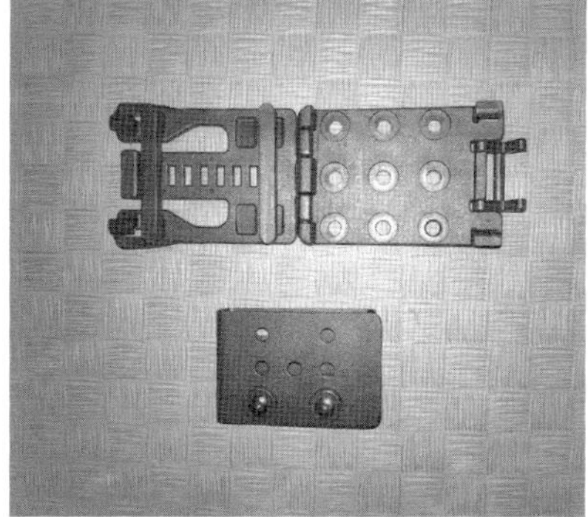

Eine weitere Variante ist, dass Messerscheiden komplett für das verdeckte Tragen umgebaut werden. Ein Vorteil dieser Methode liegt ganz klar in dem für den Träger individualisierten Umbau. Der Nachteil mag in der aufwändigen Arbeit liegen. Durch das Anbringen einer reisfesten Schnur können Messer mit Kydexscheide ganz einfach um den Hals unter Kleidung getragen werden. Diese Art von Messer wird als Neckknife bezeichnet und hat seine Ursprünge bereits in den späten 1990 er Jahren.

Bild 42: Neck Knife mit Halskette

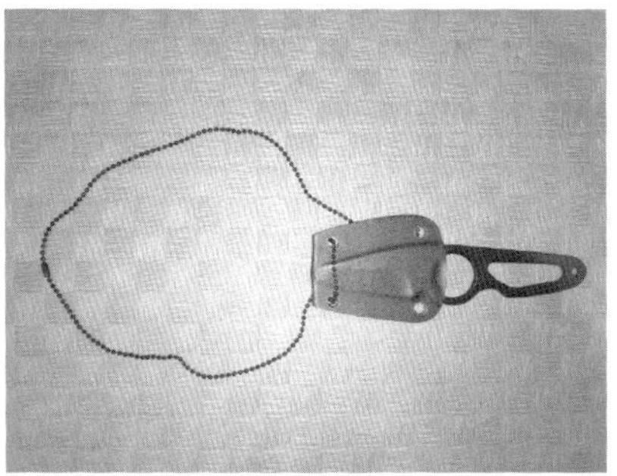

Verborgen unter Kleidung getragen kann es aber nicht in Sekundenschnelle gezogen werden. So eignet sich ein Neckknife in zeitlich stark begrenzten Situationen weniger zur Selbstverteidigung. Häufiger wird es als Back-up Knife, also einem Messer welches nur als letzte Verteidigungsinstanz gezogen wird, getragen. Dies sollte jedoch in Krisen- und Notsituationen ebenfalls zugänglich sein. Eine weitere Trage- und daraus resultierende Ziehvariante kann mit einem Stück Kabelbinder entstehen. Ursprung sind beide abgebildeten Messer als Neck Knifes gedacht. Durch eine kleine Modifikation können diese am Hosengürtel befestigt werden und im Eispickelgriff blitzartig gezogen werden.

Bild 43 & 44: Neck Knifes mit kleiner Modifizierung

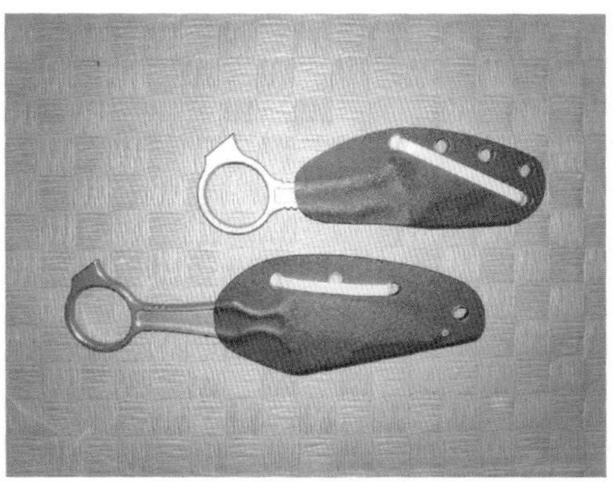

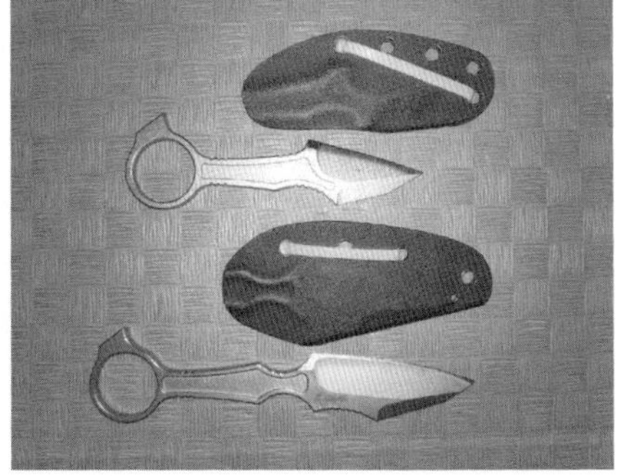

Aus diesen Ausführungen wird deutlich, dass Messer ohne Probleme verdeckt getragen werden können, ein schneller Zugriff jedoch nur auf Kosten der Unsichtbarkeit gegeben ist.

5.2.3 Klappmesser

In den westlichen Ländern weiter verbreitet als ein Messer mit feststehender Klinge sind die zurzeit noch überall erhältlichen Klappmesser. Die klassischen Hosentaschenklappmesser werden im Hosensack getragen. Ein schnelles Ziehen und Öffnen kann selbst mit viel Übung nicht erfolgen. Die Messerposition in der Hosentasche variiert hierfür einfach zu stark.

Die meisten Klappmesser verfügen über einen am Griff angebrachten Halteklipp für die Hosentasche oder Gürtel. Bei den wenigsten kann der Klipp auf Rechts- oder Linkshänder angepasst geschweigenden montiert werden. Bei höher preisigen Klappmessern kann der Hosenklipp so am Griff befestigt werden, dass nach dem Ziehen aus der Hosentasche eine sofortige Öffnung der Klinge mit dem Daumen erfolgen kann. Dieses einhändige Öffnen des Messers wird über einen Daumenpin oder ein Daumenloch am Klingenrücken gewährleistet.

Bild 45, 46 & 47: Klassisches Hosentaschenklappmesser und zwei moderne mit Gürtelklipp und Daumenpin sowie mit Waveöffner

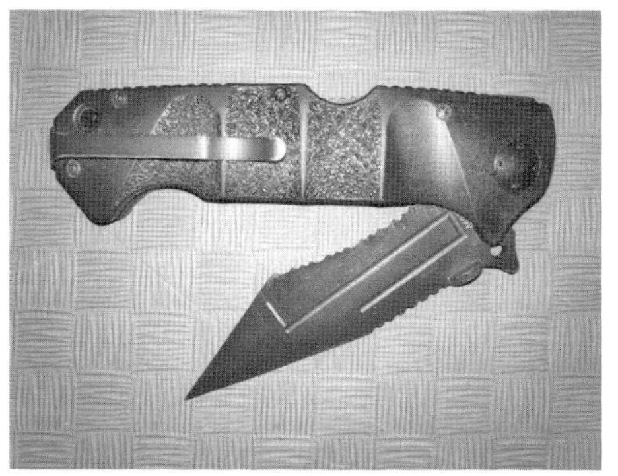

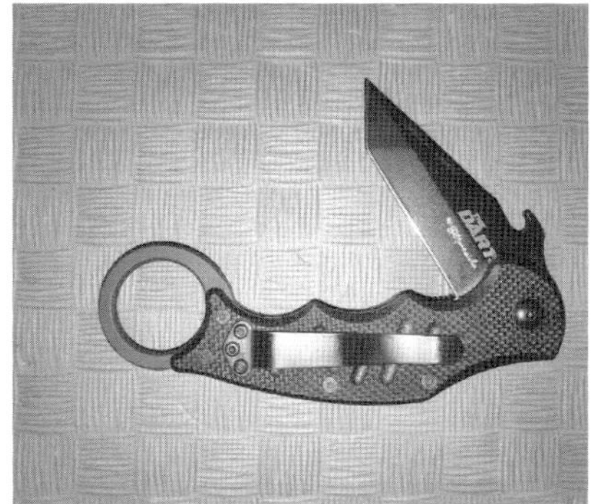

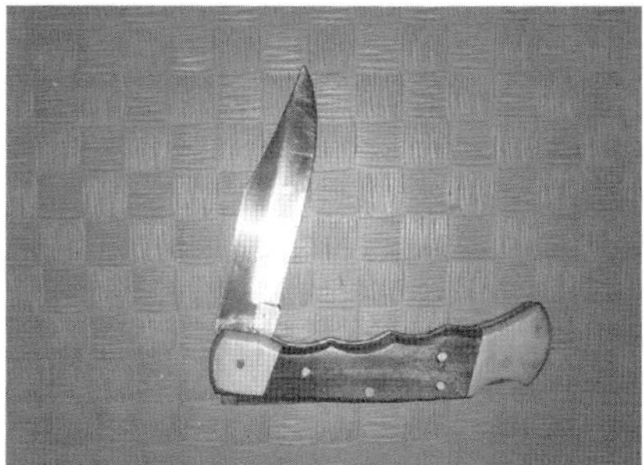

Laut Paragraph 42a des Waffengesetzes (vgl. Kapitel 0) unterliegen Messer, die einhändig geöffnet werden können bzw. über einen entsprechenden Öffnungsmechanismus verfügen, einem öffentlichen Führungs- aber nicht dem Sammelverbot. Das Mitführen und Einsetzen des Messers, auch im reinen Verteidigungsfall, würde mit einer hohen Geld- wenn nicht sogar Freiheitsstrafe geahndet. Ein Klappmesser welches in der Öffentlichkeit getragen wird, darf nur beidhändig zu öffnen sein. Aus Sicht der Selbstverteidigung ein reines Selbstmordkommando! Eine Abwehrreaktion ist nicht mehr möglich, da beide Hände mit dem Öffnen des Klappmessers beschäftigt und damit gebunden sind. Schwerste Verletzungen können die Folge sein.

Wird das Messer offen getragen, bestehen die Gefahren, dass zum einen ein Ziehen durch den Gegner unterbunden oder die Waffe durch den Angreifer selbst gezogen wird (siehe Bild 48). Dies ist mitunter ein typisches Problem der Polizei, die immer darauf bedacht sein muss eigene, am Mann befestigte Waffen, vor fremdem Zugriff zu schützen – besonders die Schusswaffe. Im Training sollte aus diesem Grund immer wieder Themen wie bspw. „Waffenschutz und –sicherung“, „Zieh- und Bereitschaftsstellungen“, „Ziehen und öffnen des Messers in Bodenlage“, u.a. immer wieder angesprochen und in Szenarien trainiert werden.

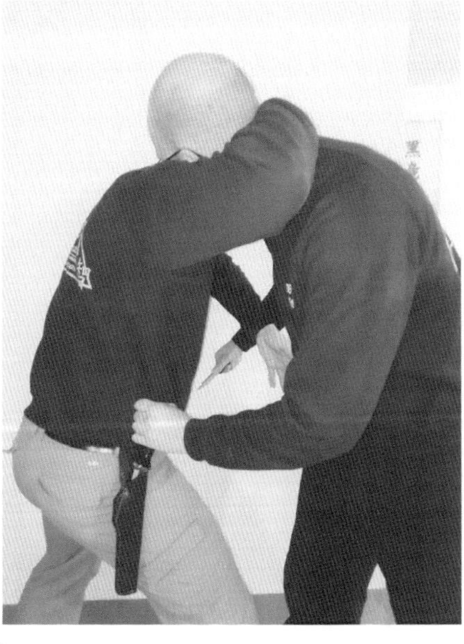

Bild 48:
Offenes Tragen einer Klingenwaffe

5.3 Praktische Grundlagen für den Messerkampf

„Wer nicht stehen kann, der kann nicht gehen!" Ein Sprichwort das in der Tat beachtet werden soll. Auf unser Thema bezogen bedeutet dies, dass ein guter Messerkämpfer über bestimmte Grundlagen verfügen muss, um überhaupt ein GUTER Messerkämpfer zu werden. Dazu gehört ein gewisses Allgemeinwissen über das Thema, sowie diverse Kenntnisse über die Vor- und Nachteile bestimmter Grundstellungen und Griffvarianten.
Um in einem Messerkampf bestehen zu können ist des Weiteren eine Sensibilisierung zum Thema Distanzen dringend erforderlich. Daraus lassen sich mögliche Verteidigungsstellungen ableiten und im Gegenzug Öffnungen und Schwachstellen in der gegnerischen Kampfstellung frühzeitig erkennen.

5.3.1 Messerkampfgrundstellungen

Eine gute Grundstellung ist schon mal ein kleines Puzzlestück um in einer Messerkampfsituation die Chance auf Überleben zu erhöhen. In vielen Kampfsportschulen hapert es allerdings schon bei der Grundstellung.
Es gibt zahlreiche Messerkampfgrundstellungen die ihre Daseinsberechtigung haben. Alle diese Stellungen haben jedoch eines gemeinsam – sie schützen vitale Punkte und lebenswichtige Organe.
Die Messerkampfgrundstellung sollte dann eingenommen werden, wenn beide Parteien mit einem Messer oder einem scharfen Gegenstand bewaffnet sind.
Dies setzt natürlich voraus, dass der Verteidiger die gegnerische Klinge frühzeitig erkennt, ein eigenes Messer zur Verfügung hat und dieses auch rechtzeitig zieht. Hat der Verteidiger keinen scharfen Gegenstand zur Verfügung, dann sollte auf eine andere Grundstellung (siehe Bild 49 - 52) ausgewichen werden.
Die für einen Messerkampf notwendige Grund- / Schutzstellung muss maximale Bewegungsfreiheit, geringe Zielpunkte und eine sofortige Einsatzmöglichkeit für die eigene Waffe gewährleisten.

Bild 49, 50, 51 & 52: Messerkampfgrundstellung im Säbel- und Eispickelgriff

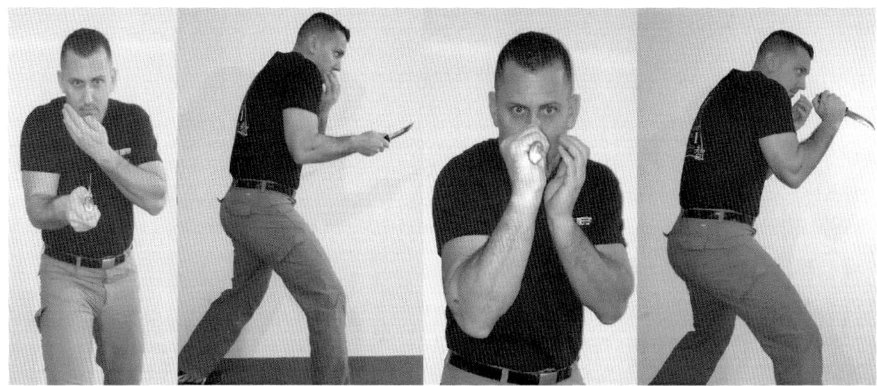

Das Modell und die Grundstellung der Bilder 53 - 55 sollen verdeutlichen, welche vitalen Punkte am menschlichen Körper durch die Kampfstellung geschützt werden sollen.

Bild 53, 54 & 55: Körpermodell und mögliche Schutzstellung

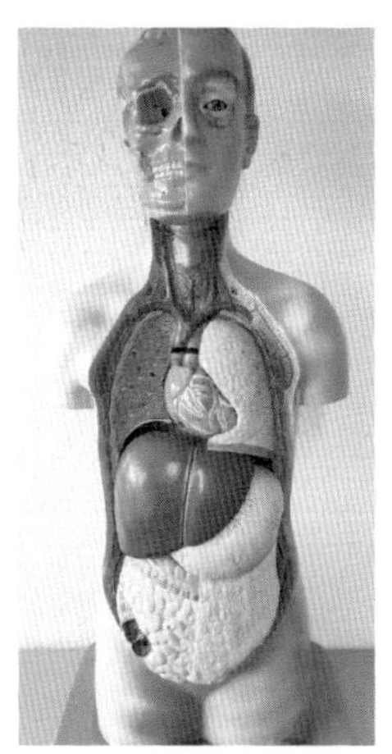

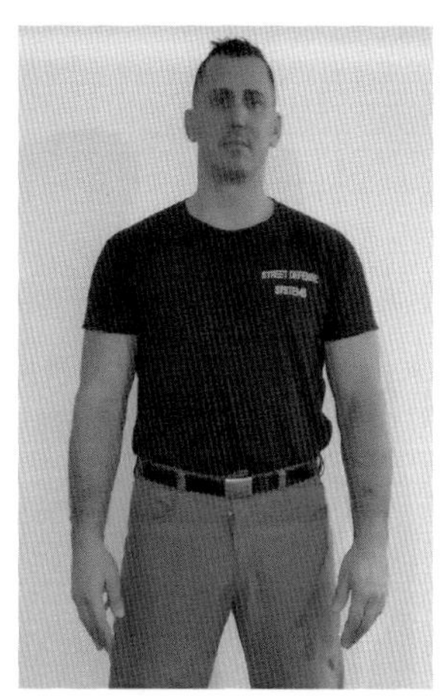

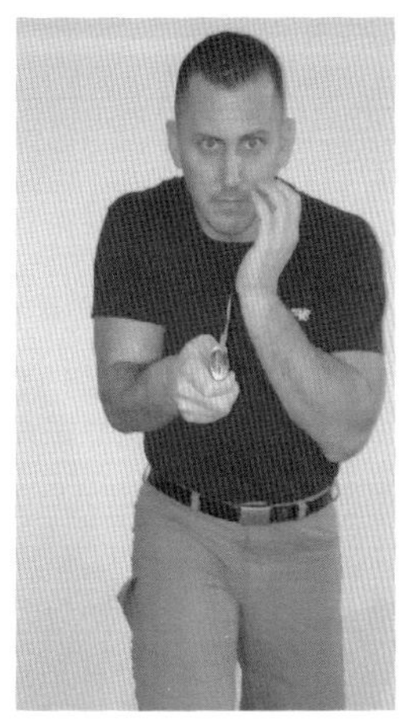

Die Kopfhaltung

Der Kopf ist leicht nach vorne abgesenkt und die Schultern etwas angehoben. Die Hände schützen ebenfalls die vitalen und angreifbaren Punkte am Halsbereich. Diese Schutzhaltungen reduzieren die Wahrscheinlichkeit eines sofortigen und möglicherweise finalen Treffers.

Der Blick / die Augen

Der Gegner muss stets im Gesamtblick vorhanden sein. Es bringt nichts, wenn der Oberkörper des Angreifers wahrgenommen wird, die Beine sich jedoch außerhalb des Blickfeldes befinden. Ein guter Trick ist das fixieren des Brustbeins. Dies befindet sich relativ zentral und ermöglicht dadurch einen Gesamtblick auf den Gegner. Tritte und Schritte zur Distanzüberwindung können somit schneller erkannt werden.

Der Oberkörper

Beide Arme decken einen großen Teil des Oberkörpers ab. Durch das Anwinkeln der Arme im Ellbogengelenk werden leicht zu treffende Ziele verdeckt. Die sogenannte Mittellinie des Körpers wird durch die Arme abgedeckt und erleichtert Gegenangriffe oder Verteidigungsschnitte. Um die Treffermöglichkeiten weiter zu erschweren, sollte der Oberkörper leicht nach vorne gebeugt sein. Durch diese ungewohnte Haltung werden die inneren Organe „nach hinten“, also weg vom Angreifer verlagert und können somit besser geschützt werden.

Der vordere Arm

Anders als beim Boxen befindet sich der stärkere Arm mit der Messerhand in vorderer Position. Der Arm ist im Ellbogengelenk gebeugt und deckt dadurch einen Großteil des Oberkörpers ab. Die Messerhand befindet sich auf der Mittellinie des Körpers auf mittlerer Höhe. Die Klinge zeigt zum Gegner. Das Messer in vorderer Position zu halten hat den Vorteil, dass auf gegnerische Angriffe sofort mit der Klinge reagiert und in der „sichereren“ Weitdistanz gearbeitet werden kann. Ein Nachteil besteht darin, dass die Waffenhand die nahste Distanz zum Gegner darstellt und daher das erste Ziel eines Angriffs sein kann.

Einschub zur Frage, ob man das Messer nicht auch in einer rückwärtigen Position halten kann.

Es gibt zahlreiche Systeme, die genau das unterrichten und auch hier kann pauschal nicht von richtig oder falsch gesprochen werden. Jede Stellung und Messerhaltung hat ihre Vor- und Nachteile. Die Vorteile bei einer rückwärtig positionierten Klinge liegen in der schwereren Erreichbarkeit seitens der gegnerischen Klinge, sowie in einem besseren Waffenschutz bei Angriffen mit dem Schlagstock oder ähnlichen Gegenständen. Würde sich die Waffenhand vorne befinden, dann könnte die Messerhand mit einem gezielten Schlag aus der Ferne ausgeschaltet werden. Aus taktischer Sicht könnte die vordere freie, waffenlose Hand (Checking Hand) ein absichtliches Ziel für einen Angriff darstellen um einen effektiven Konter mit der hinteren Messerhand einzuleiten. Schnitt- und Stichverletzungen müssen hierfür in Kauf genommen werden. Die Nachteile liegen ganz klar in der weiteren Distanz und dem daraus resultierenden Zeitzuwachs bei Stich- oder Schnitttechniken. Es empfiehlt sich allerding das Training immer so zu gestalten, dass das Messer in beiden Auslagen geführt und eingesetzt werden kann.

Der hintere Arm

Der Checking-Hand kommen sehr wichtige Aufgaben zu. An erster Stelle sollte sie einen Teil des Oberkörpers und dem Hals abdecken. Sie stellt zudem die letzte Verteidigungslinie nach einer misslungenen Abwehr dar und kann in der Mittel- und Nahdistanz zudem für Stör-, Konter-, Weiterleistungs- und Bindetechniken eingesetzt werden.

Hand- und Messerhaltung

Es spielt keine Roll in welcher Griffhaltung das Messer vor dem Körper gehalten wird. Die Klinge zeigt immer nach vorne in Richtung Gegner.

Der Stand

Wer keinen guten Stand hat, wird sich in einer körperlichen Auseinandersetzung schnell am Boden wieder finden. Zur Vermeidung dieser Situation muss der Verteidiger über eine gute Balance und Beweglichkeit verfügen. Die Beine sind in den Knien leicht gebeugt und die Fußspitzen sind immer auf den Gegner ausgerichtet. Der hintere Fuß ist im Sprunggelenk gebeugt und hält nur mit den Zehenspitzen Bodenkontakt. Dies ermöglicht schnelle Bewegungen in alle Richtungen, da der Fuß „geladen“ und somit bewegungsbereit ist.

Bild 56 & 57: Mögliche Fußstellung

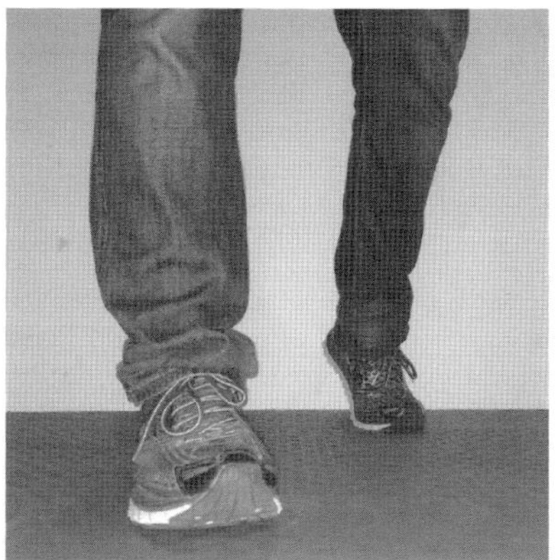

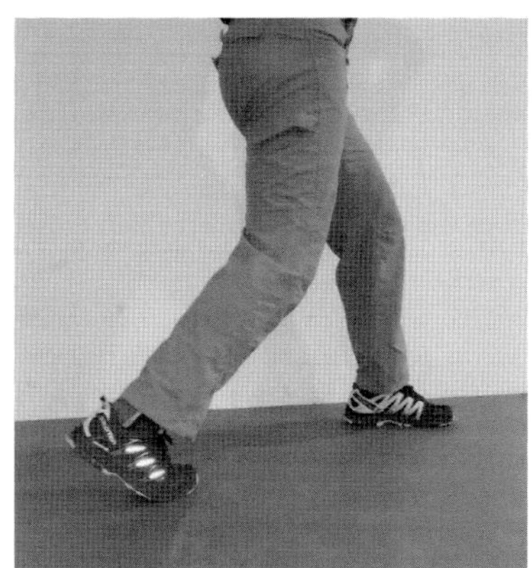

Die Schrittarbeit

Auseinandersetzungen mit einem Messer verlaufen sehr schnell. Alle Distanzen werden in Bruchteilen von Sekunden durchlaufen. Daher sind eine gute Bein- und Schrittarbeit für schnelles agieren und reagieren von entscheidender Bedeutung. Bewegende Ziele sind schwerer zu treffen. Entsprechend sollte die Bewegung im Kampf aussehen. Durch Bewegung können neue Öffnungen in der gegnerischen Deckung entstehen. Bei Chancennutzung lässt sich sogar ein Handlungsvorsprung (siehe Kapitel 3.4) aufbauen. Zeichnung 13 veranschaulicht mögliche Bewegungsrichtungen. Bewegungen können nach vorne, nach hinten, zu beiden Seiten, in die Diagonalen nach vorne sowie nach hinten und in einer zirkulären Richtung nach links oder rechts erfolgen. Im Kampf sind Kombinationen aus allen Bewegungsrichtungen denkbar.

Zeichnung 13: Bewegungsrichtungen

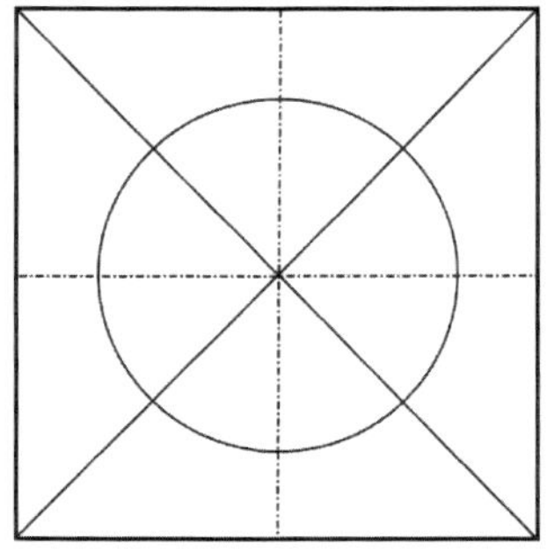

(Quelle: Eigener Entwurf)

Vorwärtsbewegungen werden durch den vorderen Fuß initiiert. Der hintere Fuß wird dem vorderen nachgezogen. Bewegungen nach hinten werden immer vom hinteren Fuß aus begonnen. Der Vordere wird dem Hintern dann nachgezogen. Bewegungen nach rechts beginnen mit dem rechten, Bewegungen nach links mit dem linken Bein. Zirkuläre Bewegungen sind im Vergleich zu den geradlinigen etwas komplizierter. Überkreuzschritte sind aufgrund der damit verbundenen schlechten Balance zwingend zu vermeiden. Befindet man sich in einer Kampfposition in welcher die rechte Seite nach vorne ausgerichtet ist, dann sollte eine zirkuläre Bewegung zur linken Seite stets mit dem linken Bein in die entsprechende Richtung beginnen. Das rechte wird nachgezogen. Schritte zur rechten Seite beginnen bei gleicher Auslage mit dem rechten Bein. Hier wird das linke nachgezogen.
Es muss darauf geachtet werden, dass nach einer geraden oder runden Schrittbewegung immer eine gute Balance sowie eine gute Ausgangsstellung für weitere Aktionen vorhanden ist.

5.3.2 Griffvarianten

Wie wichtig ein guter Griff an einem Messer ist, wurde bereits erläutert. Bei jeder Griffvariante muss beachtet werden, dass die Führhand den Griff nicht zu fest umschließt. Zum einen führt dies zu einer schnelleren Ermüdung der Hand- und Unterarmmuskulatur und zum anderen können Verteidigungsbewegungen / -schnitte nicht schnelle genug ausgeführt werden, da die angespannte Muskulatur für eine Reaktionsbewegung zuerst einmal entspannt werden muss. Dadurch kommt es zu einer zeitlichen Verzögerung der Handlungsaktivität die sich negativ auf Meid- oder Konterbewegung auswirken kann.
Des Weiteren wird durch einen zu festen Haltegriff die Flexibilität des Handgelenks eingeschränkt und schnelle, kurze Handgelenksbewegungen unmöglich.
Halte- und Führungsvarianten gibt es zu genüge, aber nicht jede ist jede Distanz in gleicher Weise geeignet. So ist die Eispickelhaltung z.B. weniger für einen Kampf in der Weitdistanz geeignet. Dazu jedoch später mehr. Grundsätzlich kann zwischen drei Hauptgriffarten unterschieden werden:

1. dem Hammergriff,
2. dem Säbelgriff und
3. dem Eispickelgriff

Wie oben schon erwähnt, kann die Distanz oder der Umstand, wie das Messer in die Hand gelangt, einen entscheidenden Faktor zur Griffhaltung darstellen.

Der Hammergriff

Wie der Name schon sagt kann der Hammergriff mit der Handhaltung eines Hammers verglichen werden. Daraus lässt sich auch der Name „Hammergriff" ableiten. Bei dieser Griffart liegt der Daumen seitlich am Heft an. Schnelle Schnitte und kräftige Stiche sind durch diesen Griff möglich. Eine Entwaffnung aus dieser Position gestaltet sich als relativ schwer. Der Hammergriff kann in allen Distanzen eingesetzt werden, wobei die Reichweite in der Weitdistanz minimal kürzer ist als mit dem Säbelgriff. Ein weiterer kleiner Nachteil liegt in der Beweglichkeit der Hand. So müssen bei dieser Griffart Richtungsveränderungen vom Handgelenk und dem Unterarm ausgeführt werden.

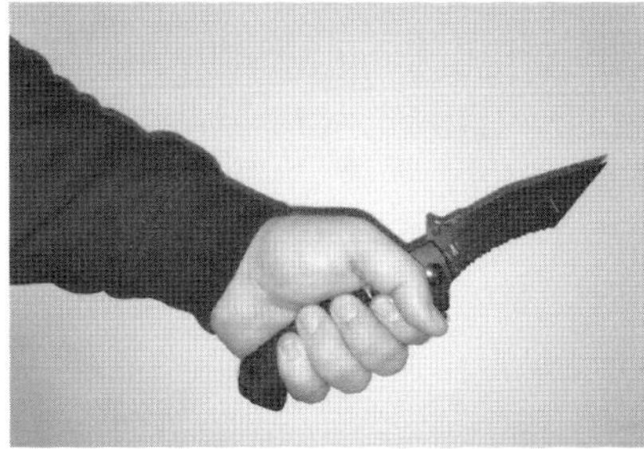
Bild 58: Hammergriff

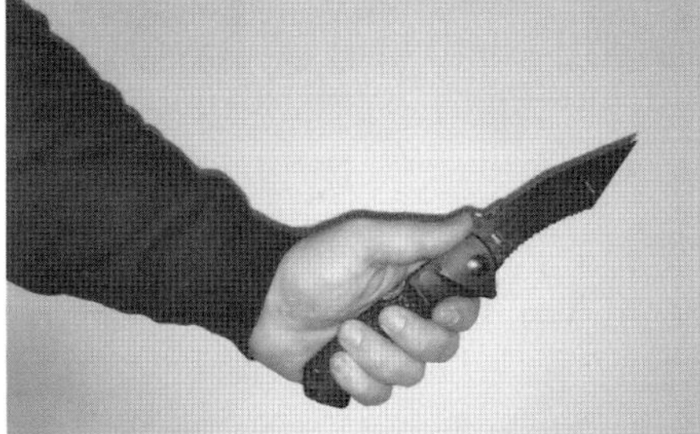
Bild 59: Säbelgriff

Der Säbelgriff

Bei diesem Haltegriff liegt der Daumen auf dem Rückenstück (siehe Bild 59) des Griffs oder dem Klingenrücken.

Wie beim Hammergriff, so können auch mit dem Säbelgriff Stiche und Schnitte ausgeführt werden. Durch das Handgelenk wird über den auf dem Klingenrücken oder dem Heft positionierten Daumen der Druck auf die Klinge erhöht. Schnitte erhalten dadurch eine tiefere Wirkung. Das Messer kann in der Hand kann relativ schnell nach innen oder außen gedreht werden. Diese erhöhte Flexibilität kann sich natürlich negativ auf die Waffensicherung auswirken. Da der Daumen den Griff seitlich nicht umschließt besteht die Gefahr, dass das Messer die Hand einfacher verlassen kann. Ungewollte Rückstöße bei denen die Klinge auf den Knochen trifft können mit dem Säbelgriff nicht so gut abgefangen werden, wie mit dem zuvor beschriebenen Hammergriff. Besonders in der Weitdistanz wird diese Griffart bevorzugt, da diese einen minimalen Reichweitevorteil (bei gleich langen Messern) aufweist. Aber auch in der Mittel- und Nahdistanz lässt sich mit dieser Haltevariante arbeiten.

Der Eispickelgriff

Wie der Name schon sagt, stimmt dieser Griff mit der Handhaltung eines Eispickels überein (siehe Bild 60 & 61). Das Messer wird hier nach unten gehalten. Der Daumen umfasst das Heft wie beim Hammergriff und ermöglicht dadurch eine sehr gute Waffenkontrolle. Als besonders geeignet gilt diese Griffart in der Nahdistanz. Richtungsänderungen gestalten sich als eher schwer, da durch die nach unten ausgerichtete Klinge Bewegungen nur durch eine Kombination aus Handgelenk und Unterarm ausgeführt werden können. Besonders Schnitte und Stiche aus den Winkeln 2, 4 & 6 (siehe Kapitel 5.6) erfordern Ganzkörperbewegungen und müssen speziell trainiert werden. Unkomplizierter und einfacher in der Anwendung sind Stiche aus der Eispickelhaltung.

Bild 60 & 61: Klassischer Eispickelgriff und Variante

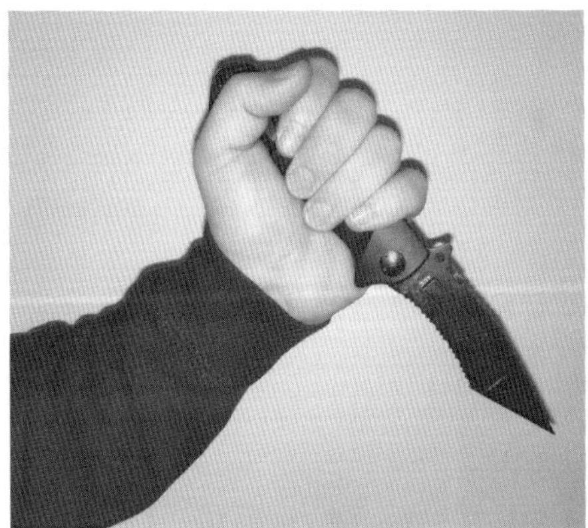

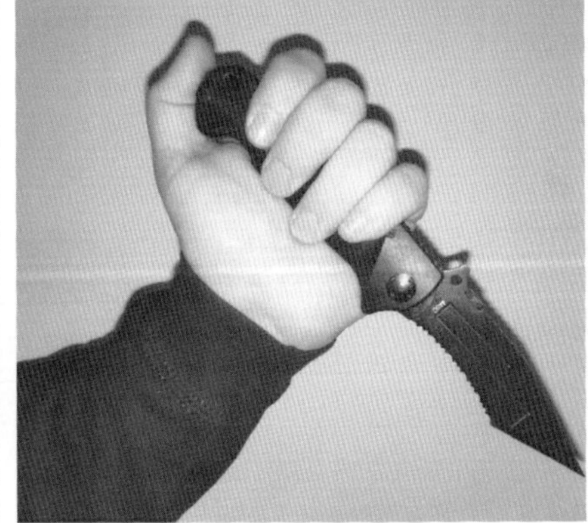

Wie auch beim Hammergriff, kann der Daumen in der Eispickelhaltung auch auf den Knauf des Griffes gelegt werden. Dies ermöglicht maximale Kraftübertragung bei Stichen und verhindert bei harten Widerständen ein verrutschen der Hand in Richtung Klinge. Durch die Positionierung des Daumens kann das Messer jedoch leichter verloren gehen.

Weitere Griffvarianten
Je nach Situation kann die scharfe Seite der Klinge, egal ob Hammer- oder Eispickelgriff, nach vorne oder nach hinten ausgerichtet sein. Eine nach hinten verweisende Klinge wird vielen Lesern etwas seltsam und befremdlich vorkommen. Diese Haltetechnik wird jedoch in einigen russischen und amerikanischen Spezialeinheiten in der Nahkampfausbildung vermittelt. Bei einer beidseitig geschliffenen Klinge spielt eine entsprechende Ausrichtung natürlich keine Rolle. Es gibt noch weitere Griffvarianten, die in ihrer Handhabung aber als sehr riskant angesehen werden können und an dieser Stelle keine nähere Betrachtung finden sollen. Ist man ernsthaft an dem Thema Messerkampf interessiert, dann wird man sich ausschließlich mit den oben beschrieben Griffvarianten auseinandersetzen.

5.3.3 Die Klingenausrichtung

Die Klinge sollte immer mit der geschliffenen Seite oder mit der Spitze auf den Aggressor ausgerichtet sein. Die Griffvarianten spielen dabei nur eine untergeordnete Rolle. Wird das Messer z.B. im Hammer- oder Säbelgriff gehalten gilt die Grundregel, dass die Spitze des Messers in Verlängerung auf den Kehlkopf ausgerichtet ist und dabei eine Gerade nach vorne bildet.
Der Aggressor kann dadurch lediglich die Spitze des Messers wahrnehmen und somit die Klingenlänge nicht sofort abschätzen. Dies könnte seine erste passgenaue Reaktion auf einen Gegenangriff erschweren und einen effektiven Treffer mit sich ziehen. Beim Eispickelgriff zeigt die Spitze des Messers auf den oberen Bauch bzw. den Solarplexus des Gegners. Eine korrekte Klingenausrichtung (siehe Bild 62 & 63) ermöglicht direkte Angriffe gegen vitale Punkte am menschlichen

Körper (vgl. Kapitel 5.7) sowie bessere Verteidigungschancen gegen Schnitte und Stiche des Angreifers.

Bild 62 & 63: Klingenausrichtung

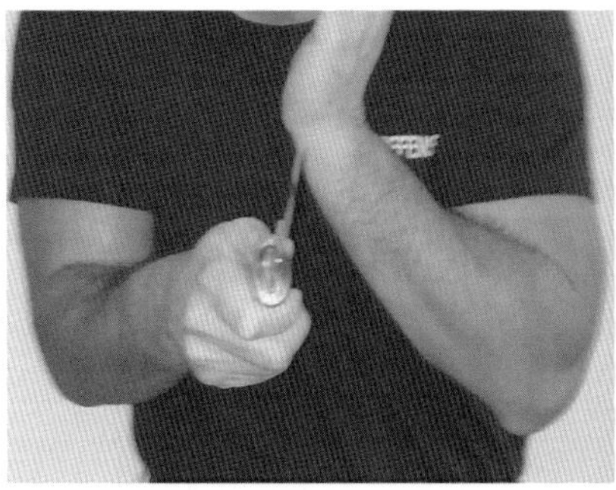
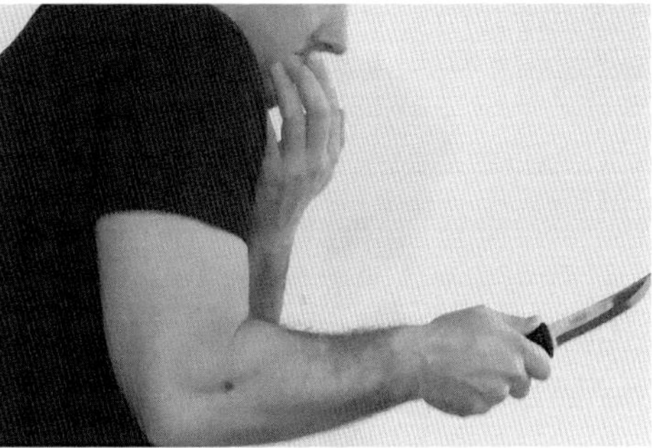

5.3.4 Über die Notwendigkeit eines Griffs- und Handwechsels

Grundsätzlich spricht nichts gegen die Fähigkeit den Messergriff in der Hand wechseln zu können. Vielmehr wird dadurch das sogenannte „Handling“, also der allgemeine Umgang mit dem Messer verbessert. Ein Griffwechsel sollte jedoch in einer Auseinandersetzung strikt vermieden werden, da die Zeitspanne eines Wechsels, und sollte sie noch so gering sein, als ungeschützter Moment gilt und den Verteidiger noch verwundbarer macht. Merken Sie sich, dass das Messer in der Zeit eines Griffwechsels als völlig unbrauchbar angesehen werden kann. Sollte ein Wechsel, aus welchen Gründen auch immer, erforderlich sein, dann sollte dieser nur unter der Schaffung einer größeren Distanz und wenn möglich mit der hinteren Hand erfolgen. Wird der Wechsel mit der vorderen Hand (sog. Führhand) ausgeführt, besteht die Gefahr einer Entwaffnung durch gegnerische Konterschnitte.
Gründe für einen Griffwechsel:

- ein zu Boden gefallenes Messer wird in einer bestimmten Griffhaltung aufgehoben
- durch viel Glück kann dem Gegner das Messer entwendet werden
- die Kampfsituation erfordert einen Griffwechsel
- die Führhand ist verletzt und übergibt das Messer in die andere Hand

Einen kompletter Handwechsel während eines Messerkampfes auszuführen kann unterschiedliche Gründe haben. Es gilt, dass das Messer bei einem Handwechsel niemals von der einen in die andere Hand geworfen werden soll. Eine sichere Übergabe ist nur durch einen beidhändigen Kontakt zum Gegenstand zu gewährleisten. Eine Übergabe sollte immer die vorherrschende Kampfdistanz beachten und wenn möglich nur in einer weiten Distanz zum Gegner erfolgen. Handwechsel können aber auch bewusst und mit voller Absicht in der Mittel- und Nahdistanz ausgeführt werden. Dies setzt allerdings ein aktives, nach vorne gerichtetes Kampfverhalten des Verteidigers voraus, in welchem der Angreifer zur Passivität gezwungen wird. So könnte z.B. ein Handwechsel neue Trefferziele eröffnen oder eine blockierte Messerhand durch „Waffenübergabe“ für neue Konter und Bewegungen freigegeben.
Gründe für einen Handwechsel:

- die Führhand ist verletzt und übergibt das Messer in die andere Hand
- ein vom Boden aufgehobenes Messer wird in die starke Hand übergeben
- ein beim Gegner entwendetes Messer wird in die andere Hand übergeben
- ein Handwechsel ist aus taktischer Sicht notwendig

Ich persönlich finde solche Ideen sehr interessant und binde diese immer wieder in das eigene Training ein. Zusätzlich wird auf diese Weise ein Führen des Messers mit der schwachen Hand gefördert und geschult. Dennoch muss beachtet werden, dass ein Handwechsel aufgrund der Schnelligkeit der Angriffe und der daraus erforderlichen Abwehrreaktionen extrem riskant ist und nur im Notfall erfolgen sollte.

5.4 Distanzen

Während eines Messerkampfes sind alle Beteiligten immer in Bewegung – zumindest wäre dies wünschenswert. Nur wer sich bewegt bildet ein schwer zu treffendes Ziel. Entsprechend der dynamischen Kampfbewegungen werden sich die Abstände zwischen den Kontrahenten immer wieder verändern. Um einen Treffer zu landen, muss eine bestimmte Strecke, also eine Distanz, zurückgelegt werden. Je nach Zielsetzung kann dies die Waffenhand oder ein anderer Punkt am gegnerischen Körper sein. Abhängig von der für einen Treffer zu überwindenden Strecke kann eine Einteilung in drei Distanzen erfolgen:

1. die Weitdistanz
2. die Mitteldistanz
3. die Nahdistanz

In einem echten Kampf, egal ob mit oder ohne Waffen, weiß man nie in welcher Distanz man arbeiten muss. Kampf ist immer ein fließender Übergang zwischen den einzelnen Reichweiten. Das Beste ist also, in allen drei Kampfdistanzen trainiert und ausgebildet zu sein! Manche Kampfsysteme rechnen den Bodenkampf als vierte Distanz mit ein. In den Systemen des Street Defense der Black Dragon Academy wird der Bodenkampf in die Nahdistanz mit einbezogen.

5.4.1 Weitdistanz

In der weiten Distanz befinden sich beide Kontrahenten außerhalb des Wirkungsbereiches der gegnerischen Waffe. Für einen ersten Kontakt muss also eine bestimmte Strecke zurückgelegt werden. Ein erster Kontakt stellt in der Regel die gegnerische Führhand, also Waffenhand, dar. Ein gezielter Schnitt kann den Gegner Entwaffnen und weitere Türen für Folgeaktionen öffnen. In der Weitdistanz lässt sich ideal mit dem Hammer- und Säbelgriff arbeiten. Ein Vorteil dieser Distanz liegt unter anderem in einem „mehr an Zeit" auf Angriffe begründet.
Zusätzlich sind auch Tritttechniken an gegnerischen Vitalpunkte möglich. Zu langsam ausgeführte oder zu hohe Tritte können jedoch mit der Klinge abgewehrt werden schwerwiegende Folgen für den Vertei-

diger haben und sollten daher nur von Geübten Personen ausgeführt werden.

Bild 64 & 65: Weitdistanz

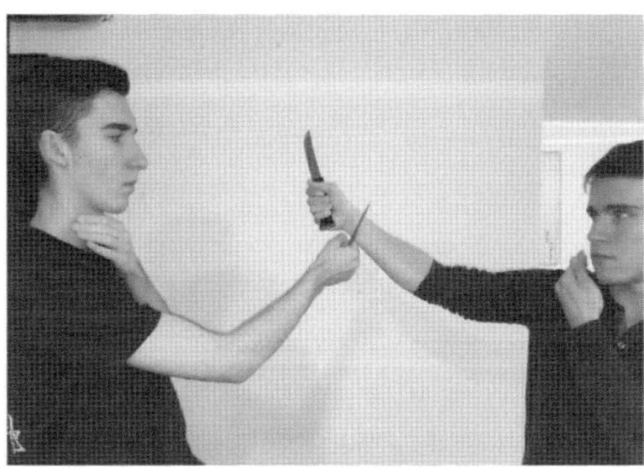

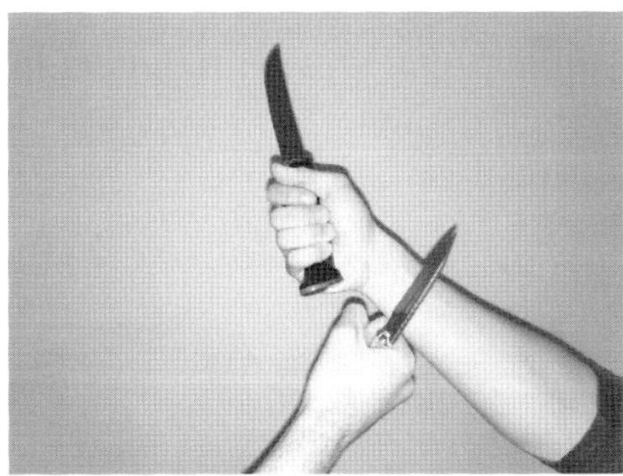

5.4.2 Mitteldistanz

In dieser Distanz befinden sich Angreifer und Verteidiger in Klingenreichweite des anderen. Bei ausgestrecktem Arm können beide Seiten Treffer am Oberkörper erzielen. Ganz entscheidend ist nun, dass in diesem Abstandsbereich die waffenlose Hand, der sog. Checking-Hand, eine lebenswichtige Aufgabe zukommt. Sie muss den eigenen Körper vor der gegnerischen Klinge schützen und dabei möglichst intakt bleiben (siehe Kapitel 5.8.1). Der Hammer-, Säbel- und Eispickelgriff eignet sich für diese Distanz. Beachtet werden muss jedoch, dass ein Wechsel zwischen den Griffarten während eines Kampfes nur sehr schwer, wenn nicht sogar unmöglich ist da die Distanzen zwischen den Kontrahenten fließend ineinander übergegen und dabei ständig wechseln. Des weiteren können Faustschläge, Tritt- und Greiftechniken Anwendung finden.

Bild 66 & 67: Mitteldistanz

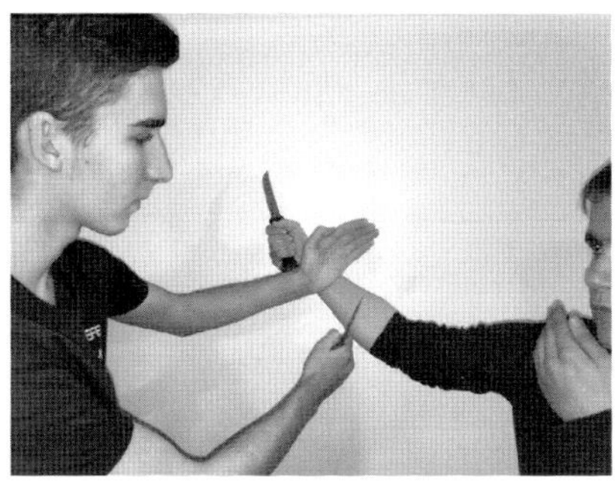

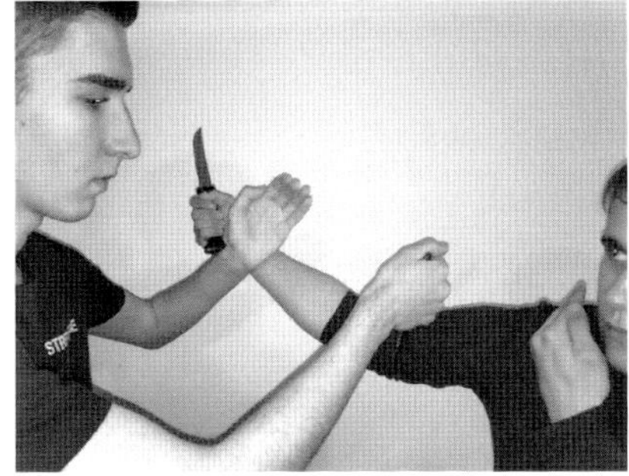

5.4.3 Nahdistanz

In dieser Distanz liegt die Reaktionszeit gegen Angriffe bei null. Einen Überblick über das Kampfgeschehen zu behalten ist hier nicht mehr möglich. Durch die Nähe zum Gegner können eng geführte Stiche und Schnitte visuell nicht mehr wahrgenommen werden. Vielmehr muss man sich auf eine antizipatorische Reaktion und Kampferfahrungen verlassen. Zudem können weitere waffenlose Techniken wie z.B. Kopf- und Kniestöße, Ellbogenschläge, Bisse gegen einen bspw. fixierten Arm, usw. stattfinden. In welcher Handhaltung sich das Messer befindet, dürfte in dieser Distanz keine Rolle mehr spielen. Treffer werden unvermeidlich sein!

68 & 69: Nahdistanz

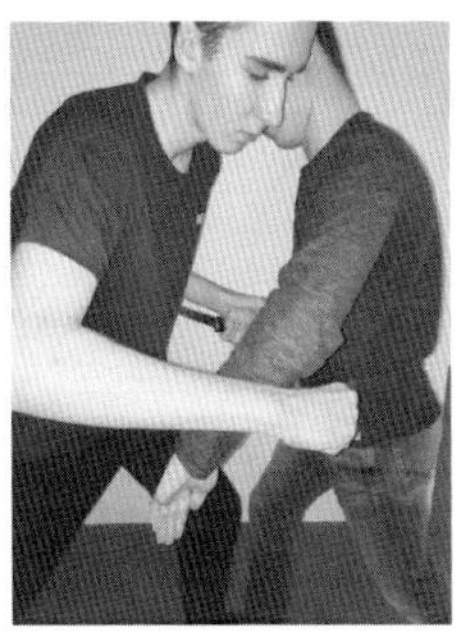

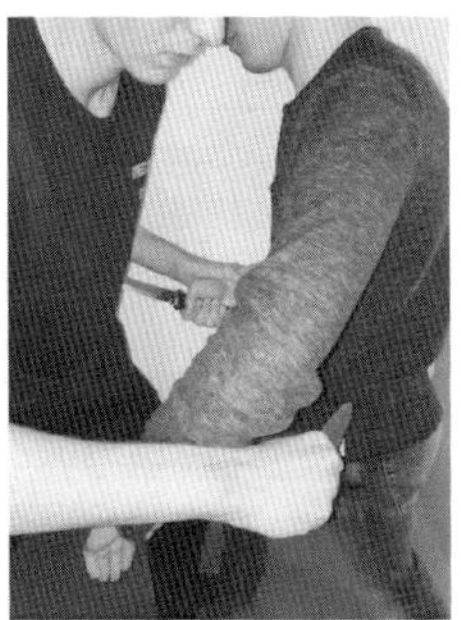

Weiterhin kann zur Nahdistanz auch die Rubrik Bodenkampf gezählt werden. Die meisten Kämpfe enden nach einer bestimmten Zeit am Boden. Dies liegt darin begründet, dass einer der Beteiligten stürzt oder sich beide Widersacher durch Rauferei und Gerangel zu Boden ziehen. Bodenkampfsituationen sollten so gut es geht gemieden werden, da ein Überblick über mögliche weitere Gegner schnell verloren geht. Zudem ist die Bewegungsfreiheit sehr stark eingeschränkt und eine Abwehr gegen einen Messerangriff oder waffenlose Techniken unmöglich. Nicht selten wird in einer überhitzten Zweikampfsituation das Messer erst jetzt aus der Tasche gezogen und durch schnelle, sich wiederholenden Stiche im Bereich der mittleren gegnerischen Körperebene eingesetzt. Schwerste Verletzungen mit häufiger Todesursache sind die Folge.

Bild 70 & 71: Bodenkampfsituationen

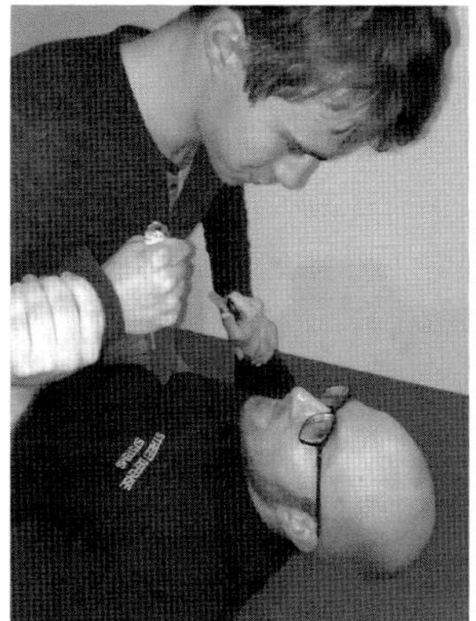

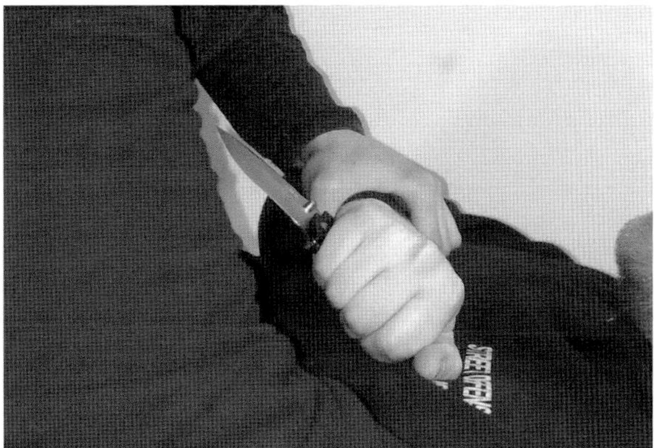

5.5 Angriffs- und Verteidigungstechniken

Alle Messertechniken können sowohl für einen Angriff als auch für eine Verteidigung eingesetzt werden. Jede Technik besitzt ihre eigene Charakteristik die im nachfolgenden kurz erklärt werden sollen. Beachten Sie dass ein guter Messerkämpfer sämtliche Messertechniken sicher beherrschen muss und diese in einer Kampfsituation, den Angriffs- und Verteidigungswinkel (vgl. Kapitel 5.6) entsprechend, schnell und gezielt variieren kann. Um eine Abwehr zu erschweren sollten Schnitte und Stiche immer in der Body Box (vgl. Kapitel 5.6.1) ausgeführt werden.

5.5.1 Stiche

Ähnlich wie beim Boxen der Jab, können durch Stiche auch unterschiedliche Ziele verfolgt werden. Kurze schnelle Stiche eignen sich zum einen für ein Distanzgefühlaufbau zum Gegner und zum anderen um dessen Abwehrverhalten und Bewegungsrepertoire zu testen. Stiche sind in jeder Distanz einsetzbar und mit geringer werdendem Abstand zum Gegner auch immer schwieriger abzufangen.
In der Nahdistanz können ohne Probleme drei bis fünf Stiche in der Sekunde ausgeführt werden. Häufig findet jedoch eine Kombination aus Abwehrschnitten mit darauf folgenden Stichen gegen vitale Punkte statt. In der Regel werden dabei sämtliche Distanzen durchlaufen. Hauptziele von Stichen sind der Rumpf, der Hals und der Kopf zu nennen. Arme und Beine werden in erster Linie mit Schnitten attackiert.
Im Detail betrachtet kann zwischen geraden und geschwungenen / ellipsenförmigen Stichen unterschieden werden. Gerade Stiche eignen sich besonders gut für schnelle und viele Wiederholungen. Da eine Gerade die kürzeste Verbindung zwischen zwei Punkten darstellt kann innerhalb von kürzester Zeit eine relativ hohe Anzahl von Stichen erfolgen.
Ellipsenförmige Stiche erfolgen in der aus den seitlichen Angriffswinkeln. Da die Wegstrecke wesentlich länger ist, können geschwungene Stiche früher erkannt und besser verteidigt werden.

5.5.2 Schnitte und schwere Hiebe

Auch bei Schnitten können Parallelen zu diversen Boxtechniken aufgezeigt werden. So sind Schnitte im Hammer- oder Eispickelgriff eng mit dem Seitwärtshaken oder diagonalen Hammerschlag verwandt. Schnitte verfolgen, wie auch geschwungene Stiche, eine ellipsenförmige Bahn. Im Gegensatz zu den Stichen werden sie meist zur Immobilisation des Gegners verwendet. Häufige Trefferziele sind die gegnerische Waffenhand oder allgemein gesprochen, zu weit exponierte Extremitäten. Des Weiteren eignen sich auch der Kopf, der Hals und der Rumpf als gute Ziele von Schnitten. Das primäre Ziel ist in der Regel eine Durchtrennung von Muskeln, Sehnen und Nervenbahnen. Der Einsatzbereich von Schnitten reicht von der weiten bis zur mittleren Distanz. Schnitte weisen im Gegensatz zu Stichen eine größere Verletzung an der getroffenen Stelle auf, sind in den meisten Fällen jedoch nicht so tiefgehend. Schwere Hiebe sind Schnitte die meist zu tiefen und schweren Verletzungen bis hin zum Verlust von Gliedmaßen führen. Hiebe können nur mit größeren Klingenwaffen wie z.B. einer Machete, einem Kukri oder längeren Arbeitsmessern ausgeführt werden. Nicht selten gehen Hiebtreffer am Kopf mit einem sofortigen Tod des Opfers einher.

5.6 Angriffs- und Verteidigungswinkel

Wie im Kapitel 3.7 schon aufgezeigt wurde, finden die meisten Angriffe (aus Sicht des Verteidigers) zur linken Brustseite, linkem Halsbereich, statt. Zur Trainingsvereinfachung wurden den Angriffen bestimmte Angriffswinkel zugeordnet. Diese ermöglichen eine schnellere und präzisere Aufgabenstellung im Training. So könnte eine mögliche Aufgabenstellung im Training lauten: „Abwehr der Angriffswinkel Winkel 1 oder 5.“ Die Trainierenden wissen also sofort was gemeint ist und können mit der Übung beginnen. In den Systemen der Street Defense von Sven Ackermann wird mit zwölf Angriff- und Abwehrwinkeln gearbeitet (siehe Kapitel 5.6).

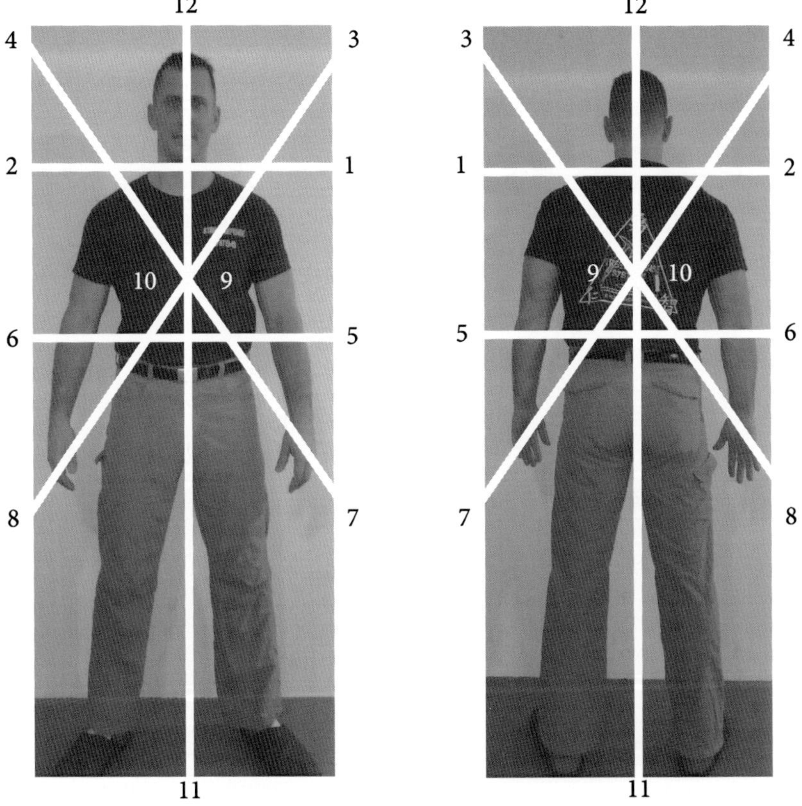

Bild 72&73: 12 Angriffswinkel aus Blickrichtung des Verteidigers und des Angreifers

Kurze Erläuterung zur Anwendung der 12 Angriffsrichtungen:
Richtung 1 & 2: Horizontale Schnitt- oder Stichbewegungen
Richtung 3 & 4: Diagonale Schnitte oder Stiche nach unten
Richtung 5 & 6: Horizontale Schnitt- oder Stoßbewegungen
Richtung 7 & 8: Diagonale Schnitte oder Stiche nach oben
Richtung 9 & 10: Gerade Stoßbewegungen
Richtung 11: Stoß- oder Schnittbewegung von unten nach oben
Richtung 12: Stoß- oder Schnittbewegung von oben nach unten

5.6.1 Body Box

Schnitt- und Stichbewegungen sollten immer mit einer durchdringenden Kraft und entsprechender Geschwindigkeit ausgeführt werden. Je nach Klingenschärfe und Bekleidung benötigt man für einen effektiven Treffer mehr oder weniger Druck hinter der Klinge. Die meisten Messerkämpfer begehen jedoch den Fehler, dass sie sämtliche Schnitte und Stiche in einer zu weiten Bewegungsamplitude ausführen. Diese liegt in beobachteten Fällen bei bis zu 180° - also seitlich ihres eigenen Körpers.

Dadurch wird nicht nur die Geschwindigkeit aneinandergereihter Kombinationen gemindert, sondern es entstehen auch Lücken und Öffnungen die für einen gegnerischen Gegenangriff genutzt werden können.

Schnitte und Stiche sollten immer eng am eigenen Körper und maximal bis zur eigenen Schulterbreite ausgeführt werden. Dabei spielt es keine Rolle ob der Verteidiger eine aktive Gegenaktion oder nur eine passive Reaktion mit seinem Messer ausführt.

Die Klinge zeigt entweder mit der Spitze oder der geschliffenen Seite zum Kontrahenten. Alle Bewegungen sollten innerhalb der Body Box stattfinden und niemals verlassen.

Bild 74 & 75: Korrekte und falsche Schnittausführung in der Body Box

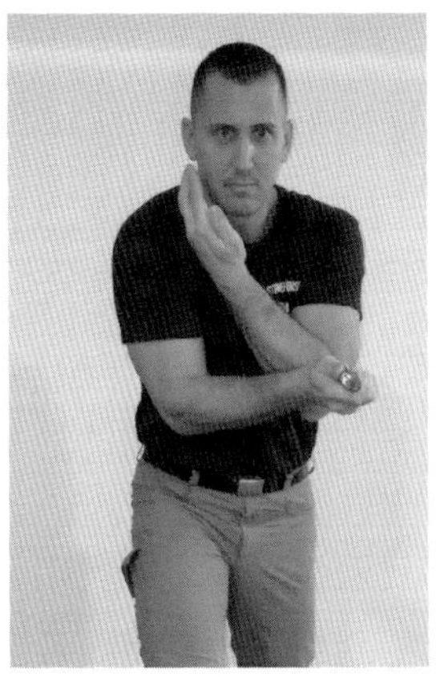

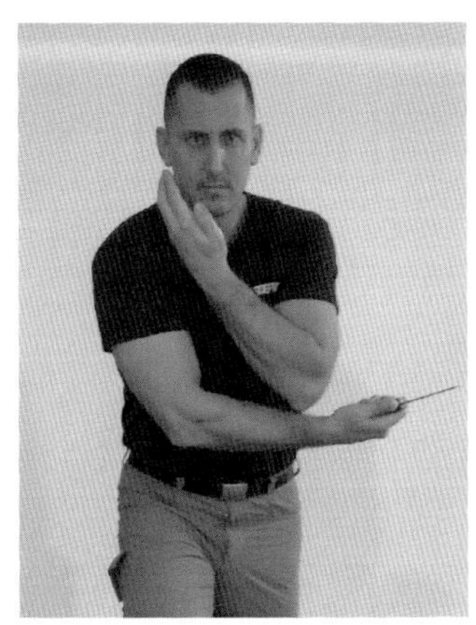

5.7 Angriffs- und Verteidigungsziele

Messerkämpfe sind in der Realität schnell, unkontrollierbar und gehen oft mit tödlichem Ausgang einher. Glücklicherweise sind nur wenige Menschen in der Kunst ein Messer gezielt und bewusst zu führen geschult. Bei Übergriffen mit einem Messer geraten die Angreifer sehr häufig in einen Blutrausch und stechen wahllos auf ihr Opfer ein. Nicht selten lassen sich daher nach der Tat mehr als 20 wild verteilte Schnitte und Stiche am Körper zählen. Die wenigsten Stiche dringen allerdings gezielt in den Körper des Widersachers ein. Dennoch erliegen viele Betroffene an ihren inneren Verletzungen und dem damit einhergehenden Blutverlust. Eine sofortige Untersuchung des eigenen Körpers auf Klingeneintrittsstellen ist nach einer solchen Auseinandersetzung dringend erforderlich. Befragungen haben ergeben, dass Treffer durch scharfe Gewalt von den betroffenen Personen nicht wirklich wahrgenommen wurden. Sie berichteten lediglich über ein dumpfes Gefühl eines auftreffenden Gegenstandes am Körper. Dieses Auftreffen war allerdings das Heft des Messers, während die Klinge bereits bis zum Anschlag in den Körper eingedrungen war. Dies belegen Berichte aus Notaufnahmestellen, der Autopsie und den allgegenwärtigen Medien. In den meisten Fällen handelt es sich bei den Opfern um Verletzte mit multiplen Stich- und Schnittverletzungen.

Wäre ein fundiertes Wissen bei dem Angreifer vorhanden, müsste man lediglich ein, zwei maximal drei Verletzungen zählen. Diese würden in der Regel ausreichen um ein vollständige Immobilisierung oder gar den Tod hervorzurufen. Die nachfolgenden Seiten enthalten Informationen über mögliche Ziele am menschlichen Körper. Auf der einen Seite sind solche Informationen in den falschen Händen fatal, auf der anderen Seite sollte jeder der sich mit dem Thema Messerkampf auseinandersetzt über ein gewisses Grundwissen zur Thematik verfügen. Um die nachfolgenden Erklärungen in der Praxis anwenden zu können, bedarf es jahrelangem Training unter der Aufsicht eines Messerexperten. Laien oder all diejenigen die es mit den waffenrechtlichen Gesetzen nicht so eng sehen werden in einer realen Messerkampfsituation schnell an ihre Grenzen gelangen. Ein Experte muss stets wissen, welche Ziele er treffen muss um den Gegner schnellstmöglich kampfunfähig zu machen. Dabei muss er jedoch seine eigenen Vitalpunkte bestmöglich schützen.

Die primär zu treffenden Ziele können in drei Kategorien eingeteilt werden:

1. Immobilisierungstechniken
2. Bluttechniken
3. Finalisierungstechniken

Eine strikte Trennung zwischen den einzelnen Kategorien kann in Realität natürlich nicht erfolgen, da bspw. durch einen Stich in die Achselhöhle mit nachfolgendem Schnitt durch die Oberarmarterie ebenfalls Muskeln und Sehnen durchtrennt und zu einem hohen Blutverlust ebenfalls eine Immobilisierung des Armes herbeigeführt wird.

5.7.1 Immobilisierungstechniken

Eine Immobilisierung des Gegners kann nur durch das Durchtrennen von Muskeln, Sehnen und Nervenbahnen erfolgen. Es muss jedoch auch erwähnt werden, dass eine erfolgreiche Immobilisation oftmals lebenslängliche Auswirkungen des beschädigten Körperteils des Angreifers mit sich bringt. Wie oben schon beschrieben, ist die „sicherste“ Distanz zum Gegner die Weitdistanz. Aus dieser Entfernung bietet sich z.B. ein Attackieren des Handgelenks der sich in Vorhalte befindlichen Waffenhand an. Ein kräftiger Schnitt verursacht nicht nur eine tiefe Schnittverletzung, sondern kann ebenfalls zu einem Waffenverlust führen. Ebenso können Schnitte und Stiche in der Mitteldistanz zum gewünschten Erfolg führen. In körperlichen Auseinandersetzungen mit scharfer Gewalt finden in der Regel keine gezielte Schnitte oder Stiche zur Immobilisation statt. Um in Stresssituationen einen Überblick und Klarheit für eine nächste sinnvolle Aktion zu behalten, ist eine lange und umfangreiche Ausbildung von Nöten und kann nur von wenigen Menschen gemeistert werden.

Bild 76 & 77: Schnitt- und Stichziele zur Immobilisation

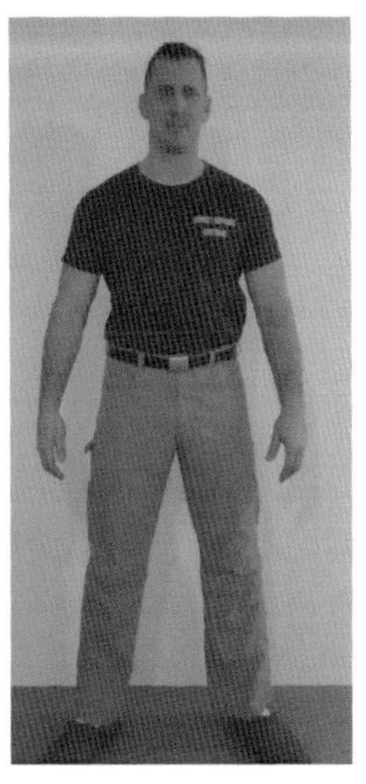

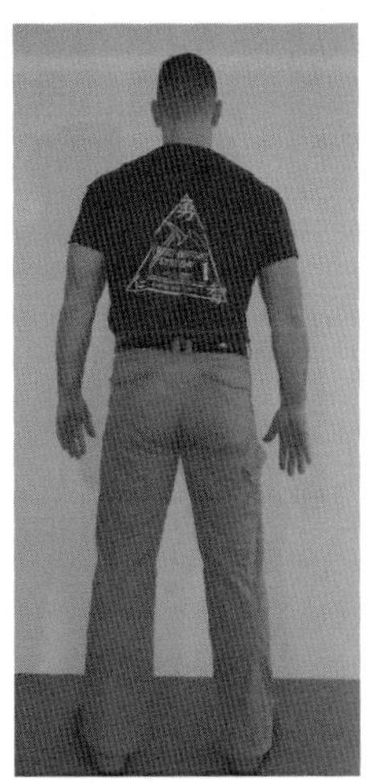

1 = Schnitt über die Stirn führt zur Sichtbehinderung und einem Aussetzen des Angriffs
2 = Schnitt oder Stich in die Schultermuskulatur
3 = Durchtrennen der Oberarmmuskulatur
4 = Durchtrennen der Unterarmmuskulatur
5 = Durchtrennen der Sehnen an der Handgelenksinnenseite
6 = Durchtrennen der Sehnen in der Handinnenseite
7 = Durchtrennen des vorderen Oberschenkelmuskels
8 = Durchtrennen der seitlich verlaufenden Oberschenkelrückseitenmuskulatur

9 = Durchtrennen des Syndesmosebandes
10 = Durchtrennen der Oberarmrückseitenmuskukatur
11 = Durchtrennung der äußeren Unterarmmuskulatur
12 = Durchtrennung der Sehnen an der Handrückseite
13 = Durchtrennen der rückwärtigen Oberschenkelmuskulatur
14 = Durchtrennen der Sehnen im Kniegelenk
15 = Durchtrennen der Achillessehne
(Anm. des Autors: Bei den hier aufgelisteten Techniken handelt es sich lediglich um eine kleine Auswahl möglicher Ziele)

Immobilisierungsschnitte oder- stiche sollen weitere gegnerische Angriffsbewegungen unterbinden oder zumindest einschränken. Als sehr effektive Kombinationen erweisen sich z.B. Stiche in die entsprechende Muskelpartie mit sofortigem längs- oder querverlaufenden Schnitt durch umliegende Muskeln.

5.7.2 Venen und Arterien

Das Blut durchfließt unseren Körper in Arterien, Kapillaren und Venen. Diese Blutgefäße bilden ein geschlossenes Röhrensystem. In diesem Röhrensystem kreist das Blut durch den Körper und erreicht alle Organe und Zellen. Dieser ständige Blutstrom vom Herzen und zurück zum Herzen wird Blutkreislauf genannt. Gezielte Schnitte oder Stiche in Arterien und Venen können zu einem erhöhten, wenn nicht sogar tödlichen Blutverlust führen.
Ein Durchtrennen der Arterien gestaltet sich jedoch schwieriger als man meinen möchte. Die arteriellen Blutgefäße sind sehr dickwandig und dadurch sehr robust. Zusätzlich werden sie von darüber liegenden Muskeln geschützt.
Es braucht also schon starken Klingendruck um mit Schneidbewegungen durch die Muskulatur zu den darunter verlaufenden Blutgefäße zu gelangen. Aus diesem Grund werden von vielen Spezialeinheiten dünnere und beidseitig geschliffene Kampfmesser getragen. Diese sind ideal um mit Stichen die entsprechenden Ziele zu erreichen.

1 = Durchtrennen der Halsschlagader
2 = Stich in die auf- oder absteigende steigende Aorta oder Schlüsselbeinarterie
3 = Bauchstich in die auf- oder absteigende Aorta
4 = Durchtrennen der Oberschenkelarterie
5 = Durchtrennen der Ellen- oder Speichenarterie
6 = Durchtrennen der Oberarmarterie
7 = Durchtrennen der Achselarterie

(Anm. des Autors: Bei den hier aufgelisteten Techniken handelt es sich lediglich um eine kleine Auswahl möglicher Ziele)

5.7.3 Finalisierungstechniken

Bei den Finalisierungstechniken handelt es sich um absolut tödliche Ziele am menschlichen Körper. In einer Auseinandersetzung mit scharfer Gewalt kann ein solcher Treffer über Leben und Tod entscheiden. Meistens ist ein solcher Treffer ein Zufallsprodukt multipler und unkontrollierter Schnitte und Stiche. Was auf der einen Seite martialisch und brutal klingt, kann auf der anderen Seite schlimmeres verhindern und einen Messerkampf, in welchen vielleicht noch Unschuldige hineingezogen werden im Keim ersticken. Der persönliche Umgang und die psychische Verarbeitung mit einer solchen Tat stehen jedoch auf einem anderen Blatt.

1 = Stich in die Augenhöhle
2 = Stich durch den Gehörgang
3 = Stich durch den Nacken ins Kleinhirn
4 = Stich durch die Luftröhre oder Stich über den Kehlkopf zum Stammhirn
5 = Stich in das Herz
6 = Stich unter dem Brustbein nach oben ins Herz

5.8 Trainingskonzepte und Ideen

5.8.1 Checking Hand – nutze die freie Hand

Eine nicht zu verachtende, aber dennoch häufig vernachlässigte Verteidigungswaffe, kann neben dem Messer die freie, waffenlose Hand sein. In der regulären Kampfauslage wird die messerführende Hand vorne und die waffenlose Hand als hintere, letzte Verteidigungs- und Schutzinstanz gehalten (vgl. Kapitel 5.3.1). Sie soll auf der einen Seite Angriffe, welche die vordere Waffenhand nicht neutralisieren konnte aufhalten und den Verteidiger vor bösen Treffern schützen. Auf der anderen Seite soll die freie Hand zur Kontrolle oder Bindung des gegnerischen Waffenarms eingesetzt werden. Dies ist insbesondere dann der Fall, wenn es bei einer Angriffs- oder Verteidigungshandlung zu einem Wechsel von der Weit- zur Mittel- oder Nahdistanz kommt. In der Weitdistanz wird die Checking-Hand nicht benötigt, da ein Angriff des Gegners mit einem selbst weit nach vorne exponierten Arm keinen Treffer am eigenen Körper verursachen würde. In der Mitteldistanz hingegen könnte ein kraftvoller gegnerischer Angriff die vordere Verteidigungsbarriere des Verteidigers durchbrechen und schlimme Verletzungen mit sich ziehen. Ein Abwehrschnitt gegen das Handgelenk des Angreifers neutralisiert nur in den seltensten Fällen die komplette Angriffsenergie und würde zweifelsohne zu einem eigenen Treffer führen.

Bild 80 & 81: Einsatzbeispiele der Checking Hand

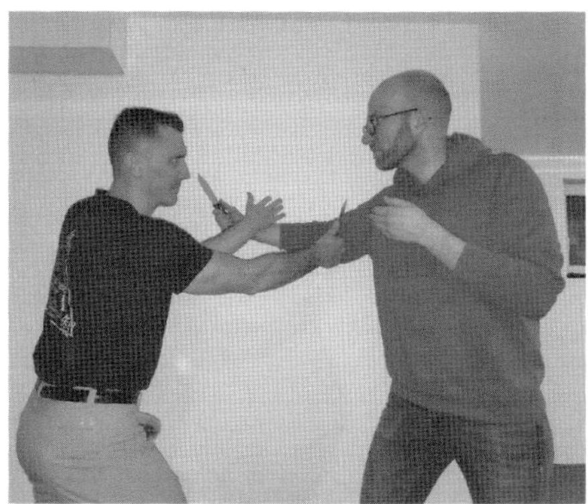

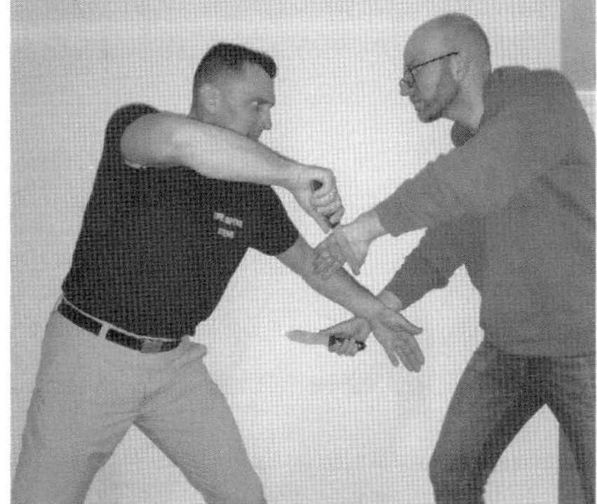

Die Checking-Hand kann aber auch zur Um- und Weiterleitung von Angriffen, für Fallen oder zu harten Schlagaktionen in der Mittel- und Nahdistanz eingesetzt werden. Letztere bieten sich besonders bei einer Bindung des eigenen Waffenarms durch den Gegner an.
Der Checking-Hand sollte im Training immer genügend Einsatzmöglichkeiten eingeräumt werden, damit der Verteidiger lernt, alle möglichen Verteidigungs- und Sicherungsmaßnahmen während einer Kampfhandlung einzusetzen. Das Prinzip um den Nutzen der freien Hand ist für alle Selbstverteidigungssituationen in gleichem Maße umsetzbar.

5.8.2 Messerblöcke

Messerblöcke können einen Angriff abwehren und beim Gegner schwere Verletzungen hervorrufen. Die Härte des Angriffs und die daraus resultierende Angriffsenergie ist für die Effektivität eines Messer- oder besser gesagt Klingenblocks entscheidend. Messerblöcke können gut nach außen oder nach unten ausgeführt werden. Bei Bewegungen nach außen sollte die Klinge mit viel Druck gehalten werden, da die Angriffsenergie den „harten Block“ einfach wegdrücken würde. Etwas einfacher und sehr effektiv sind Klingenblöcke gegen Messerstiche zum Bauch. Hier wird das Messer in einem leicht schrägen Winkel zur Seite gedreht. Die scharfe Klinge zeigt dabei schräg nach vorne. Der ankommende Stich wird auf dem Unterarm, am besten noch am Handrücken, des Gegners angesetzt und mit viel Gegendruck gehalten. Dieser Gegendruck kann einhändig oder unter Zuhilfenahme der zweiten Hand geschehen. Dabei ist jedoch auch auf die freie Hand des Angreifers zu achten.
Je nach Angriffshärte kann die Schneide bis auf den Unterarmknochen eindringen und dort noch weitergleiten. Diese Art von Messerblock wird auch als Schälschnitt bezeichnet und gilt als einer der Wirksamsten.

Bild 82 & 83: Messerblöcke

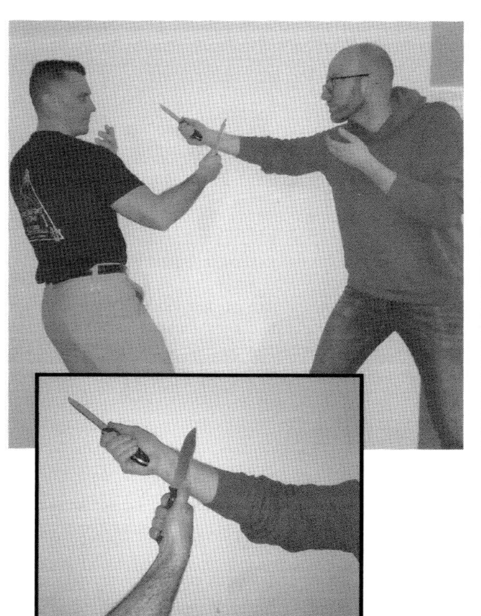

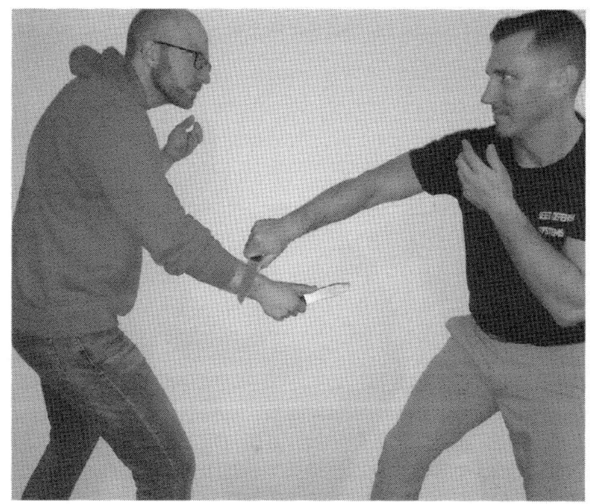

Es ist immer darauf zu achten, dass der eigene Körper die Angriffslinie des Gegners verlässt oder zumindest verlängert. Bei einem Stich zum Bauch könnte dies z.B. durch einziehen des Bauches umgesetzt werden.
Zur weiteren persönlichen Sicherheit sollten Angriffs- oder Verteidigungsaktionen immer durch Meid- oder Ausweichbewegungen ergänzt werden.

5.8.3 Fallen und Finten

Während eines Messerkampfes sollten alle denkbaren Register gezogen werden, um möglichst heil den Ort des Geschehens wieder verlassen zu können. Fallen und Finten bieten eine gute Möglichkeit den Gegner zu einer Bewegung zu verleiten und dadurch dessen Deckung an einer anderen Stelle zu öffnen.
Grundsätzlich ist nur schwer zwischen einer Finte und einer Falle zu unterscheiden. Zum einen kann eine Finte, wie oben beschrieben eine gegnerische Bewegung hervorrufen, welche einen Treffer von Seiten des Verteidigers ermöglichen könnte. Der Angreifer wäre also in die

Falle getappt. Zum anderen kann eine Falle eine Finte darstellen, wenn diese ebenfalls zu einer gewünschten Reaktion des Gegners führt.

Bild 84, 85, 86 & 87: Beispiele einer Finte durch Körpertäuschung und Trittansatz

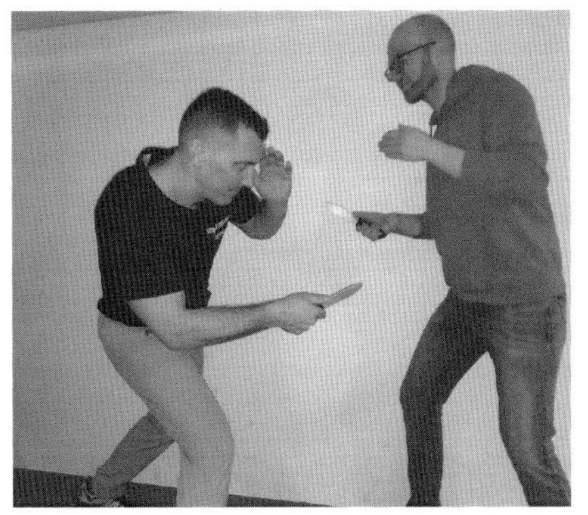

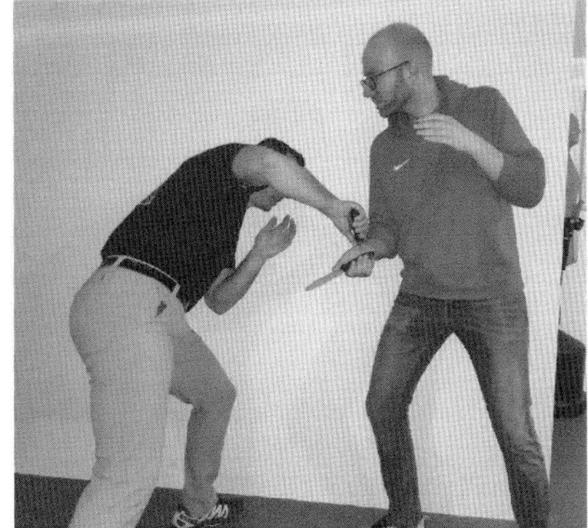

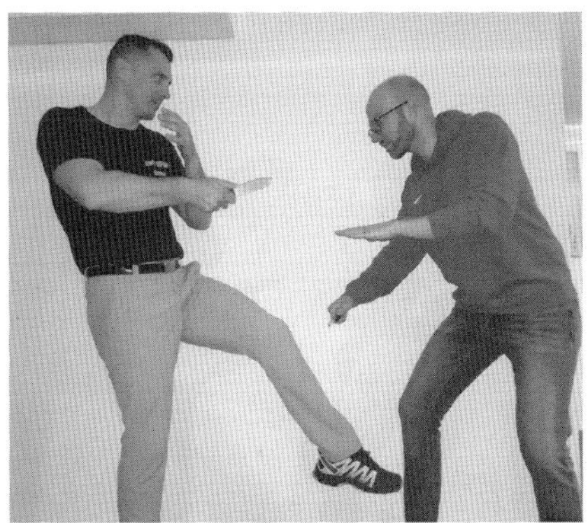

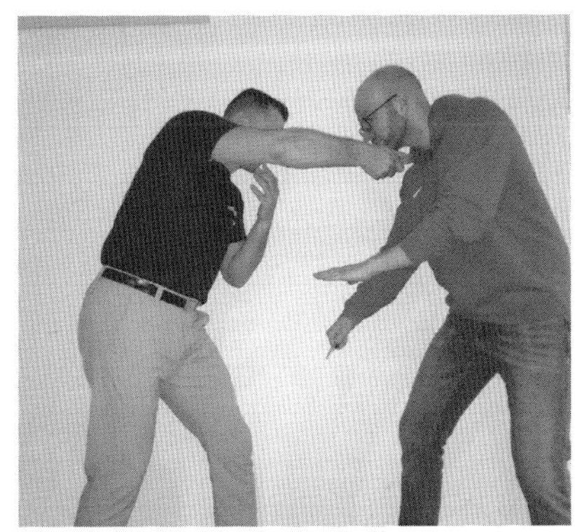

Eine Möglichkeit den Gegner aus der Reserve zu locken wäre z.B. ihm etwas anzubieten. Der Verteidiger könnte die Kampfauslage wechseln und mit der waffenlosen Hand vorne stehen. Der Angreifer könnte diese als ein erstes Ziel erkennen und einen Angriffsversuch starten. Die vordere, leicht nach vorne exponierte Hand dient als Lockmittel und soll den Angreifer aus der Reserve locken. Ein Treffer der waffenlosen Hand wird einkalkuliert. Diesem steht jedoch ein besserer Treffer am Angreifer gegenüber. Die freie Hand wird zuzusagen für ein höheres Ziel geopfert.

Bild 88 & 90: Beispiel einer Falle:

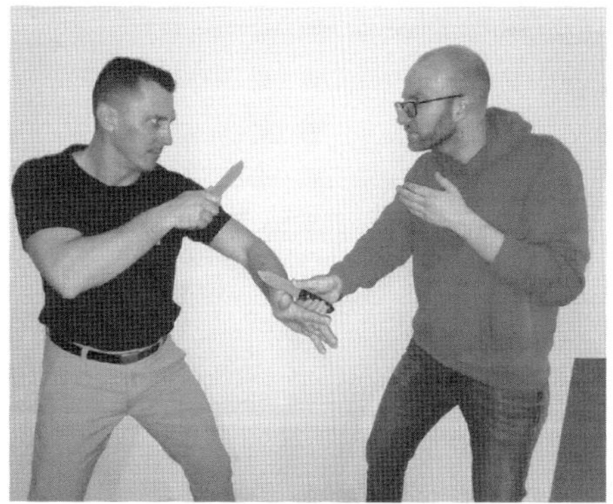

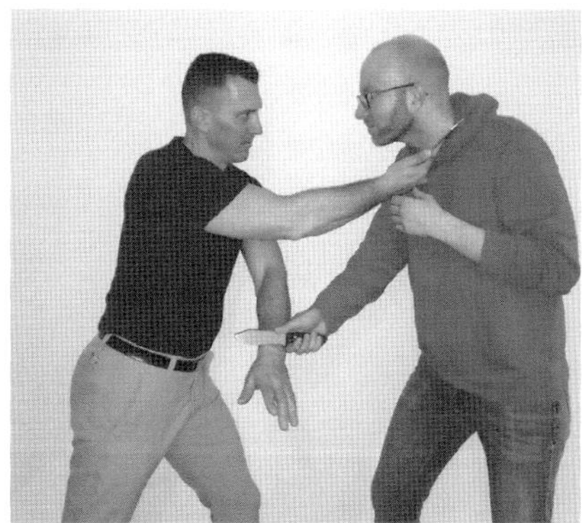

Die Chance auf Erfolg hängt vom Trainings- und Erfahrungszustand des Verteidigers ab. Mit einer solchen Falle sollte jedoch nicht gearbeitet werden, wenn es sich bei einem Übergriff um möglicherweise mehrere Angreifer handelt. In einer solchen Situation sollten beide Hände möglichst lange über ihre gesamte Funktion verfügen.
Eine weitere Möglichkeit besteht im Antäuschen einer bestimmten Bewegung, welche jedoch nicht ganz ausgeführt, sondern frühzeitig wieder abgebrochen wird.
So könnte ein angetäuschter Tritt zum Genitalbereich die obere Armdeckung des Gegners leicht nach unten absinken lassen und dadurch verwundbare Ziele offenlegen.
Es ist jedoch darauf zu achten, dass ein und dieselbe Täuschbewegungen maximal zweimal während einer Auseinandersetzung ausgeführt wird. Auch der Angreifer lernt in einer Kampfsituation dazu und wird sich kein drittes Mal an der Nase herumführen lassen.

5.8.4 Gegenschneiden

Die wohl bekannteste Variante, geschwungenen Stich- und Schnittangriffen entgegenzuwirken, stellt das Gegenschneiden dar. Die eigene Klinge wird dem gegnerischen Angriffsarm praktisch entgegengeführt und die Waffenhand im Idealfall zerschnitten.
Gegenschnitte können sehr gut in der Weit- und Mitteldistanz eingesetzt werden. In der Weitdistanz wird der Angriffsarm des Gegners

durch eine Meid- oder Ausweichbewegung des Verteidigers bei gleichzeitig weit nach vorne exponiertem Arm getroffen.

Bild 91: Gegenschnitt in der Weitdistanz

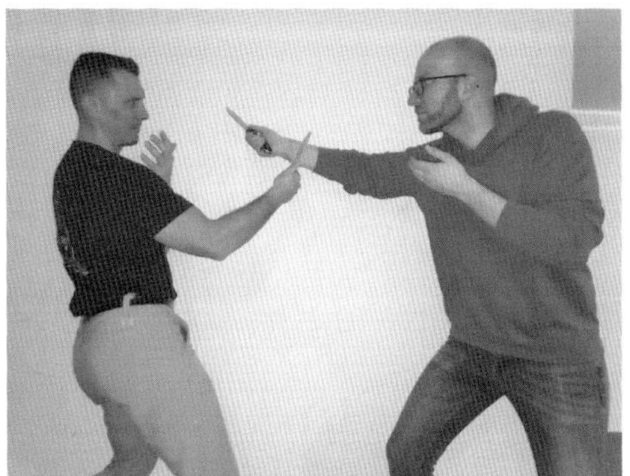

Mit dieser ersten Abwehrhandlung könnten Sehnen der waffenführenden Hand durchtrennt und somit für weitere Angriffe unbrauchbar werden. In der Mitteldistanz sollte der Verteidiger den Einsatz Checking Hand (siehe Kapitel 5.8.1) jedoch nicht vergessen. Dieser hat drei Gründe:

1. Die Checking Hand kann den Angriffsarm aktiv aufnehmen
2. Die Checking Hand kann den Angriff passiv aufnehmen und gegen die eigene Klinge weiterleiten
3. Die Checking Hand dient als Schutz vor einem „Durchrutschen" eines wuchtigen Angriffs

Bild 92 & 93: Gegenschnitte in der Mitteldistanz

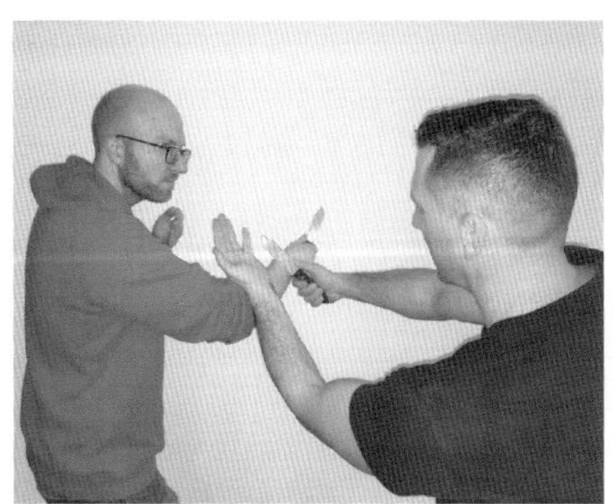

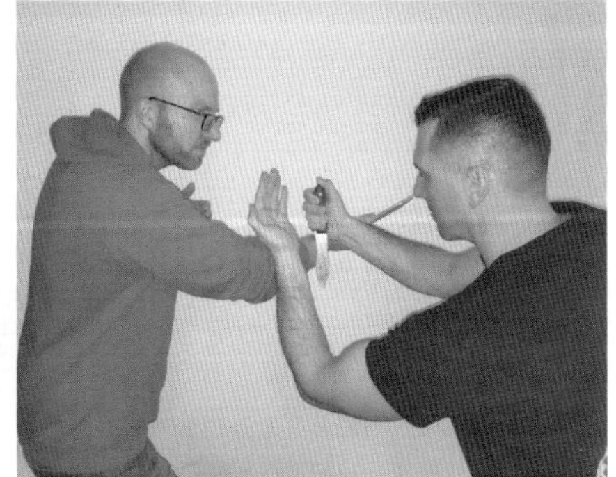

Zu welchem Zweck die Checking-Hand letztendlich genutzt wird, obliegt dem jeweiligen Verteidiger. Sie sollte jedoch immer in der Mittel- und Nahdistanz zur Anwendung kommen.

5.8.5 Mitschneiden

Das Mitschneiden gestaltet sich hingegen schon als relativ schwer, da der gegnerische Messerangriff von der eigenen Klinge „überholt werden muss. Die Abwehr folgt praktisch der Angriffsrichtung und schneidet die Waffenhand.

Bild 94, 95, 96 & 97: Mitschnitte in der Weitdistanz und Mitteldistanz

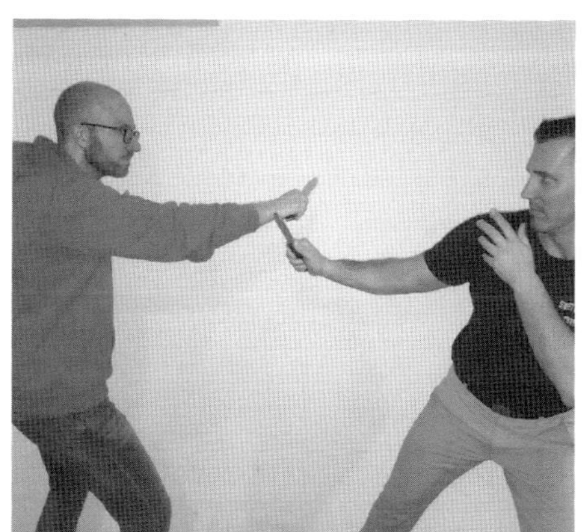

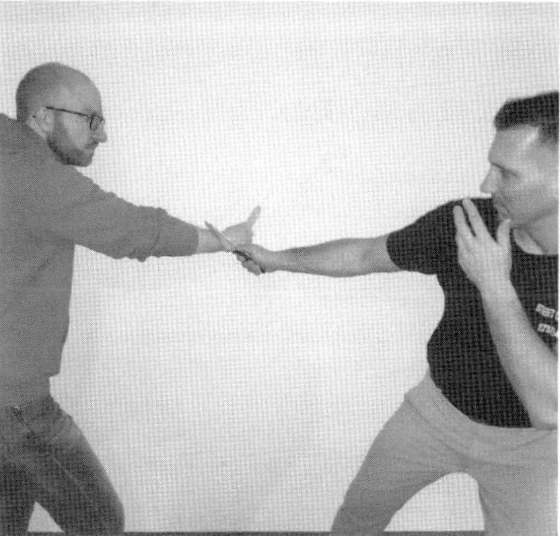

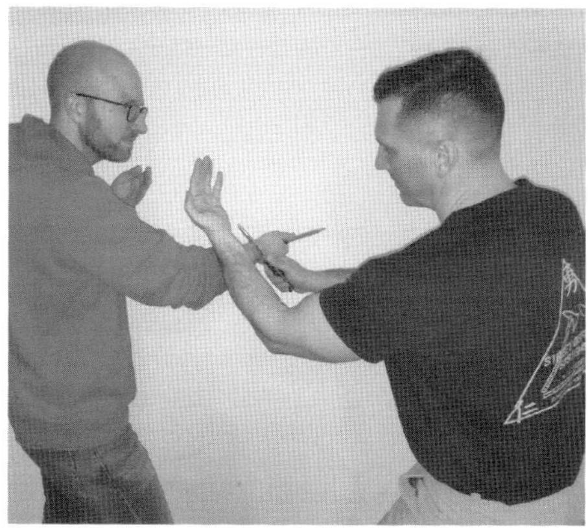

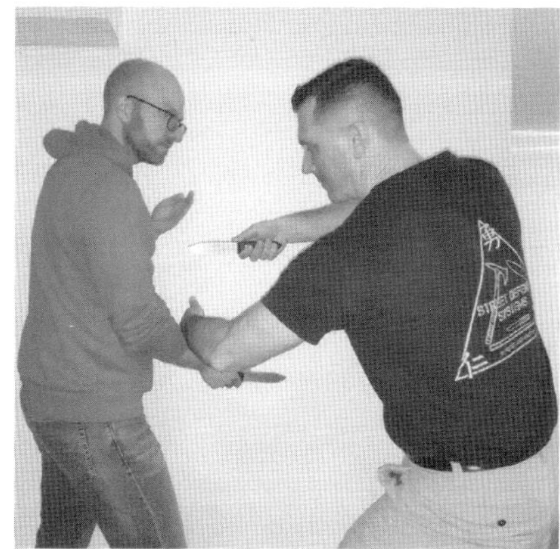

Diese Technik kann in der Weit- und Mitteldistanz zum Einsatz kommen. Es ist jedoch darauf zu achten, dass zur Gegenaktion immer eine Meid- oder Ausweichbewegung eingeleitet werden muss. Zusätzlich sollte in der Mitteldistanz immer die Checking Hand zur Unterstützung fungieren.

5.8.6 Um- und Weiterleitung

Grundsätzlich können Um- und Weiterleitungen mit und ohne Waffe ausgeführt werden. Mit welchem Teil des Armes, der freien Hand oder welchem Teil des Messers um- und weitergeleitet wird spielt nur eine untergeordnete Rolle. Bei einer ersten Führung durch die freie waffenlose Hand, kann der Verteidiger den Arm des Angreifers mit der eigenen Klinge übernehmen und weiterleiten, ihn mit Druck an dessen Körper binden oder nach der Weiterleitung schneiden.

Bild 98, 99 & 100: Beispiele der Übernahme und Kontrollmöglichkeiten

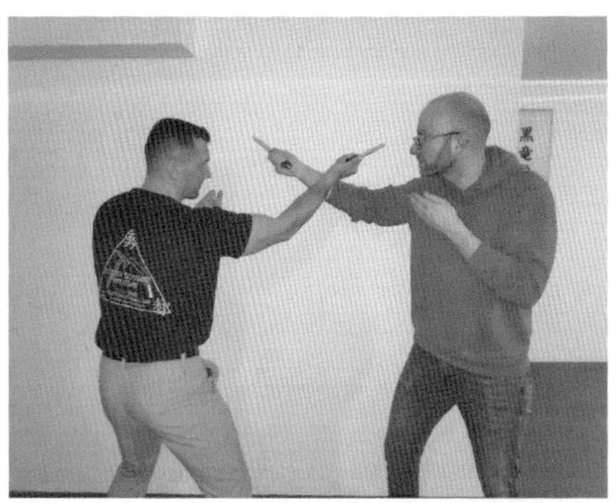

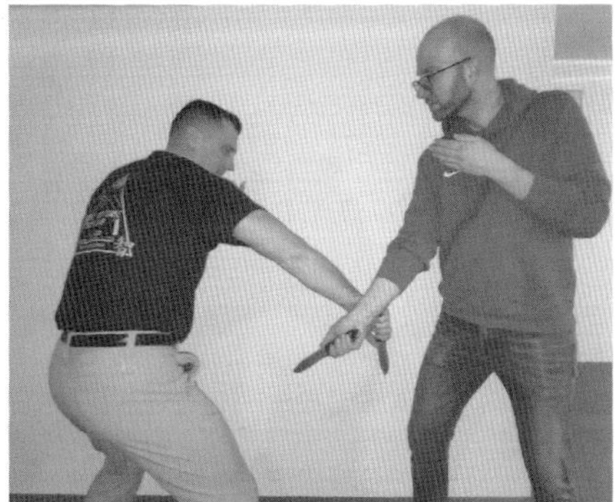

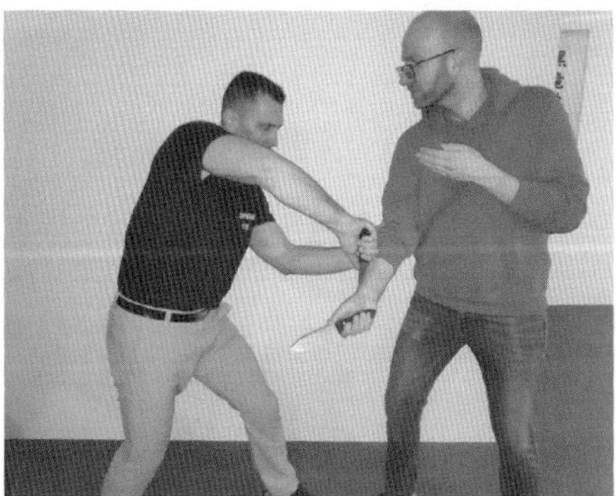

Wird der Angriff mit dem Messer um- und weitergeleitet, kann die freie Abwehrhand des Verteidigers den Arm des Angreifers übernehmen und diesen an dessen Körper binden. Die Messerhand wäre somit für weitere Aktionen wieder frei. Der Verteidiger hat allerdings auch die Möglichkeit bei der Übernahme des gegnerischen Waffenarmes durch seine Abwehrhand einen Schnitt an dessen Handgelenk anzubringen. Auch dann stünde die Messerhand für weitere Aktionen zu Verfügung. Um- und Weiterleitungen werden meist in der Weitdistanz eingeleitet. Mit einem Schiebeschritt wird dann die Distanz zum Angreifer auf die Mitteldistanz verkleinert. Ab diesem Zeitpunkt kann mit einer Waffenarmbindung durch die Klinge oder der Führhand gearbeitet werden. Aber auch in der Weitdistanz kann bei einer Um- oder Weiterleitung mit der Klinge geschnitten werden. Der Angriffsarm wird mit der Klinge oder dem Unterarm aufgenommen und geleitet. Kurz nach dem Körpermittelpunkt des Verteidigers zieht dieser sein Messer innerhalb der Body Box, bei gleichzeitiger Klingenausrichtung auf das Handgelenk des Angreifers, zurück an den eigenen Körper. Bei einem guten Winkel kann es so zu einem ersten Treffer an der Hand des Angreifers kommen.

Bild 101, 102 & 103: Beispiel einer Um- und Weiterleitung in der Weitdistanz

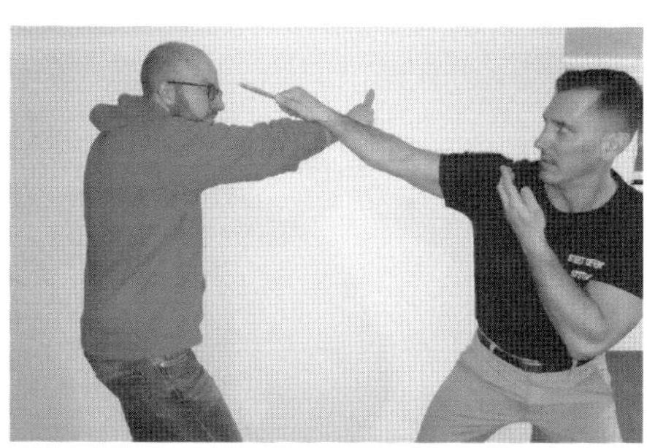

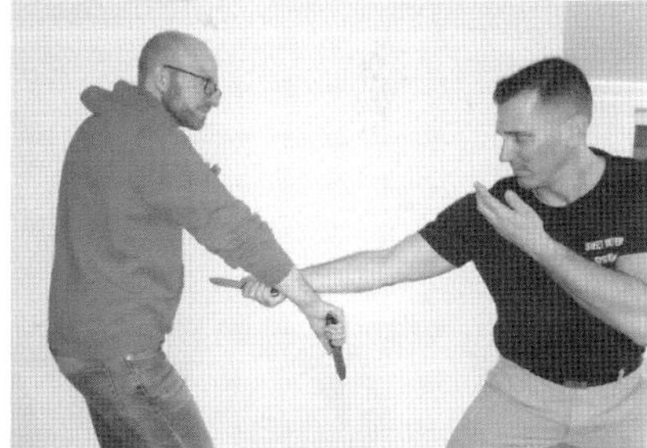

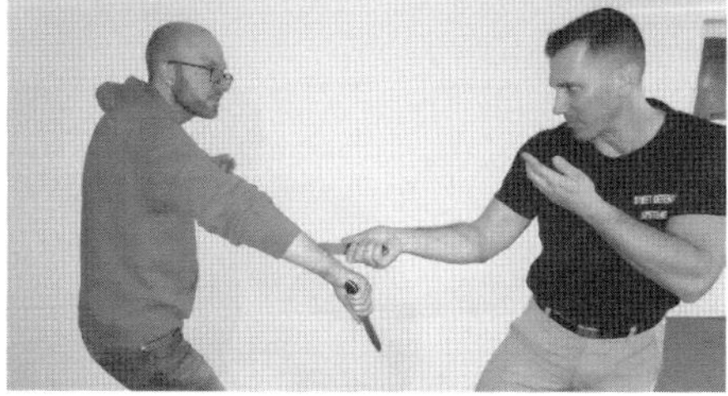

Es ist jedoch immer darauf zu achten, dass zur Um- und Weiterleitung durch Bein- und Schrittarbeit, sowie durch Meid- und Ausweichbewegungen Unterstützung finden.

5.9 Passive Verteidigung gegen Messerangriffe?

Auf Seminaren werden immer und immer wieder Themen wie z.B. „Passiver Messerkampf“ angeboten. Gründe für eine passive Haltung in einer Messerkampfsituation ist in erster Linie die persönliche Grundeinstellung. Den ersten Schritt zu tun und den Angreifer mit einem Messer zu verletzen ist für viele Menschen der westlichen Welt befremdlich. Ein weiterer Grund kann mangelndes Wissen über eine taktische Vorgehensweise bei Messerkämpfen sein. „Lieber mal abwarten was der andere so macht, dann reagiere ich darauf.“, könnte eine weitere Einstellung sein. Aber auch die Angst vor einer Verurteilung kann zu einer passiven Haltung in einer aktiven Auseinandersetzung führen (vgl. Kapitel 0).
Aufgrund unserer Vorkenntnisse über die Ursachen einer verzögerten Handlungsaktivität und der sich daraus ableiten zu lassenden Problematik für die reagierende Person, können schon jetzt Rückschlüsse über den Sinn oder Unsinn eines solchen Themas gezogen werden. Eine passive Haltung des Verteidigers werden dem Angreifer seine offensiv ausgelegten Handlungsweisen und eine damit einhergehende Kontrolle im Kampf zugutekommen. Es darf nicht vergessen werden, dass dem Angreifer der erste Stich oder Schnitt zugesprochen wird. Im schlimmsten Fall ist der Kampf durch einen guten Treffer dann schon vorbei, mit einem blutigen und vielleicht sogar tödlichen Ende für den Verteidiger. Behält der Aggressor seinen Vorwärtsdruck durch ausgewählte Schnitt- und Stichkombinationen aufrecht, dann ist eine Rückkehr zur aktiven Übernahme der Kampfhandlung schier unmöglich. Ständig muss auf neue Angriffswinkel reagiert werden. Zur passiven Verteidigung kommt dann noch ein nach hinten gerichtetes ausweichen hinzu. Wenn von Messerkampf die Rede ist, dann muss bei allen Beteiligten von schweren körperlichen Verletzungen ausgegangen werden. Stellen Sie sich jetzt das Resultat durch reine Passivität vor?
Verstehen Sie mich nicht falsch, passive Verteidigungstechniken sollten zu jedem ernsthaften Messerkampftraining dazugehören, es aber nicht primär bestimmen!

KAPITEL 6

Zehn Grundregeln für reale Situationen

6.1 Grundregeln

Unverletzt einen Messerangriff zu überstehen ist kaum möglich. Die Gründe hierfür wurden in den vergangenen Kapiteln bereits erläutert. Egal wie lange man Messerkämpfe, waffenlose Verteidigung gegen Messerangriffe oder Szenarien aller Art trainiert, es gibt immer unbekannte Faktoren die nicht vorhergesehen oder berechnet werden können. Ein rein körperliches, auf die Messerabwehr fokussiertes Training, reicht nicht aus. Eine gedankliche Vorbereitung, also mentales Training, gehört ebenso zur Ausbildung dazu. Die nahfolgenden Ideen können als Fahrplan oder Starter für eigene Überlegungen im Falle eines Messerangriffes gesehen werden. Gerade die kleinen Details entscheiden letzten Endes über Leben und Tot.

6.1.1 Grundregel Nr. 1 - Flucht

Eine Grundregel sollte immer sein, dass einem Messerkampf so gut es geht aus dem Weg gegangen wird. Besteht die Möglichkeit zur Flucht, dann sollte diese immer einem Kampf vorgezogen werden – egal ob man ein Messer am Mann trägt. Das Ego darf hier keine Rolle spielen und die Überhand gewinnen. Es gilt zu überleben! Im Optimalfall ist die Wegstrecke bekannt und das Wissen über dortige Fluchtmöglichkeiten vorhanden. Problematisch wird es jedoch, sobald man nicht mehr alleine unterwegs ist, sondern den Partner und Kinder bei sich hat. In diesem Fall könnte nur noch verbale Deeskalation eine Kampfvermeidungsstrategie sein. Grundsätzlich sollte so viel Distanz wie möglich zum Gegner aufgebaut werden. Ist eine Flucht nicht möglich und die Option gegeben das eigene Messer zu ziehen, dann sollte dies ohne zu Zögern getan werden. Viele Angreifer schrecken vor einem Kampf in welchem der Ausgang für sie ungewiss erscheint zurück und entscheiden sich eher für einen Rückzug. Diese Möglichkeit muss jedoch auch vorhanden sein. Es bringt absolut nichts, wenn der potentielle Angreifer sich zurückziehen möchte, ihm aber sämtliche Wege abgeschnitten wurden. Sehr wahrscheinlich wird er sich nun für einen Kampf entscheiden. Sunzi hat in seinem Buch „Die Kunst des Krieges“ schon darüber geschrieben.

6.1.2 Grundregel Nr. 2 - Aufmerksamkeit

In den meisten Selbstverteidigungskursen werden einfache und leicht erlernbare Techniken für den Eigenschutz und zur Fremdhilfe vermittelt. Dem Einsatz der Stimme durch lautes Schreien oder Rufen wird leider nur sehr wenig Aufmerksamkeit zugesprochen. Entsprechend häufig vergessen die betroffenen sogar ihre Stimme gegen den Angreifer einzusetzen. „So wie man trainiert, so reagiert man auch in der Praxis!" ist ein nicht zu verachtender Leitspruch. Es gilt die Umgebung auf den aktuell stattfindenden Übergriff aufmerksam zu machen. Und am besten funktioniert das durch einen beherzten Einsatz der Stimme. Ein körperliches Einschreiten von Dritten darf allerdings nicht erwartet werden. Die meisten Menschen waren noch nie in solchen Konfliktsituationen und verfügen nicht über das notwendige „Know-How" um effektiv in ein Kampfgeschehen eingreifen zu können. Im Zeitalter der Technik kann jedoch davon ausgegangen werden, dass der Übergriff mit einem Handy oder Smartphone sofort gefilmt wird. Der Angreifer ist damit enttarnt und kann polizeilich besser ermittelt werden.

6.1.3 Grundregel Nr. 3 – Demoralisiere

Diese Regel ist nur anzuwenden, wenn genügend Distanz und Zeit vorhanden ist. Einen Angreifer sollte man immer von seinem Ziel ablenken und am besten funktioniert dies durch Sprache. Die Stimme sollte ruhig und bestimmend sein. Den meisten Angreifern sind nämlich die Folgen ihrer geplanten Tat meistens nicht bewusst. Unabhängig einer Anklage wegen schwerer Körperverletzung bis hin zum versuchten oder gelungen Mord sollte aber auch die große Verletzungsgefahr für den Angreifer angesprochen werden. Es muss alles getan werden, um den Aggressor von seiner geplanten Tat abzuhalten. Denken Sie daran, dass Drogenkonsum oder psychische Labilität die Chancen auf eine verbale Deeskalation schwinden lassen.

6.1.4 Grundregel Nr. 4 – Attackiere die Waffenhand

Wenn eine Auseinandersetzung mit dem Messer unausweichlich ist, muss sofort und ohne Zögern ein Vorwärtsdruck aufgebaut werden. Dieser „first-strike" verschafft einen zeitlichen Handlungsvorsprung, da der Gegner in eine passive Rolle gedrängt und zur Reaktion gezwungen wird. Ein Grundsatz lautet, dass die gegnerische Waffenhand immer das erste Ziel darstellt. Der Vorwärtsdruck muss solange aufrecht erhalten bleiben, bis das Ziel der Waffenneutralisation erreicht ist! Führt der Angreifer das Messer mit der hinteren Hand dann gilt der Grundsatz „closest weapon to closest target“ (CWCT). Das bedeutet, dass die waffenlose Führhand des Gegners das erste und naheste Ziel darstellt und neutralisiert werden muss. Wird der Angreifer durch die Klinge getroffen sollte er immer wieder mit Worten auf seine aussichtslose Lage aufmerksam gemacht werden. Eine parallele Demoralisierung kann wie ein Verstärker wirken und den Aggressor vielleicht zum Rückzug bewegen.

6.1.5 Grundregel Nr. 5 – Variiere die Ziele

Je nachdem wie der Angreifer auf seinen kassierten Handtreffer und die damit einhergehende Immobilisationstechnik reagiert, kann der Verteidiger seine Folgeaktionen auswählen. Dabei können weitere Immobilisationsziele wie z.B. Schnitte durch den Oberarm oder Oberschenkel, Bluttechniken wie Stiche oder Schnitte durch Arterien oder gar Finalisierungstechniken angewandt werden. Die meisten Angreifer fliehen wenn sie selbst getroffen werden oder das eigene Blut fließen sehen. Ein kleiner Prozentsatz regiert mit noch mehr Aggression und versucht den Verteidiger unter allen Umständen zu dominieren. Dies wäre der richtige Zeitpunkt um sich über weitere Zielmöglichkeiten Gedanken zu machen. Halten Sie sich jedoch immer die gesetzlichen Bestimmungen der Notwehr und versuchen Sie diese nicht zu überschreiten. Vielleicht ist aus sicherer Distanz ein Smartphone auf Sie gerichtet.

6.1.6 Grundregel Nr. 6 - Bleibe immer in Bewegung

„Ein Ziel was sich bewegt ist schwerer zu treffen!“ Sobald eine Messerkampfsituation begonnen hat, muss man in Bewegung bleiben und ein schwer zu treffendes Ziel darstellen. Auch die waffenführende Hand sollte stets vor dem Körper bewegt werden. Zudem sind Schnitte, die aus der Bewegung ausgeführt werden schneller, unberechenbarer, schwerer abzuwehren und verursachen bei einem Treffer größere Verletzungen. Bewegung verringert außerdem die Reaktionszeit gegen Konteraktionen, da sich der eigene Körper nicht erst in Bewegung setzen muss. Schnitt- und Stichkombinationen können schneller und mit variablerem Einsatz erfolgen. Ein weiterer nicht zu verachtender Punkt der sich aus Bewegung ergibt ist eine schwierigere Einschätzung der Distanz. Mit minimalem Aufwand kann von der Weit- in die Mitteldistanz oder von der Nah- in die Weitdistanz gewechselt werden. Der Angreifer muss die Entfernung zum Verteidiger immer wieder neu einschätzen.

6.1.7 Grundregel Nr. 7 – Biete wenig, nehme viel

Manchmal muss in einer Kampfsituation geblufft oder mit Finten gearbeitet werden. Das Ziel ist immer sich eine bessere Ausgangssituation als die des Gegenübers zu verschaffen. Durch Scheinangriffe soll der Gegner zu Reaktionen gezwungen werden, die einem bei weiteren Kombinationen zu einem Handlungsvorteil oder sogar Treffer verhelfen. Bei einer Finte wird ein Angriff eingeleitet aber nicht bis zum Ende ausgeführt. Er wird rechtzeitig abgebrochen, so dass die Reaktionen des Gegners gegen diesen Angriff ins „Leere“ laufen. Dadurch entstehen Lücken und Öffnungen in der gegenirischen Verteidigung, die zum eigenen Vorteil genutzt werden können. Eine weitere Möglichkeit ist dem Angreifenden etwas anzubieten. Dies kann eine zu weit exponierte Abstandstandhand sein oder ein ausgeführter Fußtritt. Es wird darauf spekuliert, dass der Angreifer die Hand oder das Bein mit der Klinge attackiert. Auch hier hat es der Verteidiger wieder auf Öffnungen und Lücken in der Deckung abgesehen. Der Aggressor wird sozusagen in eine Falle gelockt. Verletzungen sind vom Verteidiger einkalkuliert.

6.1.8 Grundregel Nr. 8 – Du wirst verletzt

In einer Auseinandersetzung ohne Waffen sind Verletzungen so gut wie vorprogrammiert. Umso größer und unausweichlicher ist die Wahrscheinlichkeit, wenn Waffen mit im Spiel sind. Diese Tatsache muss man sich immer wieder ins Gedächtnis rufen. Eine mentale Vorbereitung auf mögliche Situationen mit ungewissem Ausgang kann helfen, sich mit dem unschönen aber realen Thema Verletzungen auseinanderzusetzen. Zudem kann eine frühzeitige, wenn auch nur gedankliche Konfrontation, vor einem einsetzenden Schock bei einer echten Verletzung schützen. Wer in einen Kampf verwickelt ist und mit Furcht vor eigenen Verletzungen ringt, kämpft nur mit halbem Willen, ist unentschlossen in seinen Handlungen und wird im Kampf unterlegen sein.

6.1.9 Grundregel Nr. 9 – Es sind nur Verletzungen

Einfacher gesagt als getan. Aber in Gesprächen mit Menschen die Opfer von Messerangriffen waren, wurde bestätigt, dass sie während der Auseinandersetzung keine Schmerzen nach einem Schnitt oder Stich wahrgenommen haben. Vielmehr berichteten sie über ein dumpfes Gefühl, ja fast schon wie einen Schlag auf die betroffene Körperpartie. Erst im Nachgang wurde Ihnen bewusst, dass sie mehrfach von einer Klinge getroffen wurden. Je nach Verletzungsgrad kann ein Treffer den Kampf bereits frühzeitig entscheiden. Sollten Verletzungen an der Hand oder irgendwo sonst am Körper registriert werden muss die volle Aufmerksamkeit weiter auf den Gegner ausgerichtet sein. Eine Ablenkung, durch ein nach unten schauen oder ein Abtasten mit der waffenlosen Hand kann fatale Folgen haben. Zum Einen kann der Angreifer die auftretende Unsicherheit des Verteidigers wahrnehmen und mit noch mehr Nachdruck Stechen und Schneiden und zum Anderen können gesichtete Wunden und austretendes Blut am eigenen Körper zu Schock und völliger Handlungsunfähigkeit führen. Ein gesunder Respekt vor Verletzungen kann einem helfen die vitalen Punkte am eigenen Körper besser zu schützen. Angst vor Verletzungen stellt eine Beeinträchtigung der eigenen Kampffähigkeiten dar – mit verheerenden Folgen!

6.1.10 Grundregel Nr. 10 - Kontrolliere deine Angst

Angst ist prinzipiell nichts Schlechtes. Sie hindert uns daran etwas Unüberlegtes oder Dummes zu tun, was sich eventuell negativ auf unser Wohlbefinden auswirken könnte. Sie stellt also eine Art Schutzmechanismus dar, welcher sich über Jahrtausende, durch evolutionsbedingte Auslesungen, durchgesetzt hat. Angst kann jedoch auch ein Hindernis im Kampf darstellen. In dem Moment wo Angst zur Furcht wird ist es nur noch ein kleiner Schritt bis zur Panik. In Furcht oder Panik eine klare Entscheidung zu treffen ist nicht mehr möglich. Furcht oder Panik während eines Messerangriffs sind der Anfang von Ende. Einige Angreifer versuchen durch dominantes Auftreten ihren Widersacher einzuschüchtern und zu demoralisieren. Sollte diese Vorhaben von Erfolg gekrönt sein, wird es für den Angreifer ein Leichtes sich einen unaufhohlbaren Handlungsvorsprung zu verschaffen. Umso wichtiger ist es seine Angst unter Kontrolle zu haben. Ein erster Schritt liegt in der Akzeptanz. Angst ist etwas Natürliches und im Prinzip ein Helfer mit Alarmsystem. Gegen die eigene Angst anzukämpfen führt nur zum Gegenteil. Im nächsten Schritt kann man sich gedanklich mit Situationen auseinandersetzen, welche im Ernstfall sofort Furcht oder Panik auslösen würden. Gedankenspiele können einem auf ernste Situationen vorbereiten. Alle denkbaren Kampfausgänge müssen dabei berücksichtigt werden. Je detaillierter man die Szenarien gedanklich durchspielt, desto besser ist die mentale Vorbereitung auf die Realität. Wurden alle erdenklichen Möglichkeiten in Erwägung gezogen, können durch spezielles Training die Schlüsselpunkte in der Praxis verinnerlicht werden. Bauen Sie folgende Details in ihr mentales Training ein: Tageszeit, Örtlichkeit, Anzahl der Angreifer, Art des Übergriffes, Waffen, persönlicher Zustand (fit, krank, verletzt,...), allein unterwegs oder mit Familie,.... Die Liste ließe sich beliebig verlängern. Entscheidend sind ganz individuelle und ehrliche Zusammenstellungen und Interpretationen eines möglichen Ausgangs.

KAPITEL 7

Ausrüstung für das persönliche Training

7.1 Ausrüstungsgegenstände eines Messerkampftrainings

In diesem Kapitel werden wichtige Ausrüstungsgegenstände und Trainingsmethoden zur Verbesserung der eigenen Messerkampffertigkeiten vorgestellt. In den meisten Kampfsport- und Kampfkunstarten wird Messerabwehr, Messerkampf und Messerverteidigung ohne zusätzliche Schutzausrüstung trainiert. TRAINIERT, dieser Begriff passt an dieser Stelle eigentlich überhaupt nicht. Man kann keinen Messerkampf trainieren, ohne handfeste Angriffe und entsprechende Konteraktionen beim Angreifer anzuwenden.
Nur so lässt sich genügend Geschwindigkeit und Druck bei Verteidigung und Angriffen aufbauen um das Training realistischer zu gestalten. Dennoch müssen Verletzungen im Training auf ein Mindestmaß reduziert werden können. Dies ist nur mit einer entsprechenden Schutzausrüstung gewährleistet. Wir unterscheiden hierbei in primäre und sekundäre Schutzausrüstungsgegenstände. Die primären Gegenstände können auch mit den Worten „Must have", die sekundären mit den Worten „Nice to have" umschrieben werden. Primäre Schutzausrüstung sollte niemals verliehen werden. Nur so kann für den Besitzer Funktionalität und ein damit einhergehender Schutz gewährleistet werden.

7.1.1 Must have...

Trainingsmesser mit Schaumstoffumwicklung
Messer mit Schaumstoffumwicklung um einen Holzkern sind für das Sparring optimal. Das Verletzungsrisiko ist unter Einhaltung der oben genannten primären Schutzausrüstung gering und kann somit unter realitätsnaher Geschwindigkeit ausgeführt werden. Vorsicht ist jedoch auch hier bei dem Einsatz von Stichen geboten. Zwar dringt ein Schaumstoffmesser nicht in den Körper ein, kann jedoch von sehr schmerzhaft bis hin zu kleinen Rippenfrakturen gehen. Weiterhin kann man sich ohne Probleme sparringstaugliche Trainingsmesser selber bauen. Dazu benötigt wird lediglich ein kurzes Plastikrohr, Rohrdämmung und Klebeband.

Bild 105 & 106: Trainingsmesser mit Schaumstoffwicklung und Eigenherstellung

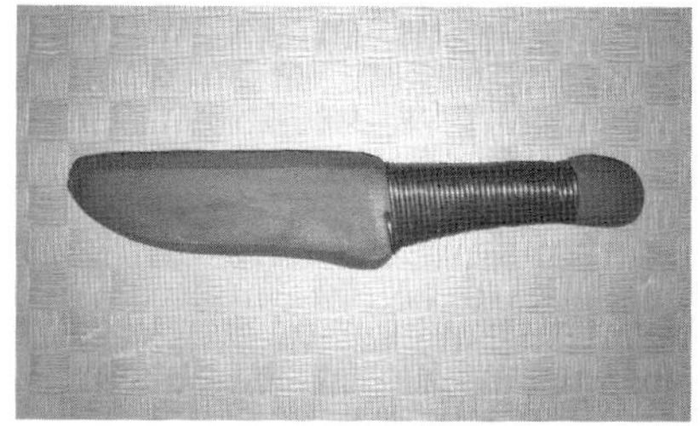

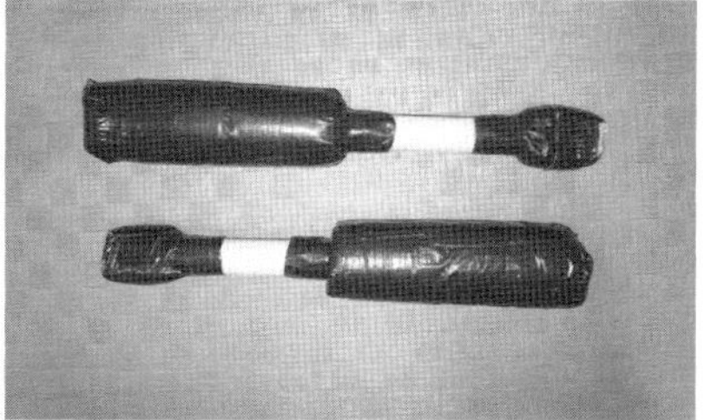

Schutzbrille

Eine einfache Fahrradbrille reicht hier nicht aus. Die Brille MUSS mit einem Gummizug am Kopf fixiert werden können um Verlust oder Vertuschungen nach Berührungen zu vermeiden. Zusätzlich MUSS die Brille seitlich und bündig am Kopf abschließen. Die reduziert die Gefahr, dass die Trainingsklingen von außen in den Sehbereich eindringen kann.

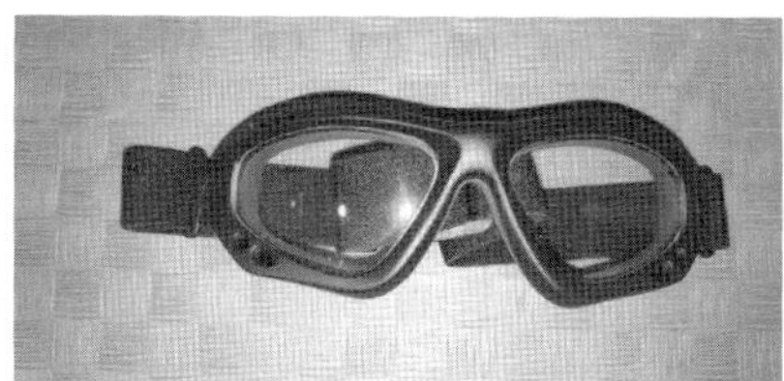

Bild 107: Schutzbrille

Schutzhelm mit Gitter / Schutzhelm mit Plastikvisier

Wie beim Vollkontakt im Boxen, so ist es beim Vollkontakt im Messerkampf wichtig, Kopf und Gesicht vor Schlägen, Tritten, Stichen und Schnitten zu schützen. Grundsätzlich können beide genannten Schutzhelme für das Sparring mit dem Messer eingesetzt werden. Wie immer gibt es jedoch auch hier entsprechende Vor- und Nachteile. Ein Nachteil von allen Helmarten ist, dass diese, je nach äußerer Einwirkungskraft, verrutschen und den Sparringsfluss so ein Stück weit unterbrechen können. Weiterhin wird man sehr schnell feststellen, dass man unter einem Helm verdammt stark schwitzt und der in die Augen fließende Schweiß eine brennende Sichtbehinderung während des Sparrings darstellen kann. Von der praktischen Seite her gesehen, könnte eine solche Behinderung sogar als eine zusätzliche Herausforderung während des „Realkampftrainings“ angesehen werden. Mit einem Kopftuch oder einer Motorradmaske unter dem Helm lässt sich dieses Problem jedoch schnell in den Griff bekommen.

Schutzhelme mit Gitter haben den Nachteil, dass die Gitterstäbe einen gerade ausgeführten Stich zum Kopf nicht abfangen werden. Die Abstände zwischen den einzelnen Gitterstäben sind zu groß. Abhilfe schafft man sich, indem zusätzlich eine Schutzbrille unter dem Helm getragen werden kann. Alternativ hierzu kann das Trainingsmaterial, also in unserem Fall die Trainingsmesser, angepasst oder modifiziert werden. Schutzhelme mit Plastikvisier schützen vor direkten Stichen zum Gesicht. Je nach Trainingsgerät kann das Visier jedoch leicht verkratzen und dadurch die Sicht erschwert werden. Auch harte Schläge gegen das Scharnier können zur Einschränkung der Funktionstüchtigkeit des Helmes führen. Bei einem Helm mit Visier wird man auch sehr schnell feststellen, dass sich Kondenswasser an der Innenseite der Scheibe bildet. Zur schlechteren Sauerstoffversorgung kommt nun also noch eine Einschränkung der Sicht hinzu.

Bild 108 & 109: Schutzhelmvarianten

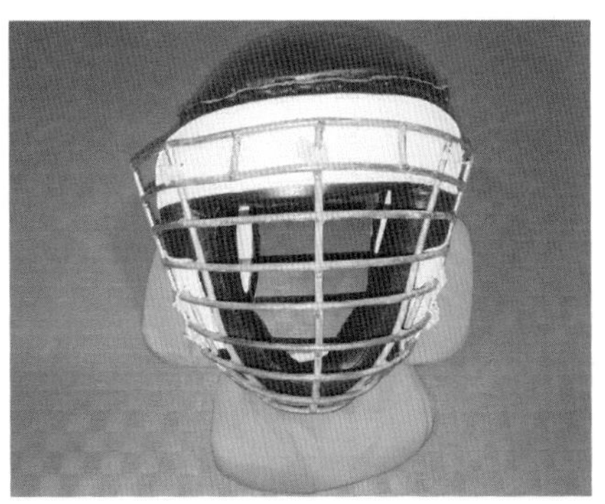

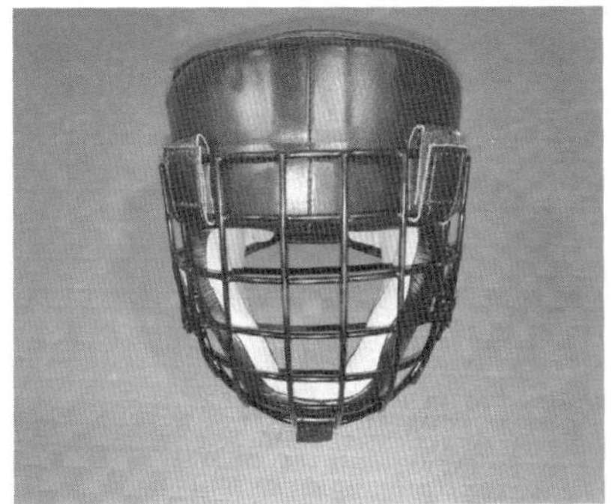

Free-Fight- oder Motoradhandschuhe

Da sich die Hände, egal ob Waffen- oder Hinterhand, in den meisten Fällen vor dem Körper befinden, stellen diese ein willkommenes und effektives Ziel bei einem Messerkampf dar. Die Hände und Arme sind ein Schutzschild für den Körper und den darin befindlichen lebenswichtigen Organen. Entsprechend schnell und hart muss diese „Verteidigungslinie“ durchbrochen werden um weitere Treffer zu setzen. Free Fight- oder Motorradhandschuhe sind hierfür sehr gut geeignet. Sie schützen vor druckvollen Schnitten und Stichen, geben aber auch Schutz im Falle eines direkten Faustschlages zum Kopf des Gegners und dem damit verbundenen Treffer auf dem Stahlgitter oder dem Hartplastikvisier. Bei klassischen MAA-Handschuhen muss jedoch auf die zweiten Fingergelenke der Hand geachtet werden, da diese außerhalb der schützenden Handschuhe liegen.

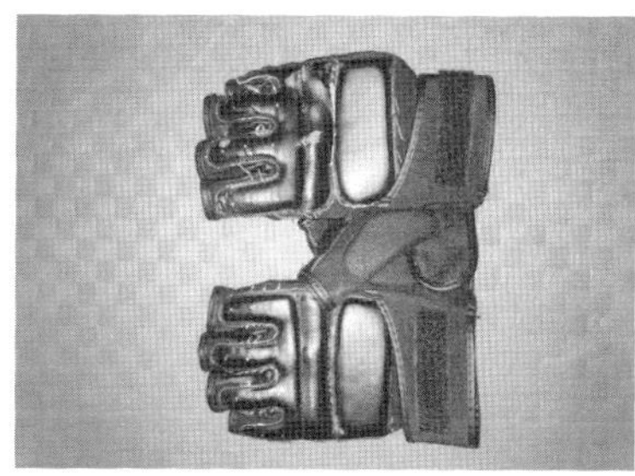

Bild 110: Schutzhandschuhe

Tiefschutz

Der Genitalbereich gilt als eine der effektivsten Trefferzonen. Schon leichte Treffer mit der Hand, Spann, Schienbein oder Knie können den Kampf vorzeitig entscheiden. Warum also nicht mit „Dirty Tricks“ arbeiten? In einem Kampf auf der Straße mit scharfer Gewalt geht es ums nackte Überleben. Fairness gibt es hier nicht. Warum soll man also während eines realitätsnahen Sparrings solche effektiven Trefferziele außen vor lassen? In unseren Augen gehört ein Tiefschutz für das Messerkampftraining zur Grundausstattung und ist damit verbindlich!

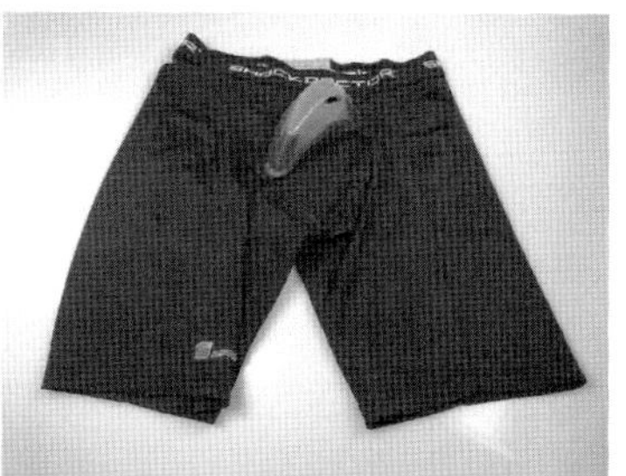

Bild 111: Tiefschutz

Zahn- / Mundschutz

Sobald man Sparring, Freikampf oder Szenarien trainiert MUSS ein Zahnschutz getragen werden. Auch wenn alle Beteiligten einen entsprechenden Helm mit Schutzvorrichtung tragen, können unverhoffte und harte Treffer zu einem Gebisstrauma und damit verbunden hohen „Reparaturkosten" einhergehen. Beim Kauf eines Zahnschutzes sollte auf der einen Seite auf die angegebene Größe und auf der anderen Seite auf die Möglichkeit einer individuellen Zahnanpassung durch Materialerwärmung geachtet werden. Auf billige „Zahnschutzeinsätze" sollte dringlichst verzichtet werden. Nur so ist maximale Sicherheit während eines Trainingsgewährleitstet.

Bild 112 & 113: Zahnschutzvarianten (links teurer / rechts billig)

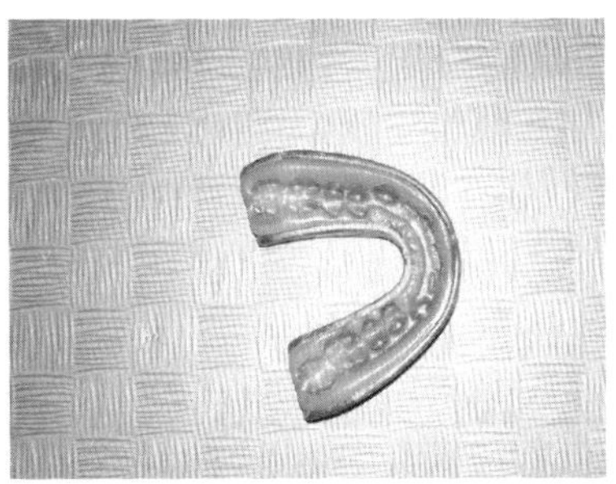

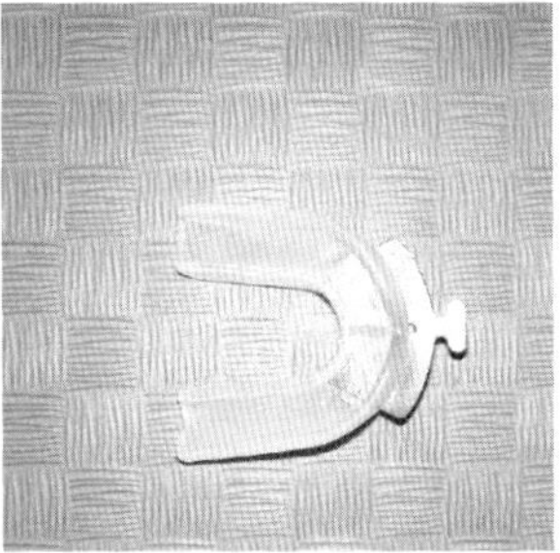

Achtung: Zur persönlichen Sicherheit wird kein Sparring mit Messern, Stöcken oder Alltagsgegenständen ohne die oben beschriebenen primären Schutzausrüstungsgegenstände durchgeführt!

7.1.2 Nice to have...

Unterarmschutz / -protektor

Klar, durch Schnitte und Stiche im Sparring können kleine Hautaufschürfungen oder Striemen entstehen. Na und? Zum einen zeigen mir diese wo ich getroffen worden wäre und zum anderen gehört ein wenig Verlust zum Training dazu. Wir betreiben ja schließlich Kontaktsport!

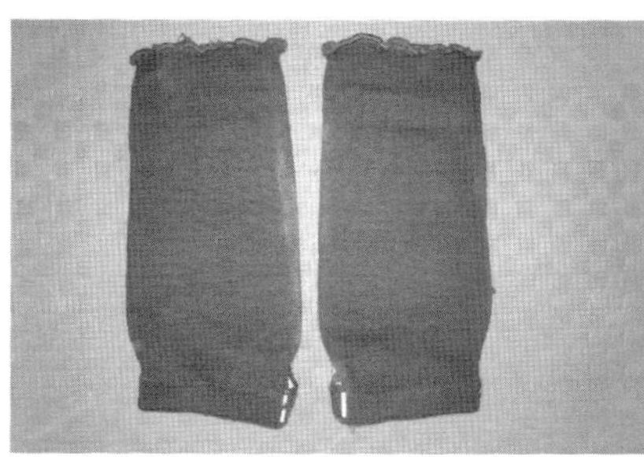

Bild 114: Unterarmschützer

Schienbeinschutz / -protektor

Über den Einsatz von Schienbeinschoner im Training lässt sich streiten. Tritte lassen sich mit Schoner härter aber auch unüberlegter einsetzen. So braucht es den Verteidiger mit Schienbeinschutz nicht zu interessieren, ob sein Gegenüber die Tritte effektiv mit dem Schienbein ablockt, da kaum eine Rückmeldung in Form eines Schmerzes stattfindet. Der Spruch „Schmerz ist der beste Lehrmeister" hört sich zwar etwas abgedroschen an, ist aber unserer Meinung nach ein wichtiger Bestandteil realitätsnahen Trainings.

Bild 115: Schienbeinschützer

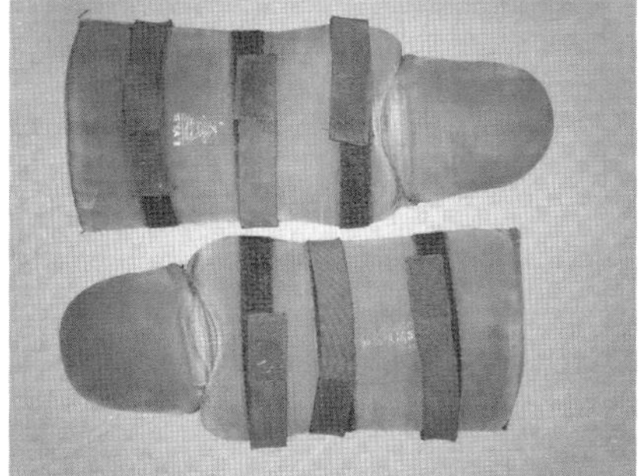

Handgelenksschutz aus Leder

Messerabwehrtechniken können sehr schmerzhaft sein. Gerade das Handgelenk stellt in der Weitdistanz ein gerne zu erreichendes Ziel dar. Solche Lederarmbänder können über die meisten größeren Online-shops erworben werden. Dicke Schweißbänder für das Handgelenk sind kostengünstiger und können härtere Treffer ebenfalls gut kompensieren.

Bild 116: Handgelenksschutz aus Leder

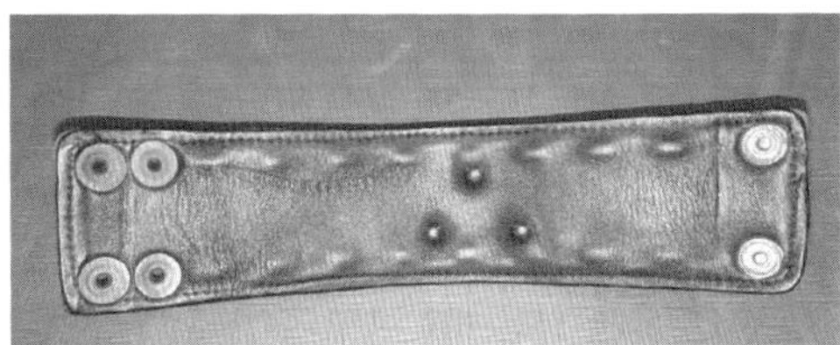

7.2 Weitere Übungs- und Trainingsmesser

In Kampfsportshops gibt es unzählige Varianten von Trainingswaffen / -messern. Der Größe und Form sind keine Grenzen gesetzt. Die gängigsten Materialien aus denen Trainingsmesser bestehen sind Holz, Hartplastik, Gummi, Schaumstoff mit Holzkern und Aluminium. Alle Varianten haben ihre Daseinsberechtigung. In der Black Dragon Academy werden die Varianten Aluminium und Schaumstoff mit Holzkern bevorzugt.

Bild 117 & 118: Eine Übersicht: Trainer aus Aluminium (groß) und Holz (klein)

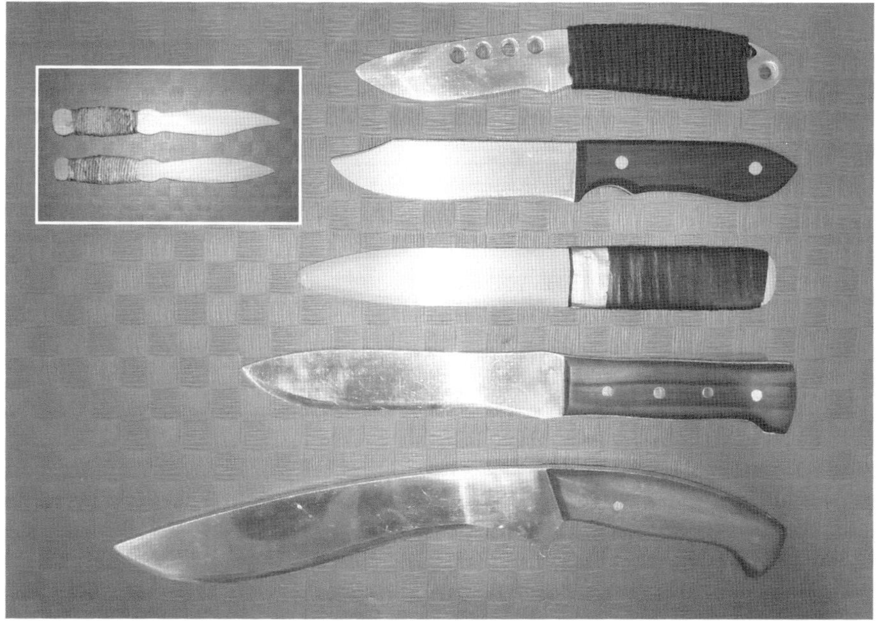

Übungsmesser aus Aluminium sollten sich optisch nur wenig von ihren Originalen unterscheiden. Am besten besitzen sie die gleiche Größe, den gleichen Öffnungsmechanismus und das gleiche Gewicht. Es gibt einige Hersteller von Übungsmessern, die genau dies erfolgreich umgesetzt haben. So gibt es für einige „echte" Messer den entsprechenden Trainer, also die Aluvariante gegen entsprechendes Geld zu kaufen. In den meisten Fällen ist dies aber die etwas teurere Variante.

Bild 119 & 120: Trainer Übungsmesser – das Pendant zur echten Klinge

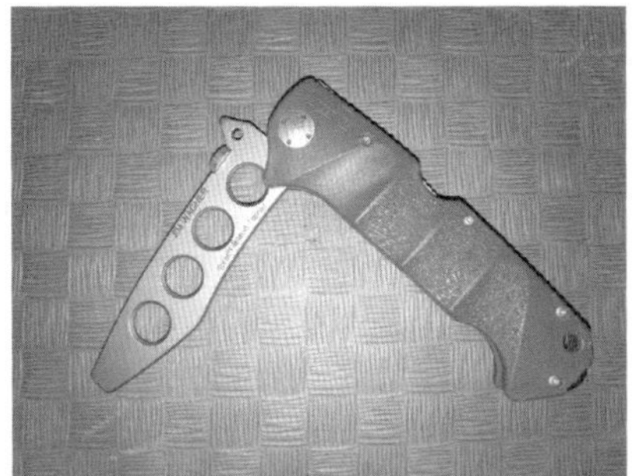

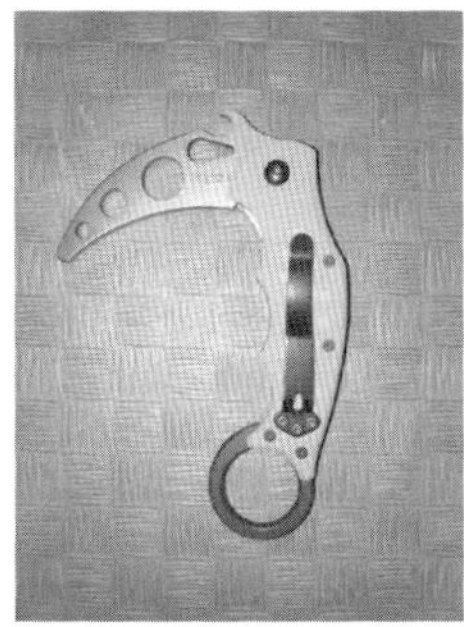

Die Frage nach dem „braucht man das wirklich" kann nur individuell beantwortet werden. In den meisten Fällen handelt es sich um sogenannte Einhandmesser, die, wie der Name schon sagt, mit einer Hand, durch einen kleinen Pin an der Klingenseite, zu öffnen sind. Über ein Verbot des Führens eines solchen Messers wurde oben bereits gesprochen. Am Ende muss jeder für sich selbst entscheiden, ob und wenn ja welche Art von Messer mitgeführt wird und welche strafrechtlichen Konsequenzen im Falle einer polizeilichen Kontrolle oder körperlichen Auseinandersetzung mit Messereinsatz auf einen zukommen. Der Vorteil von Aluminiummesser also ist nicht nur seine Ähnlichkeit zu realen Messern, sondern auch die Haptik. Befindet man sich zum Beispiel in einer Situation statischer Messerbedrohung und entschließt sich aufgrund äußerer Umstände zur waffenlosen Verteidigung, so kann sehr schnell feststellt werden, ob die eigenen Hände die kalte Klinge oder nur den Griff der Waffen berührt haben. Dies ist unserer Meinung nach ein sehr wichtiger Trainingsfaktor.

Von Gummi- und Holzmessern raten wir ganz ab. So können Entwaffnungen mit einem Gummimesser überhaupt nicht und Stiche nur sehr oberflächlich trainiert werden. Durch die Flexibilität der Klinge wird die Haptik eins direkten Kontaktes verfälscht. Die Erfahrung hat gezeigt, dass Gummimesser auch nur eine begrenzte Lebensdauer aufweisen, da die Klinge meist am Griff brüchig wird und am Ende abreist! Holzmesser sind von ihrer Stabilität ähnlich den Aluminiummessern. Aus diesem Grund gibt es, außer den meist billigeren Anschaffungskosten, keinen Grund für den Kauf eines solchen Trainingsgegenstandes. In manchen Büchern wird auf die Gefahr des Splitterns hingewiesen, wobei ein solches von unserer Seite her noch nicht bestätigt werden kann.

Eine High-End-Variante der Übungsmesser stellen die sogenannten Aku Strike LED Training Knifes sowie die Shocknifes dar.

Das Aku Strike Knife arbeitet mit einem akustischen Pfeif- und optischem Farbsignal. Bei den Farbsignalen können am Griff zwischen rot und grün gewählt werden. Da Schnitte und Stiche mit einem erforderlichen Druck ausgeführt werden müssen, bekommt der Übende eine sofortige Rückmeldung in Form von einem Pfeif- und Farbsignal wenn die Klinge mit einem bestimmten Druck das Ziel getroffen hat. Dies ermöglicht eine optimale Rückmeldung bei Partnerübungen und Drills, in welchen es um Trefferrückmeldungen geht.

Das Shocknife gibt eine Rückmeldung in Form von elektrischen Impulsen an den Getroffenen wider. Am Griff können verschiedene Stromstärken ausgewählt werden. Der Vorteil dieses Übungsmessers liegt in der kompromisslosen Fehlerrückmeldung in Form von leichten bis sehr starken Stromschlägen. Dadurch wird bei den Übenden von Anfang an ein bestimmter Stresslevel aufgebaut. Aufgrund der Gewöhnung an Trainingsgegenstände empfiehlt es sich das Shocknife nur in Abständen in das Training zu integrieren.

KAPITEL 8

Überlegungen und Trainingsideen

8.1 Warum Street Reality?

Die Idee und Umsetzung des Trainingsansatzes „Street Reality – Conflict Exercises“ ist eigentlich nichts Neues und gehört bei Spezialkräften von Militär und Polizei schon seit Jahrzehnten zum Trainingsalltag. In der Kampfsportszene wurde dieses Thema vor über zehn Jahren in einer damals renommierten Kampfsportzeitung behandelt. In einem Artikel wurden unter anderem realistische Trainingsmethoden vorgestellt und beschrieben. Zu dieser Zeit sprach man von einer Revolution in der Welt der Kampfkünste. Anfänglich wurde dieser Innovation aber kaum Aufmerksamkeit geschenkt und fand in den klassischen Kampfsport- / Kampfkunstschulen nur wenig Beachtung. Warum auch? Das Kampfsportgeschäft boomte. Pokale, Anerkennung und eine Expansion diverser Kampfsportarten und -schulen erreichten ihren Höhepunkt. So wurde in den meisten Fällen ausschließlich traditionell unterrichtet und Techniken für bevorstehende Wettkämpfe trainiert.

Ein paar Jahre später (in den USA hatte sich dieser anfängliche Trend schon längst einen festen Platz in einer freien Nische geschaffen), fand auch in Deutschland so langsam ein Umdenken in vielen Kampfsportschulen statt. Die Gründe hierfür waren vielfältig. Zum einen wich der Wille, den langen Weg der Kampfkünste zu erlernen, in dem Geist und Körper in einem harmonischen Gleichgewicht zueinander zu stehen haben und zum anderen gab es viele Abspaltungen aus traditionellen Kampfkunstschulen, die ihr ursprüngliches Ausbildungsprogramm veränderten um ihr eigenes System zu schaffen. Viele neu entstandene Systeme speckten ihr altes, traditionelles Programm stark ab und verkauften dies unter dem Namen der Selbstverteidigung. In Deutschland, oder besser gesagt, in Industriegesellschaften wurde diese Entwicklung gerne angenommen. Die arbeitende, schnelllebige, westliche Gesellschaft hatte kaum Zeit oder schlicht und ergreifend auch gar keine Lust sich mit dem alten geistigem Gedankengut fremder Kulturen auseinanderzusetzen. Alles soll schnell gehen und am besten noch ohne Anstrengung. Schnell zu erlernende Selbstverteidigungsprogramme und –ausbildungen schienen hierfür prädestiniert zu sein.

Viele Kampfsportschulen boten also, dem Trend folgend, parallel zu ihren klassischen Kampfsystemen, auch Kurse in Selbstverteidigung an. Rein wirtschaftlich gesehen, war diese Entscheidung auch gar keine schlechte Idee! Wissbegierige und alt eingesessene Schüler blieben erhalten, konnten aber durch das neue Angebot ihren Horizont erweitern. Die neuen Interessenten, fühlten sich hauptsächlich von den innovativen Ideen, Programmen und Werbungen angesprochen und ließen dadurch die Mitgliederzahlen der Kampfsportvereine anwachsen und die Kassen klingeln.
Seit den letzten 20 Jahren sind nun in Deutschland zahlreiche Schulen für Selbstverteidigung eröffnet worden. Viele Lehrer speckten ihr einst sehr umfangreiches traditionelles Programm auf ein Minimum ab und verkaufen dieses seither unter dem Banner der Selbstverteidigung. Andere verbanden wiederum Techniken der unterschiedlichsten Kampfsportstile und entwarfen somit ihr eigenes Verteidigungssystem. Ab diesem Zeitpunkt trägt der Lehrer jedoch eine noch größere Verantwortung als zuvor. So wurden in den traditionellen Kampfkünsten noch Normen und Werte vermittelt welche in vielen neuen Kampfsportvereinen scheinbar vollständig abhandengekommen sind. So werden in unserer heutigen Zeit meist schnell zu erlernende Techniken ohne eine parallel stattfindende geistige Schulung vermittelt. Die meisten Kampfkunstschulen werben ja auch nicht mehr mit Überschriften wie z.B. „Erlernen Sie die Geheimnisse des traditionellen XY Karate", sondern vielmehr mit Überschriften wie „Erlernen sie das effektivste Selbstverteidigungssystem der Welt! Erlernen Sie jetzt YZ!" Mit solchen Versprechungen werden Personen in Vereine, Verbände oder Privatclubs gelockt und durch Verträge und hohe Monatsbeiträge über lange Zeit gebunden. Auch das ist im Prinzip legitim. Die Frage die man sich allerdings stellen muss ist, ob das so hoch gepriesene Selbstverteidigungssystem YZ tatsächlich so effektiv ist, wie es in der Werbung auch versprochen wird.
Mit der Frage der „Effektivität von Selbstverteidigungstechniken in realen Situationen" beschäftige ich mich jetzt schon seit vielen Jahren und auch ich bin in meiner Kampfsport- und Selbstverteidigungslaufbahn „in die Falle der Werbung" getreten und habe Verträge abgeschlossen

aus denen ich erst nach einem guten Jahr wieder aussteigen konnte. Anfangs regte ich mich über solche Reinfälle auch auf, später verbuchte ich diese Erfahrungen unter der Rubrik „Lehrgeld gezahlt". Egal wie man mit einer solchen Situation umgehen mag, Erfahrungen hat man definitiv gesammelt. Und ich bin der Überzeugung, dass man sich, ohne direkte Vergleiche unterschiedlicher Selbstverteidigungssysteme auch keine wirklich gültige Meinung über dieses brisante Thema bilden kann. Nach meiner Erfahrung erfolgen die meisten Systemvergleiche eher auf der mündlichen Schiene. Ein kurzes Beispiel soll dies verdeutlichen. Bei Gesprächen zwischen befreundeten Kampfsportlern oder Selbstverteidigungsspezialisten oder wie immer man sie auch nennen mag, erfolgen Erfahrungsaustausche häufig so:
SV´ler A: „Wie reagierst du denn, wenn dich jemand mit einem geraden Messerstich angreift?"
SV´ler B: „Also ich weiche aus, schlage einen Konter, fasse die Waffenhand und bringe ihn zu Boden. Und du?"
SV´ler A: „Ich schaue, dass ich den Gegner mit Tritten auf Distanz halte und dann mit einem Kick ans Handgelenk entwaffne."
SV´ler B: „Cool, das mit den Kicks würde ich auch gerne können!"
Soweit zu einem fiktiven Gespräch, das mit Sicherheit schon in einer ähnlichen Art und Weise so stattgefunden hat. SV´ler B würde also gerne gut mit den Beinen treten können um sich in Gefahrensituationen noch besser verteidigen zu können. Eine Fragestellung die dabei komplett außer Acht gelassen wird ist, ob eine solche Selbstverteidigungshandlung überhaupt schon in einer realen Situation angewandt wurde oder dies nur eine für eine Vorführung gut aussehende Technikdemonstration darstellt. Bitte verstehen Sie mich nicht falsch. Es gibt mit Sicherheit Menschen, die Messerangriffe tatsächlich mit einem gezielten Tritt abwehren und unschädlich machen können. Das zu erlernen erfordert allerdings ein ganz schönes Stück an Zeit, viel, viel Übung und ist mit einem enormen Verletzungsrisiko verbunden! Also keineswegs eine Technik die für einen „normalen" SV´ler schnell von heute auf morgen zu erlernen ist und schon gar nicht, wenn keine Vorerfahrung in einer Kampfsportart besteht. Weiterhin kann ein Vergleich auch auf der praktischen Schiene geschehen. Man trifft sich zu

einem Training und tauscht Erfahrungen, Ideen und Techniken aus. Auch das ist eine gängige Variante, sagt aber auch nichts über eine tatsächliche Effektivität in realen Situationen, wie sie zum Beispiel nachts auf der Straße oder nach einem Disko- oder Kneipenbesuch auftreten können, aus. Mit diesem Bericht möchte ich ihnen kleine Bausteine mit auf den Weg geben, damit das umfangreiche Thema der Selbstverteidigung einmal aus einem anderen Blickwinkel betrachtet werden kann. Die Wichtigkeit der „Theorie der Selbstverteidigung" kann aus platztechnischen Gründen hier nur am Rand erwähnt werden, da ein Verständnis für Konfliktentstehung durch optische oder verbale Reize als ein wichtiger Baustein der Selbstverteidigungsausbildung zählt und als noch zu füllender Raum im Hinterkopf behalten werden sollte. Des Weiteren möchte ich Ihnen Methoden für das individuelle Training vorstellen und ins Bewusstsein rufen, dass eine erfolgreiche Selbstverteidigung nicht durch das Erlernen von Techniken einhergeht, sondern nur durch Drills und Szenarien einen nachhaltigen Erfolg haben wird! Beginnen wir zuerst einmal mit der Terminologie von „Realsituation" und vergleichen diese anschließend mit einer trainingstypischen Situation, wie sie in nahezu jedem Dojo oder Trainingsraum der Welt stattfindet.

Eine Realsituation zeichnet sich durch eine Vielzahl von äußeren Parametern aus, die keinem individuellen Einfluss unterliegen. Unter äußeren Parametern oder Faktoren versteht man z.B. Temperatur (Hitze, Kälte), Tageszeit (Tag und Nacht, hell und dunkel), Umgebung (bekannt, unbekannt), etc. Die Einschätzung, ob die äußeren Parameter als negativ oder positiv bewertet werden, ist individuell und kann starken Abweichungen unterliegen. So stört es z.B. Person A überhaupt nicht, im Dunkeln, im Winter alleine durch einen fremden Stadtteil zu laufen während hingegen Person B dieselbe Situation komplett negativ bewertet und nur im Notfall die eigenen vier Wände verlassen würde. Im Umkehrschluss kann es natürlich auch sein, dass sich Person A an einem anderen Tag wie Person B entscheidet und lieber zu Hause bleibt. Gründe hierfür sind in den personenbedingten Faktoren wie z.B. dem aktuellen physischen (Gesundheit, Fitness, Kampfsporterfahrung, etc.) und psychischen (Selbstwertgefühl, innerer Einstellung, etc.) Zustand zuzuschreiben, der von Tag zu Tag leicht variieren kann. Man kann zwar sagen, dass die physischen und psychischen Parameter relativ stabil sind, da ihnen auch ein längerer Lernprozess vorausgeht aber trotzdem ist nicht jeder Tag wie der andere. An einem Tag könnte man schon morgens Bäume ausreißen und ist fit und gut gelaunt, während man am nächsten Tag morgens aufwacht, schlecht geschlafen hat, gesundheitlich nicht ganz auf der Höhe ist und der bevorstehende Tag als bereits „gelaufen" gilt. Jeder von uns kennt wohl die beiden beschriebenen Gefühlswelten allzu gut.

Da jetzt klar geworden ist, was unter einer Realsituation zu verstehen ist, stellen wir uns folgendes Szenario vor:
Person A hatte einen guten Start in den Tag und kann sich ansonsten auch nicht über den aktuellen physischen und psychischen Zustand beschweren. Sie befindet sich gerade zu Fuß auf dem nachhause Weg nach der Arbeit. Es ist Winter, schon dunkel und ein kalter Nieselregen durchnässt langsam die Kleidung. Als angenehm kann man diese Situation nicht gerade beschreiben. Die äußeren Parameter bestimmen also die aktuelle Gefühlslage von Person A. Da diese den Tag im allgemeinen als einen sehr gelungenen bewertet und in Gedanken schon bei der entspannenden heißen Dusche zu Hause ist, bemerkt sie nicht, dass zwei in schwarz gekleidete Männer die Straßenseite wechseln und gezielt auf sie zulaufen. Überrascht bleibt Person A vor den beiden Männern stehen. Einer der beiden fordert mit drohender Stimme und der rechten Hand in der Innenseite der Winterjacke das Herausgeben von Handy und Geldbeutel. Person A hat Kampfsporterfahrung und schon einige Kurse im Bereich der Selbstverteidigung besucht. Sie entscheidet sich gegen eine freiwillige Abgabe der geforderten Objekte. Es kommt zum Gerangel. Alle drei stützen aufgrund der abfallenden Borsteinkante und Rauferei zu Boden (äußerer Faktor der Bodenbeschaffenheit) und befinden sich wälzend in einer großen kalten Lache aus altem Schnee und neuem Nieselregen. Einer der Männer schafft es aufzustehen und deckt nun Person A mit Tritten ein. Diese bemerkt, dass Sie alle gelernten Schutzbewegungen, Schläge und Tritte auf einmal nur mit verminderter Geschwindigkeit und sehr unpräzisen Treffern

ausführen kann (äußerer Faktor von Schnee und Wasser) und dass obwohl sie doch schon sehr lange auf genau solche Situationen trainiert hat. Alles scheint anders…

Soweit das Szenario. Was ist geschehen? Wie wir wissen, hat Person A einschlägige Vorerfahrungen im Bereich der Selbstverteidigung, kann aber den Konflikt nicht lösen. Wo liegt also das Problem? An dieser Stelle müssen wir den Bogen zum Training in der Halle spannen. Das allgemeine Hallentraining muss aber an dieser Stelle nicht in aller Ausführlichkeit beschrieben werden, da der Großteil der Leser bereits genaue Vorstellungen eines solchen hat. Und genau darin liegen die Unterschiede zwischen Realität und „Fiktion". Das Hallentraining unterscheidet sich schon grundsätzlich von der dort herrschenden Trainingsatmosphäre von einem Ort außerhalb. Es regnet nicht, der Boden ist trocken, eben und weich (zumindest in den meisten Fällen), im Winter ist das Licht an, die Umgebungstemperatur ist dem Training entsprechend angepasst und alle tragen eine entsprechende Trainingsbekleidung. Diesen Luxus gibt es „da draußen auf der Straße" nicht! Person A erlitt aufgrund der äußeren Parameter einen „Temperaturschock". Die Bewegungen wurden langsamer und nasse Kleidung und eine kalte Umgebung beeinflussen in nicht zu unterschätzendem Maße die physische Leistungsfähigkeit. Und vergessen Sie nicht, Person A hatte Vorerfahrungen in Nahkampfsituationen und trotzdem Probleme bei der Verteidigung. Jetzt stellen Sie sich Person B vor, die in ihrem Leben noch nie gekämpft hat und sich auf einmal auf dem Boden wiederfindet!

Wir haben keine Ahnung ob und wann wir einmal in einer wie oben beschriebenen Situation gelangen werden. Vielleicht ist es schon in diesem Winter der Fall, vielleicht im nächsten, vielleicht niemals, vielleicht wird es auch eine ganz andere Situation sein. Wir wissen es nicht! Aber eines wissen wir, wir wollen vorbereitet sein. Welche Art der Vorbereitung ist nun notwendig, um Situationen wie z.B. die oben beschriebene zu meistern? Genau – es ist das Training von Realsituationen durch Konfliktübungen!

Szenarien müssen so vorbereitet und geplant werden, dass mögliche Übergriffe so realistisch wie nur möglich dargestellt werden. Der erfahrende Leser wird an dieser Stelle sofort zustimmen aber auch feststellen, dass wir das Training ja nicht in die Straßen der Großstadt verlegen können. Das ist aber auch nicht notwendig. Verlassene Gebäude, große Parkplatzanlagen, ein kleiner Wald oder auch der eigene Garten lassen die Durchführung von Szenarien zu. Verlegt man das Training nach draußen so ist man sofort den äußeren Faktoren ausgeliefert. Man sollte darauf achten, dass man zu unterschiedlichen Jahreszeiten und unter raueren äußeren Bedingungen (kalter Wind oder große Hitze, Regen, unebenes Gelände, etc.) Konfliktübungen durchführt. Auf diese Weise ist man der Realität schon wieder ein kleines Stückchen näher gekommen und vor allem: man hat es im Ansatz erlebt!

Wie lässt sich das organisieren? Auch diese Frage ist relativ simpel zu beantworten. Es muss ein geeigneter Platz gefunden werden an dem das Szenariotraining durchgeführt werden kann. Am besten ein Ort an dem sich keine fremden Personen befinden. Sollte dies nicht möglich sein und Passanten zufällig ihren „Trainingsplatz“ kreuzen, dann klären Sie diese freundlich über Ihr Projekt und Unterfangen auf. Machen Sie kein Geheimnis daraus! In den meisten Fällen gehen die Spaziergänger dann weiter und stören sich nicht mehr an Ihrem geplanten Programm. Ihre Aufgabe ist es nun den Trainingsplatz vorzubereiten und anderen Teilnehmern Aufgaben und Rollen zuzuordnen welche Sie in der Konfliktübung zu spielen haben. Auch hier werden einige Mitwirkende gleich an ihre Grenzen gelangen, da man ja auch ein wenig schauspielern muss. Nach ein paar Übungsdurchläufen und dem Abbau der persönlichen Hemmschwelle sollte dies aber kein Problem mehr darstellen. Je nach Gelingen der gestellten Aufgaben können die Konfliktsituationen weiter ausgebaut werden. Der Fantasie sind an dieser Stelle keine Grenzen gesetzt. So kann man durch entsprechende Schutzkleidung die Verteidigungs- oder Helfertechniken härter und schneller ausführen und somit noch realistischer gestalten. Eine fortgeschrittene Variante dieses Programms ist das bespritzen der Verteidiger mit kalten Wasser aus einem Gartenschlauch (Trainingsmöglichkeiten z.B. im eigenen Garten). Man spricht auch von „Training unter Temperaturschock". Ziel ist es den Temperaturschock durch die Atmung besser zu kontrollieren. Zeitgleich muss man sich dem geplanten Szenario stellen – glauben Sie mir, das ist keine leichte Aufgabe! Eine weitere Möglichkeit für ein realistisches Training ist die Verwendung von Kunstblut und Masken. Viele Personen reagieren bei dem Anblick von Blut mit einer gewissen „Gelähmtheit" und können keine effektiven Verteidigungshandlungen mehr ausführen. Der Ausübende lernt die Eigenschaft von Blut kennen. Anfangs ist es sehr rutschig und glitschig, d.h. dass mit blutverschmierten Händen Festhaltetechniken fast unmöglich sind und neue Handlungsstrategien entwickelt werden müssen. Eine weitere Eigenschaft von Blut ist, dass es im langsam trocknenden Zustand sehr klebrig ist. Auch daran sollte man sich gewöhnen. Die Trainingsmöglichkeiten ließen sich endlos weiterführen. Man braucht nur etwas Fantasie! Da wir Menschen stumme Informationen über unsere Mimik versenden, kann ein Gesichtsausdruck sehr viel über unseren aktuellen Gemüts- und Gefühlszustand aussagen. Wir lesen in einem Gesicht wie in einem offenen Buch. Wir erkennen sofort ob unser gegenüber glücklich, ärgerlich oder wütend ist. Entsprechend sind unsere Reaktionen freundlich, eher vorsichtig oder ganz zurückhaltend. Trainieren Sie Szenarien in welchem der Angreifer eine Einsatzmaske über dem Gesicht trägt. Sämtliche Emotionen und Gefühlsregungen die über die Mimik versendet werden, sind nicht mehr zu erkennen. Ein sehr ungewohntes Gefühl, da man keine Rückmeldung von seinem Gegenüber auf die eigene Mimik bekommt. Es findet keine Kommunikation statt. Testen Sie es.

Die meisten scheiternden Selbstverteidigungsversuche sind meiner Meinung nach auf eine unzureichende Vorbereitung und unrealistisches Training zurückzuführen. Stellen Sie sich also die Frage, ob Sie tatsächlich auf eine Realsituation vorbereitet sind oder ob es in Ihrem Vorbereitungstraining noch Verbesserungsmöglichkeiten gibt. Trainieren Sie realistisch und verbessern Sie Ihre Selbstverteidigungskenntnisse durch Konfliktkonditionierung!

8.2 Regeln für das Szenarientraining

Jede Kampfsport- oder Selbstverteidigungsschule die sich ernsthaft mit dem Thema Straßenkampf beschäftigt muss sich mit der für den Verteidiger schlechtesten Ausgangsstellung auseinandersetzen. Das bedeutet, dass die Szenarien die schlimmsten Vorstellungen des Verteidigers übersteigen müssen. Diese beinhalten:

1. Es gibt mehr als einen Angreifer (diese können müssen aber nicht sofort erkennbar sein)
2. Alle Angreifer sind bewaffnet (die Waffen können sichtbar oder unauffällig getragen werden)
3. Jeder Angreifer ist ein trainierter und erfahrener Kämpfer und verfügt über die notwendige körperliche Kraft, Fitness und kämpferische Fähigkeiten)
4. Jeder Angreifer möchte sich mit dem Verteidiger messen, sei es nur in verbaler Form, in Form von Schubsereien oder bis hin zur Tötungsabsicht
5. Keine der Trainingssituationen können verbal deeskalierend aufgelöst werden
6. Keiner fremden Person sollte es gestattet sein, ihren „Intimraum" ungestraft zu betreten ohne dass dies entsprechende Folgen mit sich bringen würde. Jede Berührung von hinten muss sofort und mit entsprechenden Maßnahmen geahndet werden
7. Alle Techniken müssen in Realsituationen anwendbar sein, egal ob bei Tag oder bei Nacht und egal bei welchen Sichtverhältnissen

8.3 Schnelligkeit als Grundlage einer effektiven Verteidigung

Der Begriff Schnelligkeit wird im Bereich des Kampfsportes und der Selbstverteidigung sehr oft benutzt. Und in der Tat kann ein Kampfsportler ohne Schnelligkeit keinen Punkt in einem Wettkampf erzielen. Noch kann sich Mann oder Frau gegen einen plötzlichen Angriff auf offener Straße verteidigen, wenn es an motorischer Schnelligkeit mangelt. Ein oft genutzter Begriff, dem jedoch viel zu wenig Aufmerksamkeit zugesprochen wird. In Gesprächsrunden über Messerangriffe werden immer wieder ähnliche Tipps von den Teilnehmern gegeben. Hier die zwei gängigsten:
„Wenn dich einer mit dem Messer bedroht musst du einfach schnell reagieren!“ oder „Bei einem Messerangriff musst du einfach nur schnell ausweichen und dann mit aller Härte kontern“!

Solche und viele weitere Aussagen wurden in Büchern zum Thema Messerkampf niederschrieben oder auf Seminaren den Teilnehmer(innen) als Lösungsansatz vermittelt. Theoretisch kann man den Aussagen auch nichts entgegensetzen. In der Tat sollte man einem Angriff schnell ausweichen und, sollte sich die Gelegenheit ergeben, die Lücke in der gegnerischen Verteidigung nutzen um mit aller Härte zuzuschlagen. Das Thema Schnelligkeit ist jedoch viel komplexer. Zum einen setzen beide Aussagen voraus, dass dem Verteidiger keine Möglichkeit zur Flucht gegeben ist und zum anderen der Angriff nicht aus dem Hinterhalt, sondern aus einer Face-to-Face Situation erfolgt. Externe oder interne Störeinflüsse werden in diesem Szenario ebenfalls nicht berücksichtigt. Beide Aussagen klingen plausibel und bedürfen bei erster Betrachtung keinerlei Ergänzungen. Die meisten Personen, ob Laie oder Profi würden den Aussagen zustimmen. Ich würde mich an dieser Stelle auch nicht ausklammern. Bei näherer Betrachtung stellen sich allerdings Fragen zu einer entsprechenden Umsetzung der getroffenen Aussagen. Fragen, deren Beantwortung und dem daraus abzuleitenden Training, über Leben und Tod entscheiden können.
„Was ist Schnelligkeit?“ und „Wie lässt sie sich trainieren?“

In der Evolution des Menschen hat sich die Fähigkeit, in bestimmten Situationen schnell handeln und schnell laufen zu können, als elementare Eigenschaft entwickelt. Situationen bei denen es auf Schnelligkeit ankam waren z.B. zu fliehen, jemanden oder etwas zu fangen oder bei akuter Gefahr schnell zu reagieren. In den Kampfsportarten hat sich aus diesen elementaren Schnelligkeitshandlungen eine Vielfalt von „schnellen Aktivitäten" entwickelt. So müssen bei Würfen, Angriffs- und Abwehrreaktionen Bewegungen maximal schnell ausgeführt werden damit die Absichten des Gegners in ihrer Ausführung gestört oder im besten Fall ganz unterbunden werden. Man kann sagen, dass Schnelligkeit im Wettkampf oder einer Selbstverteidigungssituation ein Schlüssel zum Erfolg sind. Schnelligkeit kann in unterschiedlichen Erscheinungsformen auftreten (siehe Bild 123). Zur Verdeutlichung sollen im Folgenden die Schnelligkeitsausprägungen des Verteidigers mit einer kurzen Erklärung verdeutlicht werden und dem interessierten Leser als Trainingsanreize geben. Auf spezielle Trainingsverweise wird an dieser Stelle absichtlich verzichtet, da die nachfolgenden Erklärungen eine solche Aufschlüsselung aufheben.

Bild 123: Schnelligkeitsausprägungen des Verteidigers

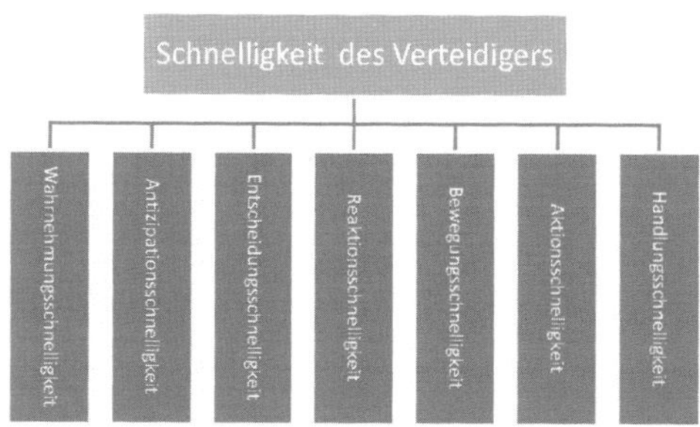

(Quelle Eigener Entwurf 2019)

zur Handlungsschnelligkeit:

... ist die Eigenschaft, schnellstmöglich und effektiv in einer Verteidigungssituation zu handeln unter Einbeziehung seiner technisch-taktischen und konditionellen Möglichkeiten.

zur Aktionsschnelligkeit:
... ist die Eigenschaft, in Höchstgeschwindigkeit Abwehr- und Angriffsbewegungen mit und ohne Waffe auszuführen.

zur Bewegungsschnelligkeit:
... ist die Eigenschaft, in Höchstgeschwindigkeit gerade oder zirkulierende Meid- und Ausweichbewegungen auszuführen.

zur Reaktionsschnelligkeit:
... ist die Eigenschaft, schnell auf überraschende und unvorhersehbare Angriffe eines oder mehrerer Angreifer reagieren zu können.

zur Entscheidungsschnelligkeit:
... ist die Eigenschaft, sich in kürzester Zeit für eine effektive Handlung aus einer Vielzahl von möglichen Gegenaktionen zu entscheiden.

zur Antizipationsschnelligkeit:
... ist die Eigenschaft, auf der Grundlage von Erfahrungswissen und aktueller Erkenntnis die Angriffe des Gegners und die situative Weiterentwicklung vorauszuahnen.

zur Wahrnehmungsschnelligkeit:
... ist die Eigenschaft, durch Sinne (v.a. Seh- und Hörsinn) wesentliche Informationen zur gegenwärtigen Situation schnell aufzunehmen, zu verarbeiten und zu bewerten.

Für uns stellt sich nun die Frage, welche Subkategorien für eine schnelle Selbstverteidigung gegen Messerangriffe von zentraler Bedeutung sind. Hierzu werden die Untereinheiten der Schnelligkeit in „reine“ Erscheinungsformen mit geringem Kraftanteil und in „komplexe“ Erscheinungsformen mit erhöhtem Kraftanteil und längerer Ausführungsdauer eingeteilt.

Reine Schnelligkeitsformen

Als reine Schnelligkeitsformen gelten die Reaktionsschnelligkeit, die Aktionsschnelligkeit und die Frequenzschnelligkeit. Die Reaktionsschnelligkeit definiert sich als die Fähigkeit, auf einen Reiz in kürzester Zeit zu reagieren. Die Aktionsschnelligkeit ist die Fähigkeit, einmalige Bewegungen mit höchster Geschwindigkeit gegen geringe Widerstände auszuführen. Die Frequenzschnelligkeit ist die Fähigkeit, sich wiederholende gleiche Bewegungen mit höchster Geschwindigkeit gegen geringe Widerstände auszuführen. Es wird deutlich, dass sich alle drei Schnelligkeitsformen durch die Wörter „mit höchster Geschwindigkeit“ definieren lassen. Die reinen Schnelligkeitsformen werden durch das individuelle Kraftniveau, vom zentralen Nervensystem und von genetischen Faktoren bestimmt. Nach Auffassung des Autors steht bei einem Messerangriff die Reaktionszeit an erster Stelle. Gegenmaßnahmen wie Schläge oder Tritte mit hoher Frequenz folgen erst nach der Angriffsreaktion. Wie oben schon erwähnt, versteht man darunter die Zeit vom Auftreten eines Reizes (verbal oder non-verbal) bis zur ersten Kontraktion des Muskels, in unserem Fall einer gesetzeskonformen Gegenmaßnahme. Da die Reaktionsgeschwindigkeit genetisch festgelegt ist, kann dies nur in engen Grenzen verbessert werden. Sie ist davon abhängig, wie schnell Sinnesreize aufgenommen, an das Zentralnervensystem weitergeleitet und verarbeitet werden und mit welcher Geschwindigkeit Kontraktionssignale an die Muskeln weitergegeben werden. Die Zeit vom Auftreten eines akustischen (bspw. dem Aussprechen einer Drohung) oder optischen (bspw. das wahrnehmen der verschwindenden Hand in der Hosenasche) Reizes, bis zur Reaktion liegt bei 0,10 bis 0,50 Sekunden. In Abhängigkeit vom Signal und der erforderlichen Reaktion unterscheidet man Einfach- und Auswahlreaktionen.

Einfachreaktionen sind durch einen Reiz oder ein Signal festgelegt. Ein Reiz oder ein Signal wäre z.B. die Registration, dass ein Gegenstand aus der Hosen- oder Jackentasche gezogen wird. Die Wahrnehmung des Signals oder Reizes ist stark von der aktuellen Konzentrationsfähigkeit abhängig. Diese kann durch externe Einflüsse, wie Gespräche zur Ablenkung vom eigentlichen Angriff durch einen Dritten oder internen Faktoren, wie z.B. der aktuelle Gemützustand beeinträchtigt sein. Auch eigener Drogen- oder Alkoholkonsum kann sich negativ auf eine rechtzeitige Wahrnehmung entsprechender Signale auswirken. Bei Auswahlreaktionen können das Signal und die darauf passende Reaktion variieren. Auf die entsprechende Situation muss eine passende Aktion ausgeführt werden. Die Reaktionsgeschwindigkeit wird hierbei sehr stark von der Antizipationsfähigkeit des Verteidigers bestimmt.

Komplexe Schnelligkeitsformen

Zu den komplexen Schnelligkeiten gehören, die Kraftschnelligkeit, die Schnellkraftausdauer sowie die maximale Schnelligkeitsausdauer. Kraftschnelligkeit ist die Fähigkeit, Widerständen in einer festgelegten Zeit einen möglichst großen Kraftstoß zu erteilen. Als Schnellkraftausdauer wird die Widerstandsfähigkeit gegen ermüdungsbedingten Geschwindigkeitsabfall bei maximalen Kontraktionsgeschwindigkeiten mit erhöhten Widerständen bezeichnet. Die Schnelligkeitsausdauer hingegen ist die Widerstandsfähigkeit gegen ermüdungsbedingten Geschwindigkeitsabfallbei maximalen Kontraktionsgeschwindigkeiten bei sich wiederholenden Bewegungen. Nach Auffassung des Autors sollte bei einem Selbstverteidigungstraining gegen dynamische Attacken mit und ohne Gegenstände die Schnellkraftausdauer ebenfalls im Focus des Trainings stehen. Gerade bei einer Verteidigung sollten die erforderlichen Gegenmaßnahmen in kürzester Zeit und mit hoher Frequenz erfolgen.

Psychisch-kognitive Schnelligkeit

Die psychisch-kognitive Schnelligkeit des Verteidigers zeigt sich im raschen Erfassen einer bevorstehenden Konfliktsituation. Er muss die Fähigkeit besitzen schnelle Handlungsentscheidungen zu treffen. Diese wird primär durch eine ausgeprägte Wahrnehmungs- und Antizipationsfähigkeit bestimmt. Man könnte sagen, dass der Verteidiger instinktiv schnell auf „unvermutete“ Situationen regieren kann. Dieses Vermögen wird als höchste Stufe der Verteidigungseigenschaft einer Person angesehen und als Handlungsschnelligkeit bezeichnet.

Es kann also festgehalten werden, dass im Training neben einer allgemeinen Face-to-face Messerabwehr auch Situationen erarbeitet und durchgespielt werden sollen, wo Informationsaufnahme und –verarbeitung, Wahrnehmungs- und Antizipationsfähigkeit, sowie Entscheidungsschnelligkeit eine wichtige Rolle einnehmen. Weiterhin sollte auf einen effektiven situationsadäquaten motorischen Handlungsvollzug hintrainiert werden, damit wichtige Situationserkennungs-, analyse und –entscheidungsprozesse zeitlich schneller durchlaufen werden. Die psychisch-kognitive Schnelligkeit des Verteidigers zeigt sich im raschen Erfassen einer Angriffssituation. An dieser Stelle spricht man von einer guten Wahrnehmungs- und Antizipationsfähigkeit. Die Fähigkeit, schnell „zu schalten" und für sich selbst eine effektive Lösung gegen den Angriff zu finden, wird als Entscheidungsschnelligkeit bezeichnet.

8.4 Weitere Ideen und Trainingsansätze

Die nachfolgenden Trainingsansätze und Ideen werden in den Street Defense Systems der Black Dragon Academy von Sven Ackermann unterrichtet. Bei den hier aufgelisteten Ideen handelt es sich lediglich Vorschläge. Sicherlich gibt es noch viele weitere Übungsmethoden. Alle hier genannten Auflistungen können mit und ohne Messer trainiert werden und zu einem hohen Ausbildungsstandart beitragen. Eine Kombination aus den vorgeschlagenen Trainingsansätzen ist durchaus möglich und kann neue Ideen hervorrufen. „Take what is useful!"

8.4.1 Trainiere Sparring

Sparring sollte nach dem Grundlagenaufbau eine wichtige Rolle im täglichen Training eines jeden Messerkämpfers einnehmen. Ob mit oder ohne Waffen, im Sparring erhält man eine sofortige Fehlerrückmeldung in Form eines Treffers. Nicht umsonst heißt es doch so schön: „Kämpfen lernt man nur durch Kämpfen!" Viele Personen meiden das Sparring, da sie Angst davor haben getroffen zu werden oder ihre bis dato geübten Techniken auf einmal nicht mehr funktionieren. Gleichzeitig wollen sich viele nicht „bloßstellen" lassen – schon gar nicht wenn man ein Lehrer der Schule ist! Das ist allerdings falscher Stolz. Es muss sich immer die Frage nach dem „Was möchte ich mit meinem Training überhaupt erreichen?" gestellt werden. Die einen streben nach Anerkennung in ihrem Verein oder Club und die anderen wollen lernen auf der Straße zu überleben. Die zweigenannten werden ihr Training wahrscheinlich mit einer anderen Härte und mit anderen Ernsthaftigkeit betreiben. „Zu welcher Gruppe gehören Sie?"

Sparring mit einem Messer ist eine sehr effektive Methode um seine Fähigkeiten im Messerkampf zu verbessern. Dazu zählen z.B. Geschwindigkeit, die Hand-Auge-Bein-Koordination, die Beweglichkeit, das Timing, das Distanzgefühl, eine gut ausgeprägte „Beidhändigkeit", Zielgenauigkeit sowie Antizipationsvermögen. Weiterhin werden durch Messerkampfsparring Schnitte und Stiche in logischer Reihenfolge kombiniert und verinnerlicht. Im Anfangsstadium sollte das Sparring langsam und in einem moderaten Tempo ablaufen. Eine Erhöhung der Geschwindigkeit folgt automatisch mit zunehmender Kampferfahrung. Zudem sollte man ein Minimum an Schutzausrüstung besitzen. Ein Zahn- und Augenschutz stellen hier die Mindestsicherheitsanforderung dar. Sollte der Umgang mit dem Messer im Sparring an Sicherheit gewinnen, können nun weitere „Unbekannte" wie z.B. Schlag- und Trittkombinationen einfließen. Je nach Können und Ausdauer besteht die Möglichkeit Runden über mehrere Minuten zu kämpfen. Von 30 Sekunden bis zu 6 Minuten ist alles denkbar. Der Fantasie sind keine Grenzen gesetzt. Eine weitere Idee besteht darin, den Angreifer nach jeder Minute zu wechseln und den Verteidiger so aus der Reserve zu locken. Nur durch das Verlassen der Komfortzone ist ein effektives lernen möglich – bedenken Sie das! Bevor jedoch mit dem Messersparring begonnen wird, sollte sich der Übende nachfolgende Fähigkeiten bereits angeeignet haben:

1. Eine Vielzahl an offensiven und passiven Messertechniken, welche schnell und sauber ausgeführt werden können.
2. Die Fähigkeit kräftige und wuchtige gegnerische Schnitte und Stiche kontrollieren zu können.
3. Die wichtigsten Fähigkeiten des Messerkampfes wie Geschwindigkeit, Timing, Koordination, Treffgenauigkeit, Gleichgewicht und Antizipationsvermögen sollten in den Grundzügen bereits beherrscht werden.

8.4.2 Trainiere mit der schwachen Hand

Das Training mit der „Nicht-dominanten-Hand" sollte im Training ebenfalls einen wichtigen Stellenwert einnehmen. Meistens wird aus Gründen der Bequemlichkeit gerne darauf verzichtet. Alle Drills, Techniken, Sparrings und Bewegungsabläufe sollten immer mit beiden Händen ausführbar sein. Im Optimalfall sollte es keine Rolle spielen, ob ein Messer in der linken oder rechten Hand gehalten wird.
Klar, anfangs wird man sich wie ein Anfänger vorkommen. Aber schon nach wenigen Wochen wird man deutliche Verbesserungen feststellen. Die Gründe für ein Training mit der schwachen Hand sind folgende:

1. Es besteht immer die Möglichkeit, dass die starke Hand im Kampfverlauf verletzt wird und nicht mehr einsetzbar ist. Ein Einsatz der schwächeren Hand wäre unumgänglich.
2. Es stärkt das Selbstvertrauen. Wer in einer Auseinandersetzung Angst vor einer Verletzung der Messerführhand hat, wird vermutlich nur mit „angezogener Handbremse“ kämpfen und dann tatsächlich verletzt. Sind beide Hände gleich gut ausgebildet, spielt eine Verletzung nur eine untergeordnete Rolle.
3. Die Fähigkeiten mit einem Messer umzugehen steigen um fast 100 Prozent
4. Sollte die Waffenhand im Kampf durch den Gegner gebunden werden, besteht ggfs. die Möglichkeit mit der andren Hand die Techniken fortzuführen.

8.4.3 Trainiere in engen Räumen

Das Training sollte nicht immer in der bekannten Trainingshalle stattfinden, sondern variieren. Es geht um eine effektive Selbstverteidigung gegen einen Messerangriff in engen Räumen. Diese kann geübt werden…

1. In deinem Auto
2. In einem Aufzug
3. Auf einer Brücke
4. In einem engen Flur
5. Zwischen einer Tür
6. In einer Toilettenkabine
7. In einer Menschenmenge
8. In einer unaufgeräumten Garage
9. In einem schmalen Treppenhaus
10. Zwischen hohen Büschen

Natürlich sollten im Vorfeld die Örtlichkeiten begangen und die Frequentierung durch fremde Personen abgecheckt werden. Auch eine Absprache mit dem Eigentümer eines älteren und leerstehenden Hauses könnte ein interessanter Trainingsort darstellen. Auf alle Fälle sollten solche Trainingseinheiten nicht vor der Öffentlichkeit ausgetragen werden. Ein "Frage-und-Antwortspiel" durch eine gerufene Polizeistreife wäre so gut wie sicher.

8.4.4 Trainiere die Waffe zu halten und nicht zu verlieren

Erfahrungsgemäß enden viele Messerkämpfe in einem Gerangel, in welchem beide Kontrahenten den waffenführenden Arm am Handgelenk des anderen greifen und festhalten. Beide versuchen die Waffe des anderen möglichst gut zu kontrollieren um nicht getroffen zu werden während gleichzeitig versucht wird die eigene Hand vom Griff des Gegners zu lösen. Ein gebundener oder fixierter Waffenarm ist in einer Kampfsituation unbrauchbar. Ebenso würde ein Verlust eines guten Verteidigungsgegenstandes fatale Folgen mit sich ziehen. Es sollte dementsprechend im Training darauf geachtet werden, dass die Griffkraft ebenfalls berücksichtigt wird. Grundsätzlich können zur Erhöhung der Handkraft viele alltägliche Gegenstände genutzt werden. Hier ein paar Beispiele:

1. Ein Eimer wird mit Sand oder Reis gefüllt. Der Eimerinhalt soll nun mit den Händen mit maximaler Kraft durchgeknetet werden.
2. Zwei Hantelscheiben werden übereinandergelegt und mit einer Hand greifend hochgehoben und zusammengedrückt. Die Scheiben sollten nicht herunterfallen.
3. An einen Ast oder auf einem „Trimm-Dich-Pfad" an eine Reckstange hängen. Man sollte solange hängenbleiben, bis sich die Handgriffe durch Erschöpfung lösen.
4. Einen Tennisball immer wieder mit der Hand zusammendrücken, ein paar Sekunden lang die Spannung halten und dann wieder langsam lösen.

Der Fantasie sind hier keine Grenzen gesetzt. Etwas teurer sind sogenannte Gripper oder „Fingerhanteln". Diese bestehen in der Regel aus zwei Plastik- oder Aluminiumgriffen, welche durch eine Stahlfeder miteinander verbunden sind. Durch zusammendrücken der Griffe kann schon nach relativ kurzer Zeit eine Erhöhung der Unterarmmuskulatur sowie der Griffkraft der Finger festgestellt werden. Eine weitere Methode zur Stärkung der Hand- und Unterarmmuskulatur kann mit einem Partner ausgeführt werden. Beide Partner stehen sich mit einem Übungsmesser bewaffnet gegenüber und fassen jeweils das Handgelenk des anderen.

Auf Kommando soll nun versucht werden die eigene Messerhand zu lösen, die des Partners jedoch weiter zu kontrollieren. Befreiungsversuche können durch ziehen und drücken oder durch Handgelenksbewegungen im oder gegen den Uhrzeigersinn erfolgen. Als kleine Trainingsvariation sollten ebenfalls die verschiedenen Haltemöglichkeiten mit dem Messer (siehe Kapitel 5.3.2), sowie zur Übungserschwerung mit Kunstblut an den Handgelenken gearbeitet werden.

8.4.5 Trainiere Drills

Schon vor vielen Jahren sagte der weltweit renommierte Messerkampfspezialist Paul Vunak zu Technik- und Drilltraining in der Messerkampfausbildung folgendes: „It is the drills that make a knife fighter, it isnot the techniques. [...] Never has to been a subject taught by so many who know so little.“ Dieser Aussage kann nur zugestimmt werden. In sehr vielen Kampfsystemen steht heutzutage immer noch eine reine Technikvermittlung im Vordergrund. Dabei geht es vor allem darum, einen Stich oder einen geschwungenen Messerangriff möglichst korrekt auszuführen.

Elementare und tatsächlich wichtige Aspekte wie z.B. die Ausrichtung der Klinge, die möglichen Grundstellungen oder Schnitte und Stiche innerhalb der körpereigenen Body Box auszuführen werden häufig vernachlässigt oder überhaupt nicht vermittelt. Von Drills (meist auch „Flowdrills“ genannt) haben zwar viele Kampfsportler schon einmal etwas gehört aber im eigenen Training noch nicht umgesetzt.

Unter Drills versteht man einen festgelegten Bewegungsablauf von Angriff-, Abwehr- und Konteraktionen. Die Partner „füttern“ sich gegenseitig mit Angriffen und antworten darauf mit einer Konteraktion. Auf diese kann, je nach Drill, wieder mit einer Abwehr und einem darauffolgendem Konter geantwortet werden. Zu Beginn ist es sehr wichtig, dass alle Bewegung langsam und kontrolliert ausgeführt werden.

Beide Partner sollen die Bewegungen des Drills zuerst blind beherrschen, bevor diese durch neue ergänzt und erweitert werden. Werden Drills aus sämtlichen Distanzen und Angriffswinkeln beherrscht, können diese frei miteinander kombiniert werden. So können z.B. Drills in der Weitdistanz mit Mitteldistanzdrills verbunden werden. Unter anderem kann dadurch ein sinnvolles Einsetzen der Checking Hand trainiert verbessert werden.
Die Highend-Variante unter den Drills ist eine Verbindung mit Schlag- und Trittaktionen, kombiniert mit Bindungs- und Fixierungstechniken. Man kann sich das Ganze wie ein großes Puzzle vorstellen, dessen Einzelteile frei miteinander kombinierbar sind und immer wieder ein neues Bild entstehen lassen. Eine schier endlose, abwechslungsreiche und sehr effektive Methode seine Messerkampffähigkeiten auszubauen und zu verbessern. Merken Sie sich: „Drills sind der Schlüssel zum Erfolg!"

8.4.6 Trainiere vor einem Spiegel

Eine sehr gute Trainingsvariante zur Verbesserung der Grundstellung, Deckungsarbeit, Messerhaltung, des Schnitt- und Stichtrainings kann das Training vor einem Spiegel sein.
Ein Vorteil ist, dass Fehler sofort erkannt und verbessert werden können und bei ausreichender Bewegungsvorstellung kein Partner erforderlich ist. Besonders gut eignet sich der Spiegel für ein Schritt- und Bewegungstraining. Ohne Spiegel könnte man vom sog. „Schattenboxen" sprechen. Das Gewicht sollte möglichst gleichmäßig auf beide Beine verteilt sein und der hintere Fuß locker auf dem Fußballen stehen.
Nach jeder Bewegung sollte kurz inne gehalten und die Position des Kopfes, der Hände, Arme und Beine neu überprüft und ggfs. verbessert werden. Werden diese Übungen gut und sauber beherrscht, dann sollte man diese auf unterschiedlichen Bodenbeschaffenheiten wie z.B. nassem Gras, Schlamm und Matsch, von Bäumen durchwurzelte Bodenoberflächen, Eis, Schnee, Sand, Splitt und anderen rutschigen Untergründen trainieren. Und immer wieder sollte man sich folgenden Fragen stellen:

1. Habe ich eine gute Balance?
2. Ist mein Gleichgewicht korrekt auf beide Beine verteilt?
3. Sind meine Knie leicht gebeugt?
4. Ist meine Waffenhand zu weit nach vorne exponiert oder sogar zu nah am eigenen Körper?
5. Welche Ziele könnte der Gegner gerade angreifen?

Aber auch Messerziehdrills sollt man immer wieder und aus den unterschiedlichsten Stand- und Liegepositionen trainieren. Das Training sollte dabei immer auf die Kleidung der vorherrschenden Jahreszeit abgestimmt sein – dicke Jacke, lange Hose, kurze Hose und T-Shirt, etc. Ein Spiegeltraining ersetzt natürlich keinen Partner, kann aber von Anfängern bis zum Fortgeschrittenen immer wieder zur Verbesserung und Regulierung des Selbstbildes genutzt werden.

8.4.7 Trainiere mit glitschigen Händen

Während einer Trainingssituation konnte jeder Teilnehmer schon einmal feststellen, dass die Hände durch den austretenden Schweiß rutschig und glitschig geworden sind. Ein kontrolliertes Halten oder greifen der gegnerischen Waffenhand ist dadurch nur noch sehr schwer zu realisieren. Ähnliche Situationen können bei einer realen Auseinandersetzung ebenfalls anzutreffen sein. So kann sich z.B. Wasser / Regen, Schweiß und Blut, negativ auf die Stabilität der Griffkraft auswirken. Trainiert können solche Szenarien mit handelsüblichem Salatöl oder mit Theaterkunstblut. An dieser Stelle soll jedoch angemerkt werden, dass es sich bei dieser Übung um eine fortgeschrittene Variante des Messerkampftrainings handelt. Der Trainierende sollte, bevor er sich dieser Aufgabe widmet, über genügend Grundwissen verfügen.

8.4.8 Trainiere die Verteidigung mit Licht

Licht kann eine sehr effektive Waffe sein. Sein Einsatz ist allerdings auf nächtliche Situationen oder dunkle Kellerräume beschränkt. Spezialeinheiten nutzen Licht häufig zur Bindung und Fixierung des Gegners an eine bestimmte Deckung. In der Selbstverteidigung einen Angreifer durch temporäre oder dauerhafte Blendung auf Distanz halten. Eine

temporäre Blendung kann durch eine starke Lampe, eine dauerhafte durch einen starken Laser verursacht werden. Laser sind jedoch in Deutschland verboten und sollten daher nicht in Privatbesitz sein. Bei der Beschaffung einer Lampe sollte darauf geachtet werden, dass sie nicht zu klein, sondern eine Länge von mindestens einer Handbreite aufweist. Die Lichtstärke sollte nicht unter 200 Lumen liegen. Größere Lampen haben in der Regel eine stärkere Blendwirkung und können zudem als Schlagwaffe benutzt werden.
Sobald der Angreifer geblendet ist, schaltet man das Licht sofort wieder aus, sodass er im Dunkeln für einen kurzen Moment lang hilflos ist. Dies kann zu einer Verzögerung seiner Handlungsaktivität, kurzzeitiger Verwirrung oder sogar Verängstigung führen. Sobald die Möglichkeit zu Flucht oder Gegenwehr besteht, sollte diese genutzt werden. Flucht ist einem bewaffneten Übergriff jedoch immer vorzuziehen. Befindet man sich mit dem Rücken zur Wand wird die Lampe in unregelmäßigem Rhythmus immer wieder an und ausgeschaltet. Dies ist noch wirksamer und verwirrender als ein eingebauter Strobe-Mode in sogenannten SV-Lampen. Die ausgeschalteten Zwischenphasen nutzt man für einen Positionswechsel, einen überraschenden Angriff oder gar zur Flucht. Unter keinen Umständen sollte man während der Blendphase versuchen am Gegner vorbei zu gelangen. Die Bewegung des Lichtkegels verrät den aktuellen Standort des Verteidigers und kann zu wilden und weit ausladenden Schnitten des Angreifers führen. Wie bei allen Selbstverteidigungsgegenständen muss auch das Blenden immer wieder geübt und verinnerlicht werden. Ebenso verhält es sich mit der Erreichbarkeit der Waffe. Beim Kauf einer Lampe sollte darauf geachtet werden, dass diese keine Schwachpunkte im Lichtkegel aufweisen. Anschaffungen aus China sollten aus Qualitätsgründen daher vermieden werden.

8.4.9 Trainiere bei unterschiedlichen Lichtverhältnissen

Messerangriffe können sich zu jeder Tages- und Nachtzeit ereignen. Die Studien von HÜTTEMANN (2004) belegen jedoch ein erhöhtes Aufkommen von Messerattacken ab den späten Abend- bis zu den frühen Morgenstunden. Eine Begründung für diesen Anstieg soll an dieser Stelle nicht vorgenommen werden, da wir uns ausschließlich auf die unterschiedlichen Lichtverhältnisse konzentrieren wollen. Licht, in einer normalen Helligkeit, gibt Sicherheit. Man hat zumindest das Gefühl alles zu sehen und Herr über die Situation zu sein. Bei Dämmerung oder Dunkelheit sieht die Situation schon wieder anders aus. Unser Sehsinn, auf den wir uns den ganzen Tag verlassen, wird durch eine Verminderung von Licht negativ beeinflusst. Auftretende Unsicherheit oder sogar Unwohlsein könnten die Folge sein. Entsprechend sollte das Training immer wieder mal unter erschwerten und unterschiedlichen Licht- und Sichtverhältnissen ausgeführt werden. So kann das Training auch bei diffusem Licht durch Leuchtreklamen, Schaufenster, Bankautomaten, Autoscheinwerfer bei Regen, in nur spärlich beleuchteten Straßenzügen, nach Blendung durch eine Taschenlampe, während Stroboskoplicht in einem Nachtclub oder einfach nur in dunklen unbeleuchteten Hauseingängen stattfinden. Ein solches Training stärkt die Selbstsicherheit und fördert die taktile Sinneswahrnehmung bei körperlichen Übergriffen.

8.4.10 Trainiere die Verteidigung aus unterschiedlichen Positionen

Bisher wurden sämtlichen Trainingsvorschläge und –ideen immer aus einer festen Grundstellungsposition, also im Stand und auf Augenhöhe mit dem Angreifer, vorgestellt. Es besteht jedoch in jeder Kampfsituation die Gefahr, zu stürzen, zu Boden gerissen zu werden, über herumliegende Gegenstände zu stolpern und zu Boden zu gehen usw. Genügend Gründe, um eine Verteidigung gegen Angriffe aus unterschiedlichen Positionen zu trainieren. Einige sollen hier vorgestellt werden:

1. Beide Partner kämpfen in Bodenlage
2. Ein Partner kämpft im knien, der andere in Bodenlage
3. Beide Partner kämpfen in kniender Position
4. Ein Partner steht aufrecht, der andere befindet sich in Bodenlage
5. Ein Partner steht aufrecht, der andere befindet sich in einer knienden Position
6. Beide Partner kämpfen im Stand

Bei solchen Übungen ist immer auf ausreichende Schutzausrüstung zu achten. Ein Trainingsmesser, Mund- und Augenschutz sollte die Mindestausrüstung darstellen.

8.4.11 Trainiere unter erschwerten Bedingungen

Jeder Tag ist anders. An einem Tag fühlt man sich gut und kraftvoll und an anderen müde und geschwächt. Gründe hierfür können Stress auf der Arbeit, ein Streit zu Hause, eine Erkältung, eine schlaflose Nacht, oder andere Umstände sein. Den Angreifer interessiert sich zum Zeitpunkt seines Übergriffes nicht im Geringsten für Ihren Gemütszustand. Vielmehr profitiert er von negativen physischen und psychischen Belastungen. Entsprechend sollten möglichst viele negative Faktoren im Training berücksichtigt werden.
Ein Großteil ist jedoch vom Trainierenden selbst abhängig, da der Mensch bei auftretenden körperlichen Schwächen eher dazu neigt ein Training lieber ausfallen zu lassen um am nächsten Tag wieder fit und voll einsatzfähig zu sein. So sollte das Training trotz körperlicher Beschwerden immer mal wieder besucht werden um ein möglichst reales Gefühl der Kampfhandlung zu entwickeln, auch wenn man nicht zu 100 Prozent fit ist. Bei ansteckenden Krankheiten sollte jedoch, aus Rücksicht auf die anderen Teilnehmer, lieber auch einmal auf eine Trainingseinheit verzichten werden!
Im Folgenden sollen einige Ideen vorgestellt werden, was mit einem Training unter erschwerten Bedingungen gemeint ist:

1. Trainiere auch einmal mit Kopfschmerzen
2. Trainiere Messerkampf wenn du fest an einen Stuhl / Rollstuhl gebunden bist
3. Trainiere Messerabwehr und Messerkampf unter Verwendung von Krücken
4. Trainiere Messerkampf am Boden wenn du zuvor ein hartes Kraft- und Ausdauertraining absolviert hast
5. Trainiere Handgelenksgriffe der waffenführenden Hand mit verbundenen Augen zu lösen
6. Trainiere Messerkampfsparring mit einer zusätzlichen Gewichtsweste

7. Trainiere Messerkampfsparring mit einer Trainingsmaske zur Regulation der Sauerstoffaufnahme
8. Trainiere mit Steinen oder Murmeln in den Schuhen
9. Trainiere Messerkampf mit einer Armschlinge um den starken Arm
10. Trainiere unter Verwendung von Kunstblut für eine erschwerte Halte- und Griffkraft
11. Trainiere bei unterschiedlichen Wetterverhältnissen
12. Trainiere mit einem abgedeckten Auge

Es ist sehr unwahrscheinlich, dass man aus einer Konfrontation in welcher Messer oder andere Waffen mit im Spiel sind unbeschadet davonkommt. Schon gar nicht, wenn der Angriff plötzlich und unerwartet stattfindet. Verletzungen zu simulieren oder Schmerzen durch Gegenstände in den Schuhen können einen guten Betrag zur Verbesserung der Kampffähigkeiten beitragen. Allen oben genannten Ideen sind frei miteinander kombinierbar und können durch weitere ergänzt werden. Der Fantasie sind dabei keine Grenzen gesetzt.

8.4.12 Trainiere deine mentale Einstellung (für unsere Einsatzkräfte)

Andauernder Nahkampf und starker gegnerischer Druck führen unweigerlich zu seelischer Anspannung und körperlicher Erschöpfung. Dies wirkt sich sehr stark auf die Moral und den Kampfgeist der Kräfte aus. Zu langes Überlegen und Zögern nutzt dem Gegner (siehe Kapitel 3.4). Der Aufbau einer kontrollierten Aggression im Zusammenspiel mit Entschlossenheit und solidem Selbstvertrauen sind der Schlüssel zur Erringung des Sieges in einer bewaffneten Konfrontation. Aggressivität, Gewaltbereitschaft und Rücksichtslosigkeit sind Eigenschaften, die in der zivilisierten Gesellschaft negativ belegt sind und mit Missbilligung bedacht werden. In einer Angriffs- oder Verteidigungssituation, in welchen Waffen im Spiel sind, sind sie jedoch überlebenswichtig.

SONDERKAPITEL

Erste Hilfe bei Verletzungen
Nachworte

Erste Hilfe bei Stich- oder Schnittverletzungen

Verletzungen die durch scharfe Gewalt verursacht werden bluten häufig sehr stark und können auf kurz oder lang tödlich sein. Eine der häufigsten Todesursache nach einem Messerangriff ist das Verbluten durch Gefäßtreffer (Arterien oder Venen). Die Blutung muss gestoppt und der Verletzte stabilisiert werden. Bei der Ersthilfe bei Stichverletzungen sind zwei Varianten zu unterscheiden und entsprechend zu behandeln:

1. Die Stichwaffe steckt nicht mehr in der Wunde
2. Die Stichwaffe steckt noch in der Wunde

Zu 1:
Es wird geraten, den Verletzten auf den Boden zu legen, damit sich dieser bei eintretender Ohnmacht und einem daraus resultieren Sturz nicht noch mehr verletzt. Ruhige und klare Worte können positiv auf das Befinden des Opfers wirken. Persönliche Fragestellungen können einen eintretenden Dämmerzustand aufgrund eines hohen Blutverlustes verzögern. Die Wunde sollte provisorisch abgedeckt werden und vom Verletzten visuell nicht wahrgenommen werden. Einem eintretenden Schock aufgrund des Blutes und der Wunde kann somit entgegengetreten werden. Setzen Sie einen Notruf unter der Nummer 112 ab und warten Sie auf weitere Fragen von Seiten der Notrufzentrale. Ist die Stichwaffe noch vor Ort, dann sollte diese auf jeden Fall mit zum Arzt genommen werden. Dadurch kann die Tiefe der Verletzung besser eigeschätzt und lebensrettende Maßnahmen eingeleitet werden.

Zu 2:
Sollte sich die Stichwaffe noch in der Wunde befinden, wird geraten den Verletzten möglichst bequem auf den Boden zu legen. Eine Verletzung durch plötzlich eintretende Ohnmacht wird dadurch verhindert. Vermutlich wird der Verletzte unter Schock stehen. Bleiben Sie ruhig und reden Sie mit dem Verletzten. Stellen Sie zur Ablenkung persönliche Fragen auf die mit ganzen Sätzen geantwortet werden

muss. Entfernen Sie niemals den Fremdkörper. Dadurch könnte die Blutung verstärkt werden. Falls möglich kann die Wunde rund um den Fremdkörper abgedeckt werden. Decken Sie die Wunde auf keinen Fall mit einer Jacke oder einer Decke ab. Das Eigengewicht des Gegenstandes würde den Fremdkörper nur noch tiefer in die Wunde treiben. Informieren Sie sofort den Notruf unter der Nummer 112 und warten Sie auf weitere Instruktionen aus der Notrufzentrale. Umherstehende oder gaffende Passanten können durch direkte Ansprache mit Aufgaben, wie z.B. Ausschau nach dem eintreffenden Krankenwagen halten, beauftragt werden.

Bei sehr starken Blutungen sollte ein Druckverband angelegt werden. Im Idealfall kann auf ein KFZ-Verbandskasten zurückgegriffen werden. Die Wundauflage wird auf die Wunde gelegt und mit einem Verband zwei bis dreimal umwickelt. Anschließend wird ein zweites Verbandspäckchen geschlossen als Druckpolster auf die Wunde gelegt und mit dem restlichen Verband umwickelt. Die Bindegänge sollten nicht zu stramm gewickelt sein. Das Bindungsende wird anschließend mit einem Knoten fixiert. Die Wunde sollte möglichst über Herzniveau gehalten werden, damit die Schwerkraft den Blutstrom verringert. Wenn die Blutung noch immer nicht gestillt ist, ist der nächste Schritt, die entsprechende Schlagader abzudrücken. Ist einer der Arme verletzt, muss die Armschlagader unter der Achsel abgedrückt werden. Ist ein Fuß oder Bein betroffen, muss die Beinschlagader in der Leiste abgedrückt werden. Das Abdrücken kann sehr kraftaufwändig sein.
Wenn weder Druckverband noch Abdrücken helfen, weil die Wunde zu groß ist muss Abgebunden werden. Abbinden sollte man jedoch nur im Ausnahmefall, da dies zu erheblichen Nerven- und Gewebeschädigungen führen kann. Abbinden sollte man also nur, wenn alle anderen Maßnahmen nicht mehr greifen.
Wichtig: Diese Tipps sind nur oberflächlicher Natur und sollten im Vorfeld unbedingt mit einem Profi der ersten Hilfe bzw. Arzt abgesprochen werden!

Nachwort von Sven Ackermann

Das Messer spielte in der Entstehungsgeschichte des Menschen eine ganz entscheidende Rolle zum Überleben. So wurde es für alltägliche Arbeiten, zur Jagd und zu Kampfzwecken eingesetzt - ein perfekter Multifunktionsgegenstand.

In der heutigen Zeit können Messer sehr leicht beschafft werden. Fast jeder Mitbürger kann sich innerhalb weniger Stunden, Messer jeglicher Art über das Internet besorgen. Ganz zu schweigen von den unzähligen Ein-Euro-Läden in jeder Stadt, in welchen Küchenmesser unter fünf Euro, ohne Altersnachweis und ohne lästige Fragen über die geplante Verwendung anonym erworben werden können.

Leider stieg die Wahrscheinlichkeit, dass in einer körperlichen Auseinandersetzung auch ein Messer in greifbarer Nähe ist, in den letzten Jahren. Es ist also kein Wunder, dass das Messer den ersten Platz unter den eingesetzten Waffen bei Überfällen, Vergewaltigungen, Racheakte oder Attentate in Deutschland einnimmt. Und wie im Buch mehrfach verdeutlicht, liegen die Chancen einen Messerangriff aus unmittelbarer Nähe abzuwehren nicht gerade hoch. Aus diesem Grund muss der Prävention, Konflikterkennung und Deeskalation ein großer Stellenwert in der Selbstverteidigungsausbildung zugesprochen werden. Nur wenn alle Konfliktschlichtungsmöglichkeiten ausgereizt sind und ein Angriff mit einem Gegenstand unmittelbar bevorsteht, sollte man auf eine Waffe zur Verteidigung zurückgreifen. Aber merken Sie sich:

„Ein Messer sollte nur dann gezogen werden,
wenn man auch bereit dazu ist es zu benutzen!“

Je nach persönlichem Umgangskenntnissen mit dem Messer, kann es auf der einen Seite ein nützlicher Begleiter und Gehilfe in Gefahrensituationen sein, oder auf der anderen Seite zum schlimmsten Alptraum werden. Ganz besonders, wenn es durch Unachtsamkeit oder Ungeschick in die Hände des Angreifers gelangt. Um dieser Gefahr entgegenzutreten, sollte der Umgang mit einem Messer von Grund auf trainiert werden. Dazu eignen sich in besonderem Maße die in diesem

Buch vorgestellten Trainingskonzepte. Wir hoffen, dass Sie viele Inhalte des Buches für sich nutzen können und wünschen Ihnen nun viel Erfolg beim Training.
Mit den besten Wünschen für Ihre Zukunft und auf dass Sie Ihr neuerworbenes Wissen niemals in der realen Welt einsetzen müssen.

Sven Ackermann im Frühjahr 2019

Danksagung

Hiermit möchte ich mich bei allen Menschen bedanken, die im Laufe meines Lebens zur Vertiefung meines Wissens, meiner Erfahrung und Fähigkeiten auf dem Gebiet der Kampfkunst, des Kampfsportes und der Selbstverteidigung beigetragen haben. Für das erhaltene und zukünftige Training bedanke ich mich bei folgenden Meistern:
Waffenlose Kampfkunst: Richard Cieslak (Tai Jutsu Combat & Hakko Ryu / Deutschland), Frank W. Dux (Dux Ryu & FASST / USA), Ashida Kim (Ninjutsu / USA), Wesley Ruiz (Kiru Do Combat & Molum Combat Arts / USA), Gabriel Valibouze (Aikido / Frankreich)
Waffenkampf mit Messern: Richard Cieslak (Tai Justu Combat & Hakko Ryu / Deutschland), Frank W. Dux (Dux Ryu & FASST / USA)
Waffenkampf mit asiatischen Waffen: Gabriel Valibouze (Aikido / Frankreich), Ashida Kim (Ninjustu / USA)
Waffenkampf mit Schusswaffen: Wesley Ruiz (Kiru Do Combat & Molum Combat Arts / USA)
Ich bedanke mich bei folgenden Autoren, bei denen ich Wissen aus Literatur, Internet und Videos entnommen habe: Jim Wagner, Paul Vunak, Hendrik Röber, Peter Weckauf, Doug Marcaida, Fred Mastro, Hartmut Hüttemann
Weiterhin möchte ich mich bei meinen Schülern Simon Gareis, David Meier, Yves Feucht und Bernd Krause für die große Hilfe beim Fotoshooting bedanken. Ebenso bedanken möchte ich bei meinem Verleger und langjährigen Freund Andreas Leffler, der mich immer wieder zu neuen Buchprojekten ermutigt und bei meinen Ideen unterstützt.
Ein letzter Dank geht an meine Familie für die unendliche Nachsicht meiner wochenlangen Abstinenz. Ohne diese Geduld hätte dieses Buchprojekt nicht realisiert werden können. Ich danke euch!

Kontakt

Sollten die Inhalte Ihr Interesse an einem Seminar oder einer internen Fortbildung geweckt haben, dann nehmen Sie Kontakt zu uns auf. Wir würden uns freuen, Ihnen unsere Konzepte näher vorstellen zu dürfen.
www.black-dragon-acadmey.de

Nachwort von Andreas Leffler

Als mir mein langjähriger Freund und Autor Sven Ackermann vorschlug ein Messerkampfbuch zu schreiben, war ich zunächst einmal begeistert. Erstens ist „Messer“ seit Jahren eines der Schwerpunkte seines Trainings und zweitens habe ich vielen seiner Messerkampfstunden auf allerlei Seminaren (wie z.B. unserer Warrior Magazin Hall of Fame) beigewohnt. Selbige waren alle absolut erstklassig und ganz weit weg von den üblich, weltfremden Messertechniken, die man so oft sieht.

Ich hätte es also wissen müssen, habe dann aber doch erst einmal schwer geschluckt, als ich das fertige Skript gesehen hatte. Sven hat im Rahmen dieses Buches sehr deutliche Worte zum Thema Messerkampf gefunden und durchaus nicht an den hässlichen Realitäten des Themas gespart. Bei einigen Stellen habe ich durchaus auch überlegt, ob wir dies oder das nicht ändern sollten. Jedoch dachte ich dann - nein - und ich sage Ihnen auch warum: Inzwischen lesen wir fast täglich über Messerkämpfe, Messerstechereien, den Überfall auf Unbewaffnete, Alte, Kinder und Jugendliche oder über mit unsagbarer Gewalt erzwungene Vergewaltigungen. Ein „Deutschland, welches so sicher wie nie sein soll“ wird uns jeden Tag von Menschen verkauft, die keine Ahnung vom realen Leben auf der Strasse haben und mit Strasse meine ich keineswegs ein Leben im Ghetto (oder wie das Neudeutsch heisst, in der No-Go-Area) sondern mit Strasse meine ich das simple benutzen einer U-Bahn.

Ich selbst wurde erst vor wenigen Wochen Zeuge wie ein Mann innerhalb von 2-3 Sekunden dazu bereit war eine Frau nieder zu schlagen oder auch abzustechen, nur weil sie vor seinen Augen in der S-Bahn eine Breze gegessen hat und ihn das störte. Seine beiden Kinder fanden das unglaublich lustig und seine Tochter hat das Geschehen gackernd und lachend parallel in ihrem Handy verarbeitet. Zum Glück ist in diesem Fall alles bei der „Bedrohung“ geblieben und das Problem durch „Flucht“ gelöst werden.

Dennoch scheint dieses Land inzwischen an vielerlei Ecken und Enden an Realitätsverweigerung zu leiden. Ganz nach dem Motto: „Ich mache die Welt wie sie mir gefällt" haben Alltag und phantasiereiche Berichterstattung wohl in vielen Fällen nicht einmal mehr einen rudimentären Zusammenhang. Die Probleme beginnen ganz oben, wo jene Menschen die unsere Regeln machen offenbar nicht verstehen oder nicht verstehen wollen, was wirklich los ist und welch raue Sitten in Deutschland inzwischen herrschen. Tipps wie „die Armlänge Abstand" sind hier das beste Beispiel und wären schon fast wieder lustig wenn das Thema für den normalen Menschen nicht so ernst wäre. Eine öffentliche Verharmlosung von Gewalttaten aller Art von Vergewaltigungen bis zu Tötungsdelikten ist dann der nächste Schritt. Oftmals ahnungslose und im Training der 80er Jahre stehen gebliebene Trainer, die Selbstverteidigungskurse und Messerverteidigungen der haarsträubenden Sorte anbieten, sind abschließend nur noch ein ganz kleines Pünktchen im Kreislauf des Grauens. Leidtragende sind dann die Polizisten, die das alles an vorderster Front ausbaden müssen und natürlich wir, die normalen Menschen, die heute plötzlich auch am Supermarktparkplatz oder im Bus zum Opfer werden können, ohne dass sie etwas getan oder gesagt haben, egal ob sie männlich oder weiblich sind, egal wie alt sie sind. Gewalt scheint keine Grenzen mehr zu kennen und wo Macheten zum Niedermetzeln verwendet werden, da sind Messer ja schon fast das sprichwörtliche „kleinere" Problem.

Die Lösung der Politik ist wie immer die Gleiche: Empörung, Einforderung von Zivilcourage und natürlich das Verbot. Selbstverständlich, man kann nun Messer verbieten, so wie man einst Wurfsterne und Nunchakus verboten hat. Dem Messerthema rückte man übrigens auch schon vor einiger Zeit immer wieder von politischer Seite zu Leibe, als z.B. Springmesser und Butterflymesser verboten wurden. Mindestklingenlängen und Auflagen, die selbst befreundete Polizisten erst nachlesen mussten, um sie zu verstehen, machen das „Messerrecht" kompliziert und jetzt könnte man es eben noch ein wenig weiter verkomplizieren. Aber das alles ist ja nicht einmal ein schlechter Witz in der Geschichte und zeigt nur einmal mehr wie wenig Ahnung man „da oben“ von der Realität „da unten“ hat. Selbst wenn wir auch noch das Küchenmesser verbieten interessiert das nur den gesetzestreuen Bürger, der dann sein Brot mit dem Bindfaden schneiden wird. Menschen die andere Menschen wegen einem schrägen Blick, wegen dem verletzten Ehrgefühl, wegen einer einem Argument oder gar einer Breze niederstechen und niedermetzeln interessieren sich nämlich vermutlich exakt so viel für derart lächerliche Verbotsschilder wie sich Bombenattentäter für das Verbot von Bomben interessieren.

Ich summiere all dies an dieser Stelle zusammen, weil es Zeit ist einmal zu zeigen, wie unglaublich brutal, herzlos und blutig die Realität in unserem Land plötzlich sein kann und wie unglaublich gefährlich der Angriff mit einem Messer ist. Selbst ein zwölfjähriger Junge kann, mit einem Messer bewaffnet, im Handumdrehen zu einer echten Lebensgefahr für einen Kampfsportmeister mit zwei Dutzend Jahren Erfahrung werden. Sven wollte für dieses Buch gerne noch zahlreiche Bilder verwenden, die zeigen, wie Schnittwunden eigentlich aussehen. Man findet diese Bilder im Internet, z.B. von Polizisten, die nicht mehr schnell genug ihre Schusswaffen ziehen konnten und dabei schon vom Angreifer im wahrsten Sinne aufgeschnitten worden sind. Natürlich dürfen wir schon aus rechtlichen Gründen solche Bilder nicht einfach verwenden und haben es deshalb gelassen. Es wäre auch zu hinterfragen, ob man solche Bilder in einem Buch ohne FSK18 Freigabe überhaupt zeigen sollte. Aber dennoch ermutige ich jeden einmal sich die „Ergebnisse“ von Messerattacken im Internet anzusehen, das gibt nämlich ein garantiertes Erwachen aus dem Traumland der schönen bunten, sicheren Welt. Ich denke auch, jeder der Gesetze für uns macht oder Tipps wie die „Armlänge Abstand“ von sich gibt, sollte verpflichtet sein, sich mit den Opfern von allerlei Angriffen und Attacken persönlich auseinander zu setzen, um überhaupt einmal zu verstehen wovon er da redet.

Zum Ende kann ich also nur sagen, es gibt dieses Buch so wie es ist, da es beim Thema „Gewalt mit dem Messer“ absolut und gar nichts mehr zu beschönigen gibt. Es ist inzwischen bei uns eine alltägliche, unglaublich brutale und unglaublich einfache Methode seine Meinung durchzusetzen. Dem entgegen stehen meist ahnungslose Politiker, ahnungslose Zivilisten, schlecht ausgebildete Kampfsportlehrer sowie schlecht ausgebildete und ausgerüstete Polizisten. Es gibt also absolut keinerlei Grund ein weiteres Buch zu schreiben, welches „coole aber unrealistische Techniken" oder Verharmlosungen in die Welt setzt.

Abschließend kann ich nur alle Kampfkünstlern empfehlen ihre eigenen Erfahrungen im Messerkampfbereich zu überdenken, bevor sie selbige weiter geben. Ich selbst kenne Sven nun etwa 15 bis 20 Jahre meiner 30 jährigen Kampfkunstlaufbahn und ich erinnere mich sehr genau wie wir früher trainiert haben. Ich weiß welche Techniken wir lernten und auch selber lehrten. Da war sehr viel dabei, was einfach nicht funktional war, aber wir wussten es eben auch nicht besser, wie es viele andere heute noch nicht besser wissen. Techniken wie diese überlebten, weil sie fast niemand brauchte und der Messerkampf eher eine abstrakte Sache war, die, wenn überhaupt, eher in einschlägigen Szenen, im Nachtleben oder in finsteren Hinterhöfen zwischen jungen alkoholisierten und Testosteron gesteuerten jungen Männern statt fand. Das ist jedoch heute völlig anders: Tageslicht, das eigene Alter oder auch andere Passanten schützen einen nicht mehr. Gewalt kann jederzeit und überall statt finden, ohne Reue und ohne Gnade und das Messer ist dabei bei einschlägigen Gruppen eben der beliebteste „Meinungsverstärker". Ich kann daher nur jeden guten Kampfsportler und vor allem Kampfsportmeister ermuntern, sein eigenes Wissen zum Thema selbst zu überprüfen, so wie Sven es immer wieder gemacht hat und so wie auch ich es mache. Ich glaube niemandem fällt ein Zacken aus der Krone wenn man zugibt, dass man das eben nicht weiß, nicht kann oder früher anders gelernt hat. Wenn wir aber unsere Verantwortung als Lehrer und Kampfkünstler ernst nehmen wollen und ein Verständnis für die Realität des Bürgers auf der Straße im Jahr 2019 schaffen wollen, dann dürfte die Zeit für Schönfärberei endgültig vorbei sein.